清真学園中学校

〈収録内容〉

JN057771

便利な DL コンテンツは右の QR コードから

解答用紙

⇒

※データのダウンロードは 2025 年 3 月末日まで。

※データへのアクセスには、右記のパスワードの入力が必要となります。 ⇒ 884382

〈合格最低点〉

2024年度	226点
2023年度	214点
2022年度	220点
2021年度	212点

本書の特長

実戦力がつく入試過去問題集

- ▶ 問題 ………… 実際の入試問題を見やすく再編集。
- ▶ 解答用紙 …… 実戦対応仕様で収録。
- ▶ 解答解説 …… 詳しくわかりやすい解説には、難易度の目安がわかる「基本・重要・やや難」の分類マークつき（下記参照）。各科末尾には合格へと導く「ワンポイントアドバイス」を配置。採点に便利な配点つき。

入試に役立つ分類マーク

基本 確実な得点源！
受験生の 90％以上が正解できるような基礎的、かつ平易な問題。
何度もくり返して学習し、ケアレスミスも防げるようにしておこう。

重要 受験生なら何としても正解したい！
入試では典型的な問題で、長年にわたり、多くの学校でよく出題される問題。
各単元の内容理解を深めるのにも役立てよう。

やや難 これが解ければ合格に近づく！
受験生にとっては、かなり手ごたえのある問題。
合格者の正解率が低い場合もあるので、あきらめずにじっくりと取り組んでみよう。

合格への対策、実力錬成のための内容が充実

- ▶ 各科目の出題傾向の分析、合否を分けた問題の確認で、入試対策を強化！
- ▶ その他、学校紹介、過去問の効果的な使い方など、学習意欲を高める要素が満載！

解答用紙ダウンロード 解答用紙はプリントアウトしてご利用いただけます。弊社ＨＰの商品詳細ページよりダウンロードしてください。トビラのＱＲコードからアクセス可。

UD FONT 見やすく読みまちがえにくいユニバーサルデザインフォントを採用しています。

学園取組指針2024

生徒の意欲を高め、学ぶ力をどこまでも深める教育の実践
一人一人の生徒を大切にする、信頼感の高い学園の構築

清真学園は多くの皆様に支えられて、4年後に創立50周年を迎えます。開校以来の伝統である「全人教育」のもとに学んだ七千有余名の卒業生は、広く各界・各地域で活躍しております。長年にわたり培ってきた高い教育力をもって、変化の激しい時代を生き抜く真の学力を養い、これからも地域になくてはならない活力ある学園を創造してまいります。皆様には引続き本校への関心をお寄せいただけますようお願い申しあげます。

理事長　山口やちゑ（元 茨城県副知事）

この1年、私たちは混乱する世界情勢やChatGPTに象徴される第四次AIブームの到来等を目の当たりにしました。ゆえに、私たちが「時代の転換点にいる」という事実を踏まえ、学ぶことそのものの在り方に、大きく継続的な見直しが必要です。清真にはスーパーサイエンスハイスクール指定17年の経験を踏まえたゼミ活動など、自ら学びを広げる力を育てるしかけがたくさんあります。そして、創造的な学びを通じて、場面や状況に応じて自ら行動ができる、これからの社会を創造していく当事者意識を有するすぐれた人財の育成に、これからも真摯に取り組んでまいります。

学校長　飯山 克則

清真学園は可能性を広げることができる学校です。真剣に向き合ってくれる先生方や互いを尊重しあえる仲間と共に、体育祭や創陵祭などの行事や部活動が、協力することの大切さや、自分の成長に繋がるきっかけになります。SDGsの活動を通して「今、自分たちにできることは何か」を考えながら、一人一人の個性が輝く学校づくりを目指します。

中学校生徒会長
延原 琉晟　神栖市立大野原小学校 出身

今、自分の将来の夢を持っている人もそうでない人もいると思います。自由な校風の清真学園では多種多様な部活動、ゼミ活動を通して、必ず自分の好きなことを見つけられます。さらに、清真学園の生徒は皆、それぞれが個性、特徴も持っていて、共に高め合えること間違いないでしょう。華やかな学園生活を一緒に送れる日を待っています！

高等学校生徒会長
尾田 葵　神栖市立横瀬小学校 出身

清真学園中学校

～人生の武器をつくる～

生徒数　465名
〒314-0031
茨城県鹿嶋市宮中伏見4448-5
☎0299-83-1811
鹿島線鹿島神宮駅　徒歩15分
大洗駅（鉄道）、玉造駅（バス）、銚子市役所、千葉県旭市内、稲敷市等を発地とする計7路線のスクールバスを運行

URL	http://www.seishin-web.jp

プロフィール　豊かな人間性を育む徹底した全人教育

1978（昭和53）年に開校。校名の“清真”にふさわしい、徳性豊かで知性・創造性に富み、広い視野を持った、心身ともに健康な人間の育成を目指す。中高一貫・少人数教育のメリットを充分に活かした教育を実践し、教師と生徒が一体となって、全人教育の徹底に努めている。建学の精神は、「波荒き鹿島砂丘に人間性の勝利を目指し、常に心清く、豊かな知性をもって真理を追求する」。

環境　緑豊かな学習環境　設備も充実度満点

周囲にカシマサッカースタジアムや鹿島神宮、遠くには太平洋を臨むすばらしい環境にある。敷地面積は14万㎡で、東京ドームの約3倍。校舎は、講堂棟・高校棟・中学棟・美術棟・理科棟の5つの教室棟と、2つの体育館と剣道場の3つの体育施設に分かれ、さらにプールや弓道場も備えている。講堂棟には、講堂、図書館、食堂、英語教室など、美術棟には、美術・技術の各実習室のほか、屋上の天文ドームには天体望遠鏡もある。理科棟には、温室や養殖池などの他に、気象観測装置がある。また、普通教室・特別教室の全てに冷暖房設備が設置されており、一年を通じて快適な環境で学習に取り組むことができる。

カリキュラム　一貫教育＋授業の充実　SSH（文科省指定）も4期目（2022年度～2026年度）に突入。

緑豊かな四季折々の草花が溢れるキャンパス

中高一貫のゆとりあるカリキュラムのもと、教科活動を充実させることで、体力と情操、集中力を身につけ、教師と生徒との信頼関係を築くことにより、いつでもどこでも、誰にでも教えを受けられる環境づくりを目指している。

国語では、「聞く・話す・読む・書く」の言語技能を身につけることが目標で、理解・表現の両面から、論理的思考力の向上と豊かな感性の涵養に努める。数学では、論述力・記述力を重視し、授業時間を多く取り、グレード制による少人数・習熟度別授業を実施するほか、中3では、高校課程の先取り授業も行う。英語では、グレード制による、少人数の習熟度に合った丁寧な指導が特徴で、高3には集中的な入試演習も行い、現役合格を目指す。

本校は1年を前期・後期に分けた2学期制を採用しており、一週あたりの授業については2016年度より週6日制を採用している。土曜日は3校時まで通常授業を行い、4校時は学年の枠にとらわれない内容の授業を選択必修として開講している。各教科大学入試対策講座はもちろんのこと、英語では各級別の英検対策の講座、数学では数検対策講座や数学オリンピック対策講座、さらにはフランス語講座や中国語講座、三味線長唄講座など生徒だけではなく保護者にも開放された講座や、保護者のみに開設されているリコーダー講座など多種多様な講座が開講されている。また、夏休みや冬休みなどの長期休業中には講習が開講される。特に夏休みは休業当初の1週間と最後の1週間、それぞれ前期講習、後期講習があり、冬休みにも講習が行われる。学年によっては春休みや連休などに学習合宿を行う場合もある。朝は教員のオリジナル教材をメインとした『morning study』、定期考査一週間前には部活動を休止し、各教科が希望者を募り補講を実施している。

学校生活　多彩な行事と部活で充実の学校生活

体育祭や創陵祭（文化祭）をはじめ、修学旅行、宿泊学習など、1年を通じて、多彩な行事が用意されている。クラブは、高校全国大会ベスト8および東日本大会優勝、中学校東

日本大会に出場という成果を示したラグビー部、全国大会優勝の弓道部や、全国を股に演奏活動を行っている音楽部（オーケストラ）をはじめとして、県下に名を轟かせているクラブも少なくない。

［運動部］ 剣道、水泳、卓球、ラグビー、弓道、バレーボール、男子バスケットボール、野球、硬式テニス、少林寺拳法、バドミントン

［文化部］ 地歴、音楽、天文、演劇、文芸、JRC、茶道、美術、語学、自然科学、漫画研究会

進路　きめ細かい指導で現役進学率92.2%

生徒の志望に応じたきめ細かい進学指導を行っている。進研オンラインシステム、大学入試センターオンラインシステム、入試分析・大学案内用VTR装置など、最新の設備と情報・資料を用意し、万全の態勢を整えている。主な大学合格者数は国公立大学48名（現役生46名、卒業生154名）、京都大学2名（現役）、一橋大学2名（現役）、東京工業大学1名（現役）、国公立医学部医学科2名（現役）、東北大学2名（現役）、大阪大学、名古屋大学、九州大学　各1名、筑波大学3名などだが、慶應義塾・早稲田・東京理科・青山学院・中央・立教・法政・学習院・国際基督教大学など数多くの有名大学から指定校推薦入試の枠もある。

2024年度入試要項

募集人数　男女あわせて計160名募集
試験日　12/8（前期・150名）
2/1（後期・10名）
試験科目　国・算・理・社（前期）
国（作文）・算・発想力テスト（後期）

2024年度	募集定員	受験者数	合格者数	倍率
前期	150	227	167	1.4
後期	10	33	11	3.0

清真学園高等学校・中学校

2024年度中学入学生から制服が変わりました！

（現中学1年生）

ワイシャツは
ホワイトとブルー
から選択できます
シャドーチェックの
スカートかスラックス
も選択できます。

Seishin Gakuen

お知らせ

入試日程　前期：12月8日【日】／ 後期：令和7年2月1日【土】

募集人数　160名

前期入試　入学手続きの延長（1月30日【木】まで延長可）ができます

併願可　併願制度も加わりました　※詳しくは本校HPをご覧ください

清真学園中学校 入学試験要項 概要

募集人数　160名

入学試験概要

▪前期入試

試　験　日	2024年　12月　8日(日)
出願期間	2024年　11月　15日(金) ～ 2024年　11月　18日(月) 窓口出願の場合　受付時間　平日 午前9時 ～ 午後　4時 土曜 午前9時 ～ 午前12時(正午) 日曜 休み 郵送出願(簡易書留速達)の場合　**締切日の消印有効**
受　験　料	20,000円
試験科目	国語・理科・社会・算数　(各50分、各100点)
合格発表	2024年　12月　12日(木)　午後3時
入学手続締切日	2024年　12月　20日(金)　午後1時 **※延納タイプの場合**　2025年　1月 30日(木)　午後1時
入学内定者登校日	2025年　1月　11日(土)　午後1時30分 **※延納タイプの場合**　2025年　2月　15日(土)　午前9時30分
募集人数	150名(前期・後期合わせて160名)

▪後期入試

試　験　日	2025年　2月　1日(土)
出願期間	2025年　1月　20日(月) ～ 2025年　1月　21日(火) 窓口出願の場合　受付時間　平日 午前9時 ～ 午後　4時 郵送出願(簡易書留速達)の場合　**締切日の消印有効**
受　験　料	20,000円 (※前期入試出願者は 10,000円)
試験科目	国語(作文)・算数・発想力テスト　(各50分)
合格発表	2025年　2月　3日(月)　午後3時
入学手続締切日	2025年　2月　10日(月)　午後1時
入学内定者登校日	2025年　2月　15日(土)　午前9時30分
募集人数	約10名(前期・後期合わせて160名)

入学時納付金および学費等

（1）入学時納付金　　2024年度実績

入学金	270,000円	
施設充実費等	168,000円	
学校債	60,000円	一口3万円、二口以上
合計	498,000円	

※施設充実費等は、学生総合保障制度の運営費（3年分）を含みます。
※学校債は、施設充実等のために借入するもので、高等学校卒業時に返還いたします。
（一口3万円、二口以上のお願いをしています。）
※やむを得ない事情により入学を辞退される場合は、入学金以外（228,000円）を返還いたします。
（2025年2月15日（土）までのご連絡をお願いいたします。）

（2）学費等　　2024年度実績

	月額	年額
授業料	31,500円	378,000円
設備維持費	12,500円	150,000円
保健衛生費	900円	10,800円
PTA会費	380円	4,560円
後援会費	3,800円	45,600円
生徒会費	500円	6,000円
合計	49,580円	594,960円

※保護者等の収入状況等により、授業料に対して補助が支給される場合があります。詳しくは茨城県ホームページをご覧ください。
※学費等のほかに、学年費（修学旅行積立金・教材費・模試代金等）として8,500円程度（月額）の費用（学年によって多少相違あり）が見込まれます。
※ICT教育費（年間のiPadのレンタル料及びそれに伴う通信料）として年額55,000円程度（初期設定費用含む）が見込まれます。

成績優秀者に対する支援制度について

○中学校入学時における特典

前期入試においてきわめて優秀な成績を収めた受験生が本校に入学した場合には、入学金相当の270,000円を支給いたします。該当者には、合格証と併せて通知いたします。（2025年度入学生より実施）

○中学校から清真学園高等学校入学時における特典

清真学園中学校在学時にきわめて優秀な成績を収めた生徒に対して、清真学園高等学校入学時に、学費等を全額又は半額を支給する制度があります。【清真学園高等学校特別奨学生入学試験における特別奨学生A、特別奨学生B】

なお、上記「中学校入学時における特典」とこの特典は連動するものではありません。

【清真学園高等学校特別奨学生入学試験における特別奨学生A、特別奨学生B】についての詳細はホームページをご覧ください。

算数 出題傾向の分析と合格への対策

●出題傾向と内容

出題数については，大問数が4～6題，小問数は20～25問となっている。

今年度も[1]が小問集合で，他は大問形式の問題である。[2]以降では，記述で答える問題が2～3問出題されている。

小問の内容は数と計算，図形などで基本的な問題が出題されている。また，大問は難易度はそれほど高くはないが，1つずつていねいに考えていかないと解けない内容になっている。近年は，図形に加え数列・規則性の出題率が高いので，どんな規則性があるかを読み取る力，説明する力を養っておこう。

学習のポイント

基本をしっかり定着させて，問題の難易度をつかめるように練習しよう。

●2025年度の予想と対策

出題数や全体の問題の難易度に，大きな変化はないと思われる。

まず，各分野の基本レベルの問題をマスターして，夏以降に過去問に挑戦してまちがえた問題をチェックしておき，まちがえた問題を繰り返して解くことによって定着を図り，自信をつけるようにしていこう。

過去問を反復して利用することで，本校の出題傾向と出題レベルを身をもって実感することである。

計算問題は一定数，毎日，取り組んで正確に速く解けるようにしよう。数の性質をつかみ，単位換算もマスターすることが，重要である。

▼年度別出題内容分類表

※　よく出ている順に☆，◎，○の３段階で示してあります。

出題内容			2020年	2021年	2022年	2023年	2024年
数と計算		四則計算	○	○	○	○	○
		概数・単位の換算					○
		数の性質	○				☆
		演算記号					
図形		平面図形	◎	☆	○	○	☆
		立体図形	○		◎	◎	○
		面積	○	○	☆		○
		体積と容積	☆	○			○
		縮図と拡大図					○
		図形や点の移動			☆		
速さ		三公式と比	○	○		☆	◎
	文章題	旅人算		◎		◎	
		流水算					
		通過算・時計算			☆		
割合		割合と比	◎	◎	☆	○	○
	文章題	相当算・還元算					
		倍数算					○
		分配算					
		仕事算・ニュートン算					
文字と式							
2量の関係(比例・反比例)							
統計・表とグラフ			◎			☆	
場合の数・確からしさ					○		
数列・規則性			☆	○		☆	☆
論理・推理・集合			☆				☆
その他の文章題		和差・平均算			○	☆	◎
		つるかめ・過不足・差集め算		☆			
		消去・年令算					
		植木・方陣算					

清真学園中学校

算数 ──グラフで見る最近5ヶ年の傾向──

最近5ヶ年に出題されたすべての問題を内容別に分類・集計し，全体に対して何パーセントくらいの割合になっているかを示しました。

▒……50校の平均　　■……清真学園中学校

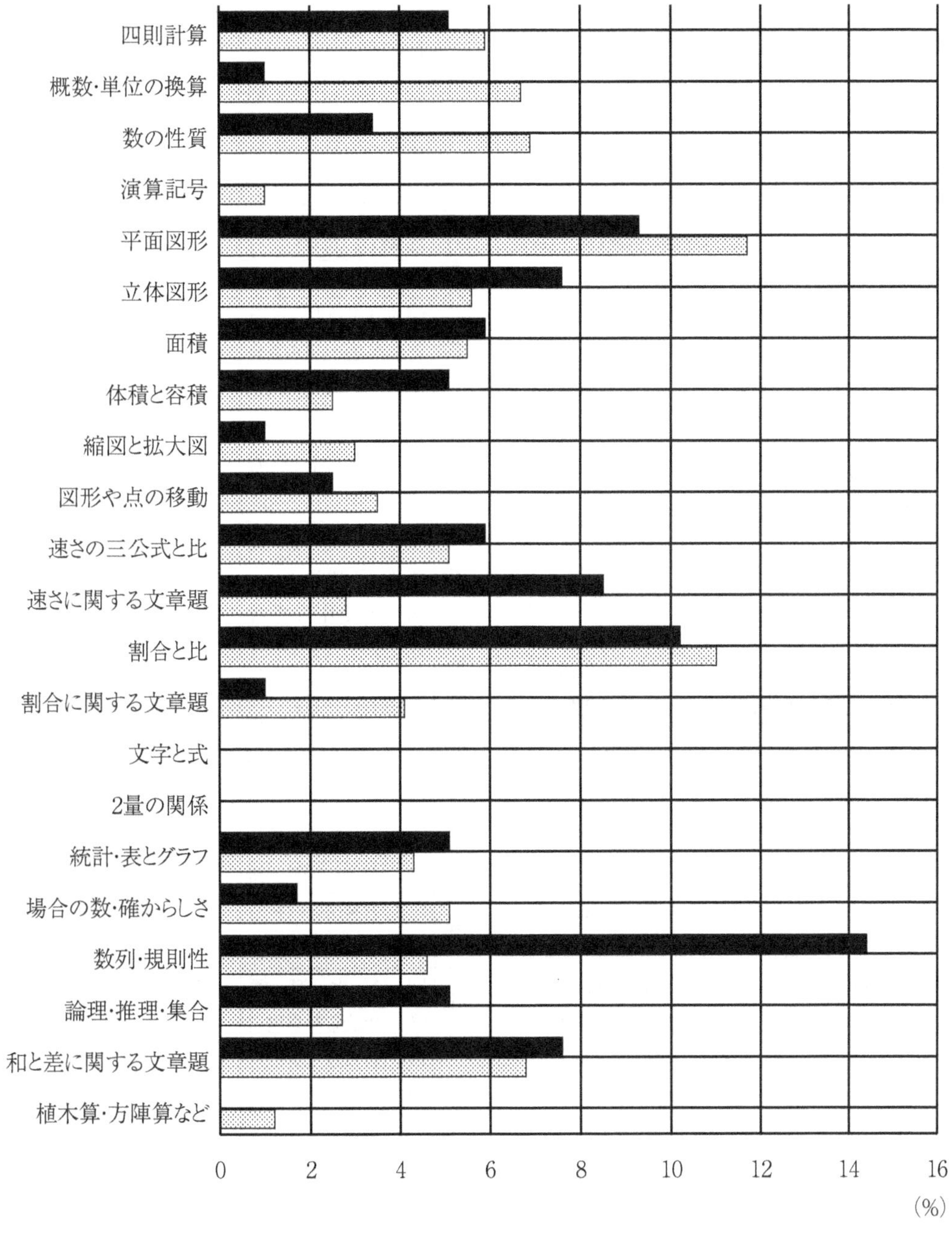

理科　出題傾向の分析と合格への対策

●出題傾向と内容

例年，問題数はやや多いが，試験時間が50分と長めなので，適当な分量といえる。

問題構成は，基本的な知識を問う問題がほとんどである。ただし，実験結果や，会話文から考察する出題もある。そのため問題文の意味を正確に把握する力が試される。また，表，グラフを利用した計算問題も基本の解き方の出題である。文章の記述問題も例年数題出題されるが，与えられた条件，情報から推測して書くという形と，知識として持っているものを記述する形がある。今年度は4割が記述解答であった。

生物，地学，物理，化学の幅広い知識が必要である。

学習のポイント

基礎的な知識力はもちろんのこと，問題で問われていることが何かを正確に把握する練習をしておこう。

●2025年度の予想と対策

来年度も例年と同様，各分野での幅広い知識が問われる出題となるであろう。まずはすべての分野において基本事項をしっかりと理解し，苦手分野をなくそう。

日常の経験から，理科的な思考を求める設問が多いので，暗記学習に頼らず，常に「なぜ？」といった理由を考えたり調べたりしておこう。その上で，理解したことを文で表現する練習も必要である。問題文の中で計算方法を説明していて，その方法に沿って解く出題があるので，練習しよう。

時事に関連する出題も数題あるので基本的な時事についても学習しておこう。

▼年度別出題内容分類表

※　よく出ている順に☆，◎，○の３段階で示してあります。

出題内容		2020年	2021年	2022年	2023年	2025年
生物	植物	☆	☆	☆	◎	
	動物		☆		◎	
	人体	☆				☆
	生物総合				○	
天体・気象・地形	星と星座				☆	
	地球と太陽・月			○	☆	○
	気象			☆		
	流水・地層・岩石					☆
	天体・気象・地形の総合					
物質と変化	水溶液の性質・物質との反応			☆		☆
	気体の発生・性質	☆		○	☆	
	ものの溶け方					
	燃焼				☆	
	金属の性質					
	物質の状態変化		☆	☆		
	物質と変化の総合					
熱・光・音	熱の伝わり方					
	光の性質				☆	
	音の性質					
	熱・光・音の総合					
力のはたらき	ばね					
	てこ・てんびん・滑車・輪軸	☆				
	物体の運動					
	浮力と密度・圧力		☆			
	力のはたらきの総合					
電流	回路と電流					
	電流のはたらき・電磁石					☆
	電流の総合					
実験・観察		☆	☆	☆	☆	☆
環境と時事／その他				☆	○	◎

清真学園中学校

理科 ――グラフで見る最近５ヶ年の傾向――

最近５ヶ年に出題されたすべての問題を内容別に分類・集計し，全体に対して何パーセントくらいの割合になっているかを示しました。

□……50 校の平均　■……清真学園中学校

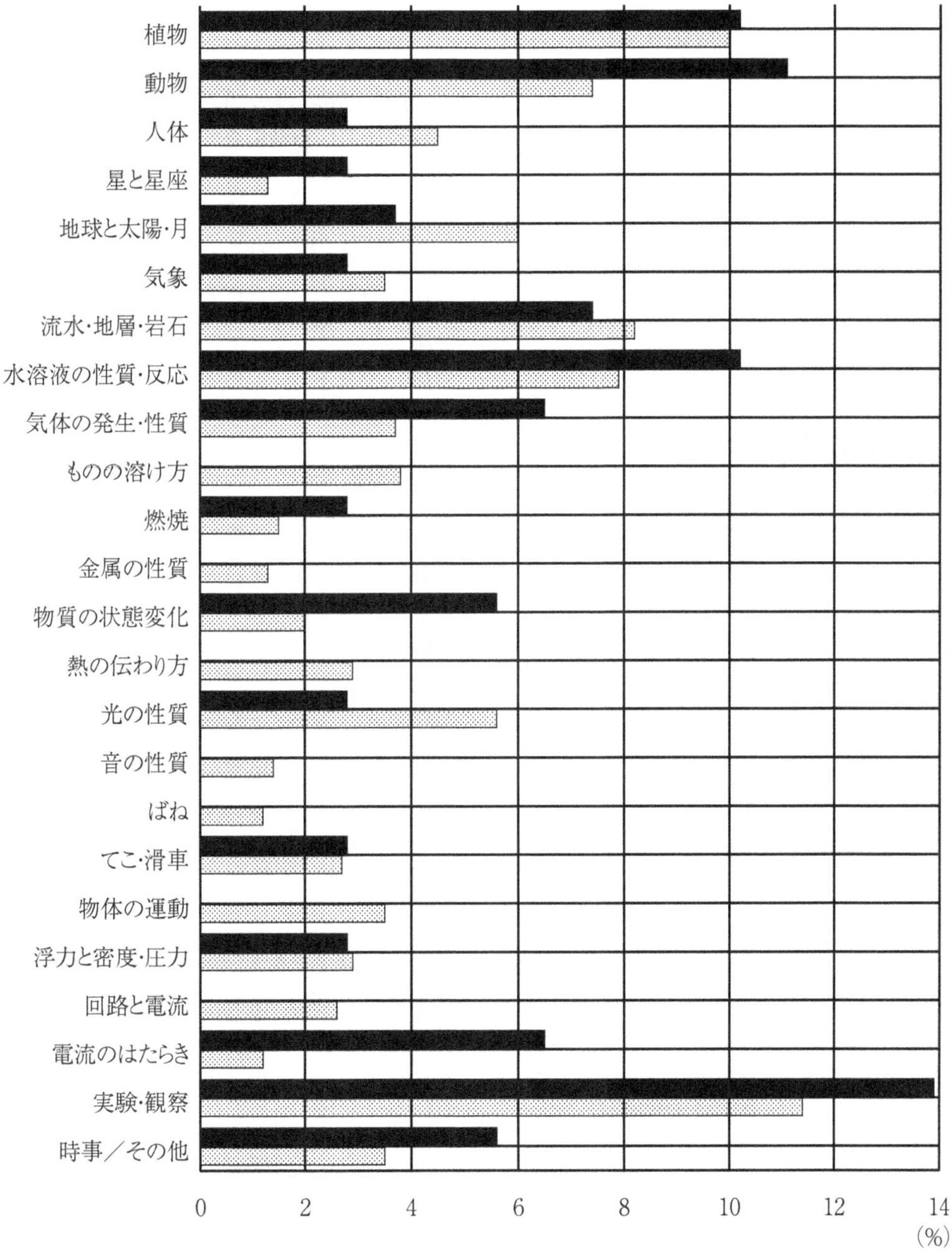

社会　出題傾向の分析と合格への対策

●出題傾向と内容

大問は6～7題で，小問は80問ほど。試験時間は50分だが設問数が多いのでかなり忙しい。記号選択が多いが，選択肢が短文のものも多く，読まされる量は多い。

地理は世界地理，日本地理ともにやや細かい知識も要求されている。歴史は古代から近世まで，と近現代中心などに大問が分かれており，日本と世界の関係についても出題されている。政治は日本国憲法や政治のしくみ，地方自治，国民生活と福祉などに関する内容のものや国際社会などに関するものが出題されている。

学習のポイント

地理：話題になった世界の国々に要注意。
歴史：地理や政治と関連付けた勉強を。
政治：基本的な事柄，時事問題に強くなろう。

●2025年度の予想と対策

地理分野は日本や世界の自然，産業，各地の特色などについて要点をまとめておこう。地図や図表が出されることも多いので，地図帳や資料集などをふだんから活用すること。

歴史分野は各時代の政治，経済，文化といったテーマ別で要点を整理しておこう。また，世界の主要国については大きな転換点となった出来事については，同時代の日本の様子と合わせて理解しておきたい。

政治分野は憲法や政治の仕組みといった重要事項はもちろんだが，時事問題に備えてテレビや新聞などでニュースに目を通す習慣をつけることが大切である。

▼年度別出題内容分類表

※　よく出ている順に☆，◎，○の３段階で示してあります。

出題内容			2020年	2021年	2022年	2023年	2024年
地理	日本の地理	地図の見方				◎	
		日本の国土と自然	◎	◎	☆	☆	☆
		人口・土地利用・資源	◎	◎	◎	◎	◎
		農業	◎	○	○	○	◎
		水産業	○	○	○	○	○
		工業	◎	○	○	○	○
		運輸・通信・貿易	◎	○	○	○	○
		商業・経済一般	◎				
	公害・環境問題		○	◎	◎	○	○
	世界の地理		☆	☆	◎	☆	◎
日本の歴史	時代別	原始から平安時代	☆	☆	☆	☆	☆
		鎌倉・室町時代	◎	○	○	◎	◎
		安土桃山・江戸時代	◎	◎	☆	☆	☆
		明治時代から現代	☆	☆	☆	☆	☆
	テーマ別	政治・法律	☆	☆	☆	☆	☆
		経済・社会・技術	☆	☆	☆	☆	☆
		文化・宗教・教育	☆	☆	☆	☆	☆
		外交	◎	◎	◎	◎	◎
政治	憲法の原理・基本的人権		◎	◎	◎	◎	◎
	政治のしくみと働き		◎	◎	○	◎	◎
	地方自治		○	○	○		○
	国民生活と福祉		○	○	○	○	○
	国際社会と平和		☆	◎	◎	☆	◎
時事問題						○	○
その他				◎	○	○	○

清真学園中学校

社会 ――グラフで見る最近5ヶ年の傾向――

最近5ヶ年に出題されたすべての問題を内容別に分類・集計し，全体に対して何パーセントくらいの割合になっているかを示しました。

……50校の平均　……清真学園中学校

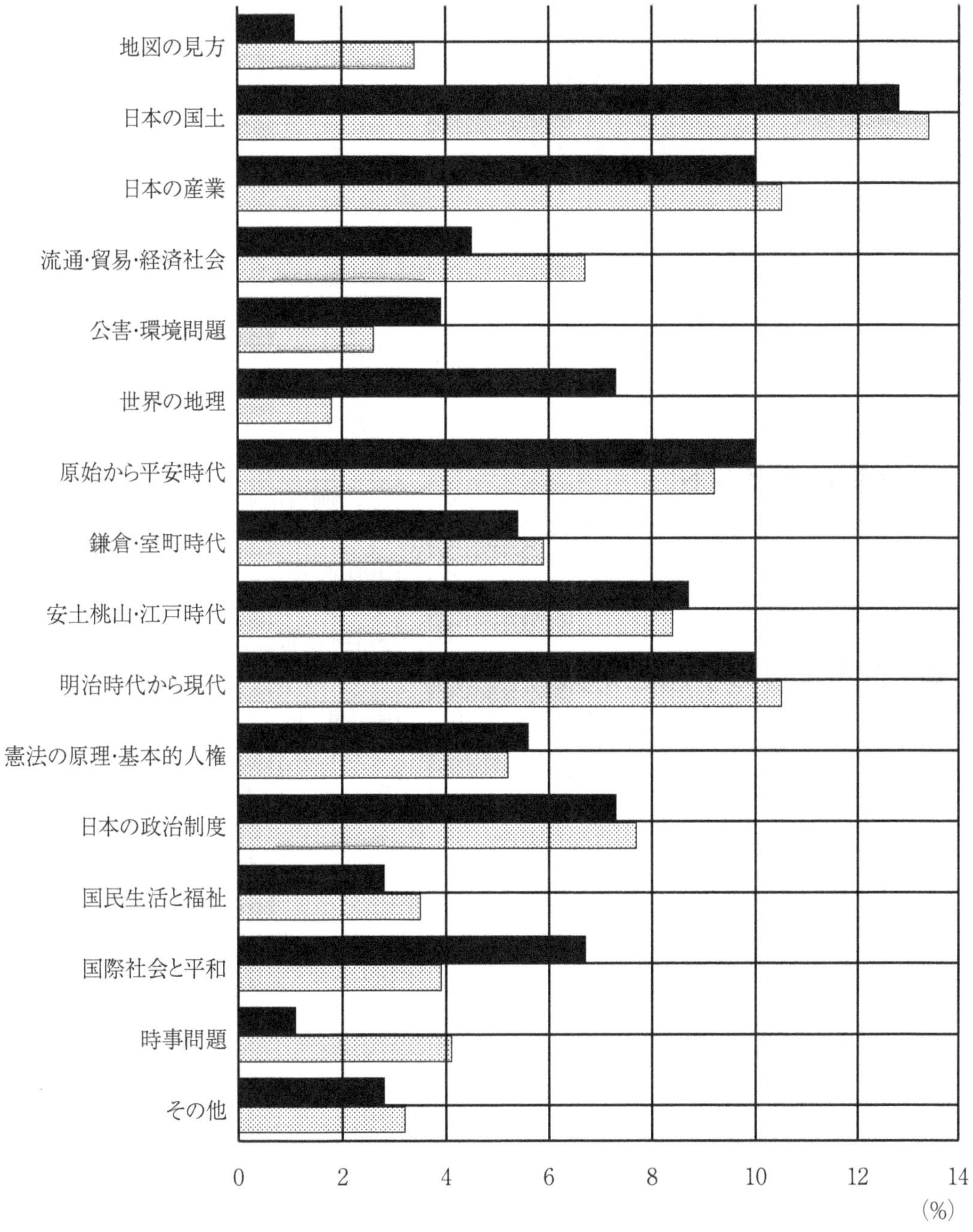

国語 出題傾向の分析と合格への対策

●出題傾向と内容

大問の構成は，説明的文章が1題，知識に関する問題が1題，文学的文章が1題の計3題。

読解問題は例年，説明的文章と文学的文章の組み合わせとなっている。説明的文章では，文脈にそって論理的に考えることが要求される。文学的文章では，状況や登場人物の心理を問われる問題が中心となっている。

出題形式は，記号選択，書き抜きなどのほか制限字数内で自分の言葉を用いて記述させる問題がベースとなっている。

知識問題は，言葉の意味や熟語などに関するもの，言葉の用法や，品詞，文節のかかり受けに関するものなど，出題範囲が広い。

学習のポイント

漢字は，読み・書き・意味の3点をセットで覚えていこう。

語い力を増やすことが国語力アップの基本！

●2025年度の予想と対策

全般的な出題傾向は，来年度も引き継がれることが予想される。説明的文章は，きわめて論理的に考えさせる題材が選ばれる確率が高いので，ジュニア向けの新書の，科学や文化に関するものを数多く読み，筋道立てて物事を考えられるような訓練が必要である。文学的文章は，文章自体はそれほど難解なものは出されていない。ただし，登場人物の心情を的確に説明させる設問は必ずあるので，標準的な問題集を用いて演習を重ねることは必須である。

知識問題は，文法問題にかなり深い知識を要求されることが過去にはあったので，問題集などを使って徹底的に覚えておく必要もある。

▼年度別出題内容分類表

※　よく出ている順に☆，◎，○の３段階で示してあります。

		出題内容	2020年	2021年	2022年	2023年	2024年
内容の分類	読解	主題・表題の読み取り	○	○	○	○	○
		要旨・大意の読み取り	○	○	○	○	○
		心情・情景の読み取り	☆	☆	☆	☆	☆
		論理展開・段落構成の読み取り	○				
		文章の細部の読み取り	☆	☆	☆	☆	☆
		指示語の問題		○		○	
		接続語の問題	○	○			
		空欄補充の問題	○	○	○	○	○
	知識	ことばの意味	○	○	○		○
		同類語・反対語					○
		ことわざ・慣用句・四字熟語	◎	◎	◎	◎	○
		漢字の読み書き	◎	◎	◎	◎	◎
		筆順・画数・部首					
		文と文節					
		ことばの用法・品詞	◎	◎		◎	
		かなづかい		◎			
		表現技法					
		文学作品と作者					
		敬語					○
	表現	短文作成					
		記述力・表現力	☆	☆	☆	☆	☆
文の種類		論説文・説明文	○	○	○	○	○
		記録文・報告文					
		物語・小説・伝記	○	○	○	○	○
		随筆・紀行文・日記					
		詩（その解説も含む）					
		短歌・俳句（その解説も含む）					
		その他					

清真学園中学校

国語 ——グラフで見る最近5ヶ年の傾向——

最近5ヶ年に出題されたすべての問題を内容別に分類・集計し，全体に対して何パーセントくらいの割合になっているかを示しました。

▒……50校の平均　■……清真学園中学校

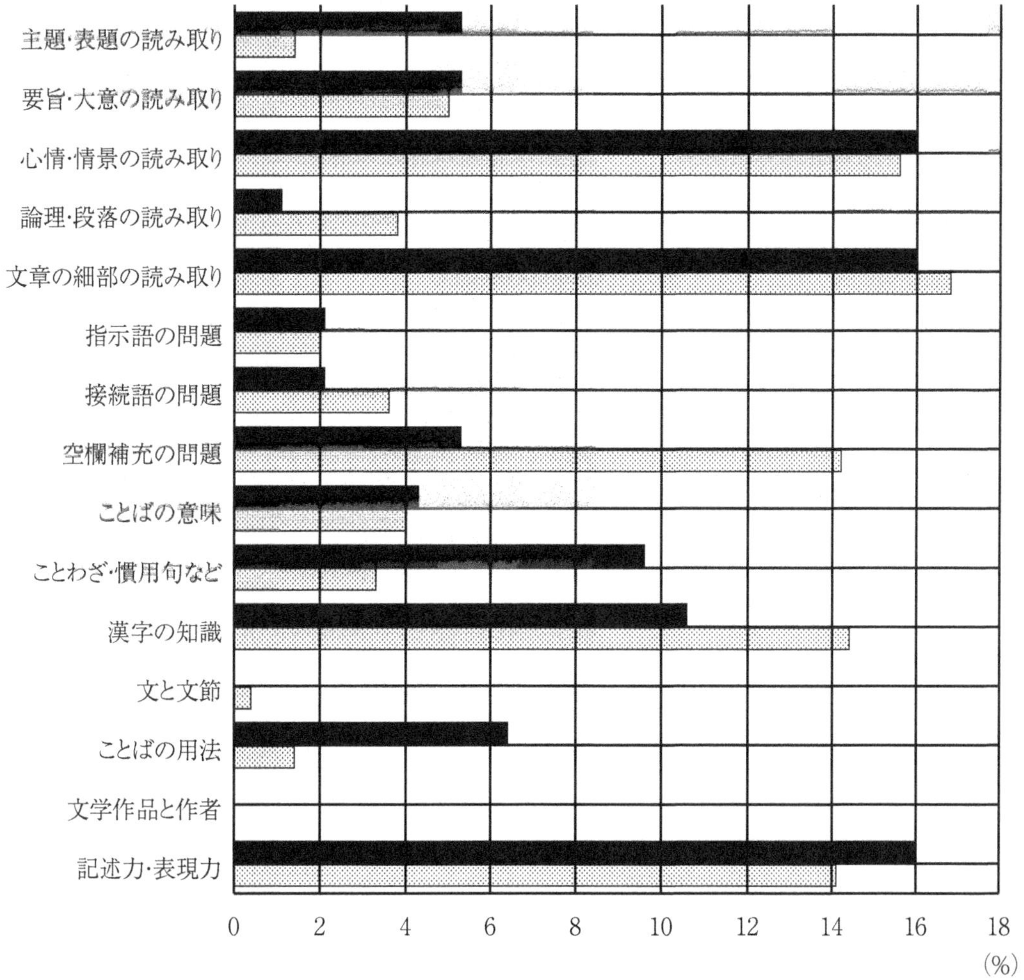

	論説文 説明文	物語・小説 伝記	随筆・紀行 文・日記	詩 (その解説)	短歌・俳句 (その解説)
清真学園 中学校	50.0%	50.0%	0%	0%	0%
50校の平均	47.0%	45.0%	8.0%	0%	0%

2024年度 合否の鍵はこの問題だ!!

算 数 3 (4)

「正三角形」の問題であり，簡単ではないが難しいレベルの問題でもない。図を，よく観よう。

【問題】

正三角形の中にさまざまな大きさの正三角形を右図のように並べたところ，斜線部のようなすき間ができた。GHの長さを求めなさい。

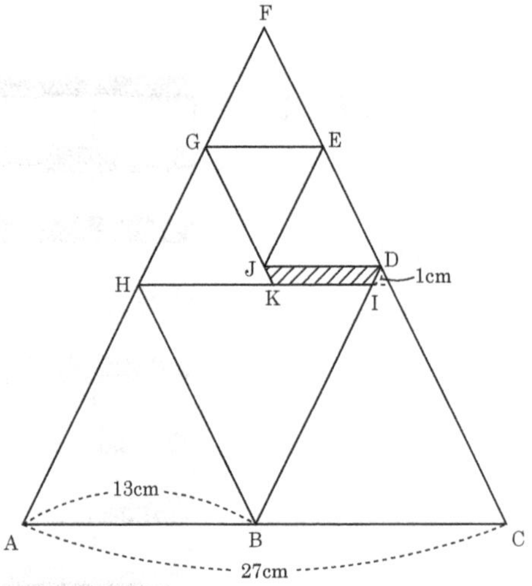

【考え方】

右図において，正三角形GHKの1辺の長さをイcmにすると，正三角形FHLの1辺の長さは，13＋1＝14(cm)である。したがって，イの長さは(14＋1)÷2＝7.5(cm)

※FH＝HL＝BC

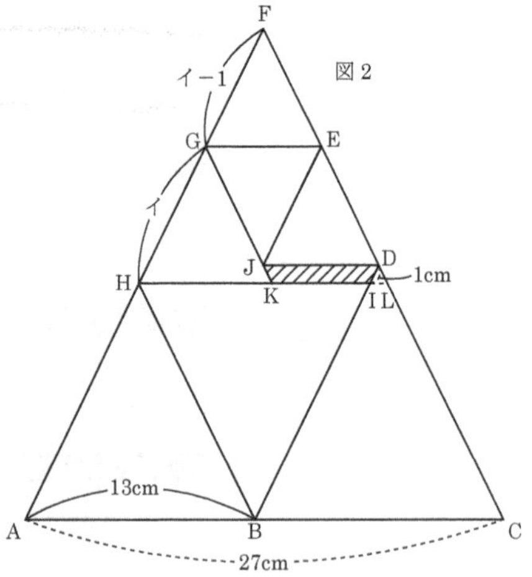

理 科 4

「光電池と発電量」に関する問題である。Aの(2)・(3)は表から1つの光電池が受ける光の量と模型自動車の1秒間に進む距離を読み取り計算する問題であり，2つの量が比例することを把握できれば比較的解きやすい。Bでは光電池の1日の発電量を1時間ごとにまとめたグラフを含めた出題である。(4)は太陽の日周運動と関連した出題で，(5)から(8)はグラフを読み取り計算する基本的な内容の問題である。落ち着いて計算すれば正解できる。(9)は東京都で義務化される太陽光での発電設備の設置が義務化される理由を問う問題である。化石燃料を使用する発電と光電池による発電の違いを考えれば正解できる。時事に関するニュースも学習しておこう。

社 会 4 問6(2)

本校は記述問題も出題される。基本的な知識事項の丸暗記だけでは対応できない「思考力」が試される問題が多いといえる。自分自身で持っている知識をいかに活用したり，組み合わせたりするかという視点が大切になる。このような力は一朝一夕では身につかないものなので，日々の継続的なトレーニングの積み重ねが不可欠となってくる。また自身で作成した記述答案を添削してもらいながら，解答のポイントをおさえる訓練を行うことが望ましい。設問が変わっても，「記述問題で評価される答案を作成するには」という視点は汎用性があるといえる。

4問6(2)の設問は，以上のような出題傾向を象徴している問題であり，過去問演習等で対策してきた受験生とそうでない受験生とではっきり差がつくことが予想される。「路面電車の利点」を他の交通機関と比較して答えさせる問題である。一定時間内に正確にできるかどうかがポイントとなる。本校の社会の問題は全体的に設問数が多く，この問題に必要以上に時間を割いてしまうと，制限時間切れになってしまう危険性もある。このような形式の問題に不慣れな受験生にとっては負担のある設問であろう。リード文を解読・解釈する力や答案内容の論理の一貫性や説得力も採点のポイントとなる。

この設問の配点が他の設問と比べて高いわけではないが，合格ラインに到達するためにはこのような問題で確実に得点することが求められ，「合否を左右する設問」といっても過言ではない。

国 語 〔二〕 問4

★合否を分けるポイント(この設問がなぜ合否を分けるのか？)

記述解答を含む読解問題のある一方で，知識問題も多い。確実に得点する必要がある。

★この「解答」では合格できない！

(×)ア

→――線部分「申します」は謙譲語。――線部分は「田中様」という目上の人の動作なので，「いらっしゃいましたら」など，尊敬語を使うのが正しい。

(×)ウ

→――線部分「ご存じ」は尊敬語なので，「私」の動作に用いるのは誤り。「存じ上げております」など謙譲語を使うのが正しい。

(×)カ

→――線部分「おっしゃって」は尊敬語。――線部分は「高木様」という目上の人に対する，身内の「母」の動作なので，「申し上げて」など，謙譲語を使うのが正しい。

(×)キ

→――線部分は「校長先生」という目上の人の動作なので，「いらっしゃる」など，尊敬語を使うのが正しい。

(×)ケ

→――線部分「お聞きになった」は尊敬語。――線部分は「コーチ」という目上の人に対する「私」の動作なので，「うかがった」など，謙譲語を使うのが正しい。

★こう書けば合格だ！

(〇)イ

→――線部分は「私」が相手に名前を名乗る表現なので，「申します」という謙譲語がふさわしい。

(〇)エ

→――線部分は相手の動作なので，「めしあがって」という尊敬語がふさわしい。

(〇)オ

→――線部分は「社長」という目上の人の動作なので，「ご覧になりましたか」という尊敬語がふさわしい。

(〇)ク

→――線部分は「先生」という目上の人に対する「私」の動作なので，「うかがいました」という謙譲語がふさわしい。

(〇)コ

→――線部分は「先生」という目上の人に対する「私」の動作なので，「差し上げた」という謙譲語がふさわしい。

2024年度

★★★★★★★★★★★★★★★★★★★★★★★★★★

入　試　問　題

2024 年度

清真学園中学校入試問題

【算　数】（50分）　　＜満点：100点＞

1　次の □ にあてはまる数や記号を答えなさい。

(1)　31－２－20÷10×５＝ □

(2)　$\frac{7}{12}\times\frac{4}{21}\div\frac{2}{9}+\frac{1}{2}=$ □

(3)　Ａさん，Ｂさん，Ｃさん，Ｄさんの４人は，あめ玉をそれぞれ20個，13個，34個，21個持っています。そこにＥさんが，あめ玉を □ 個持ってきたら，５人の持っているあめ玉の個数の平均は24個になりました。

(4)　Ａさんは，28kmのサイクリングロードを途中で休みをとらずに同じ速さで進んだところ，出発してから25分後に５km地点を通過しました。このときＡさんは時速 ① kmの速さで進んでいて，28kmのサイクリングロードを ② 分で完走します。

(5)　「12月10日13時30分」の2024分後は「12月 ① 日 ② 時 ③ 分」です。

(6)　下の図のア～カから，立方体の展開図になっているものをすべて記号で答えると □ です。

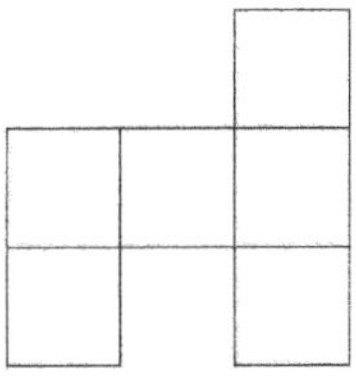

ア

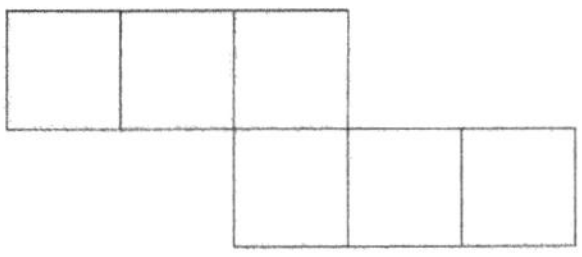

イ

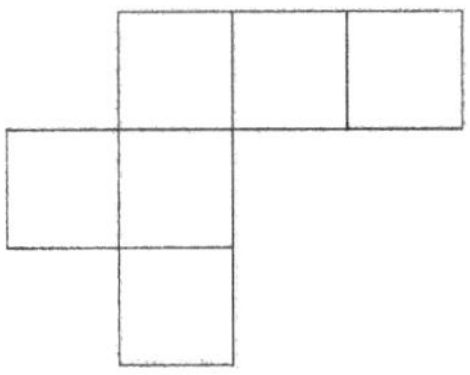

ウ

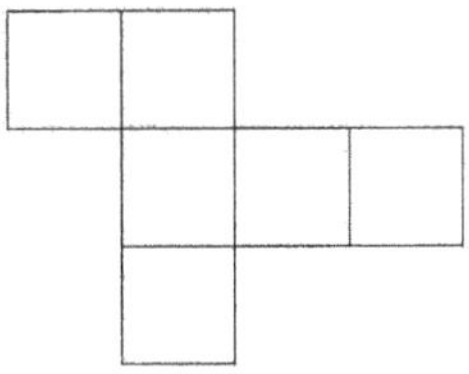

エ

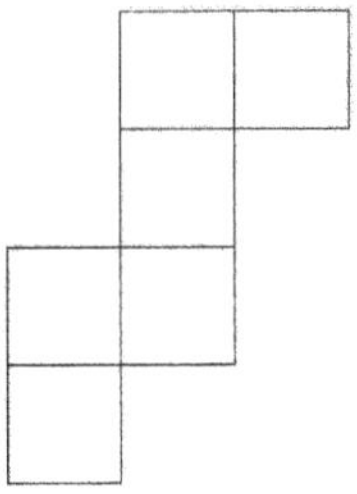

オ

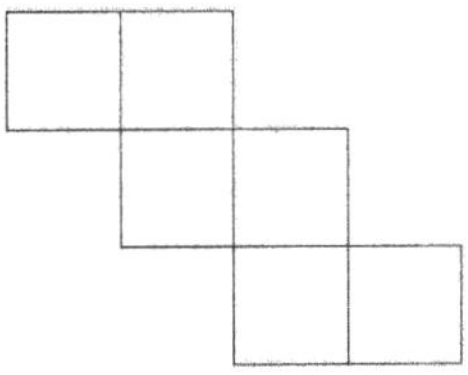

カ

⑺　下の図は直方体を組み合わせた立体です。この立体の体積は ［　　］ cm^3 です。

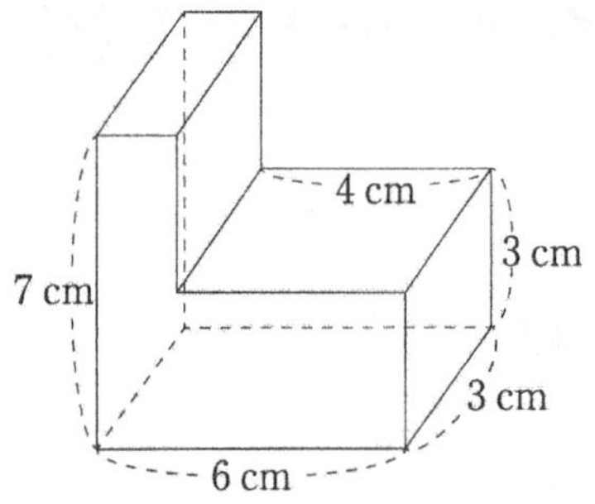

2　次の文を読み，以下の問いに答えなさい。

清さんは，おじいさんと一緒に，知り合いの船長さんにお願いして，釣《つ》り船にのせてもらい魚釣りに出かけたところ，たくさんのアジが釣れました。

清さん　　　「たくさん釣れたね，大漁だね！」
おじいさん　「今日の釣りは楽しかったね。」
船長さん　　「ふたりともよかったな。ふたり合わせて何匹《ひき》釣れた？」
清さん　　　「えーっと。１，２，３，…，17匹もいるよ！　こんなにたくさんのアジ，どうする？一度に食べきれないよ。」
おじいさん　「真さんと学さんの家におすそ分けしよう。」
清さん　　　「それがいいね。何匹ずつに分ければいいかな。」
おじいさん　「全体の半分は自宅で食べよう。全体の３分の１は真さんの家に，全体の９分の１は学さんの家にあげることにしよう。せっかくなので，アジを切ったりせずにそのまま届けてあげよう。」
清さん　　　「そうだね。それぞれ何匹ずつにすればいいかな。まずは，17匹の半分は……，あれ，アジを切らなければ半分に分けられないよ。」
船長さん　　「それなら私のアジが１匹あるから，これを加えて分けてみてごらん。」
清さん　　　「船長さん，ありがとう。でもこれで分けられるの？　あ，本当だ。①どの家にもアジを切らずに分けることができたよ。」
おじいさん　「最後に ［ ② ］ 匹余ったね。これを船長さんに返そう。これでどの家にもアジが分けられたね。」
清さん　　　「そうだね。でもどうして分けられたんだろう。不思議だな。」

⑴　下線部①について，清さん，真さん，学さんの家に分けるアジの数をそれぞれ求めなさい。

⑵　［ ② ］ にあてはまる数を答えなさい。

⑶　全体のアジの数が17匹では，おじいさんの言う通りに分けられませんでしたが，１匹追加すると分けることができました。この仕組みを説明した下の文の ［ ③ ］ ～ ［ ⑤ ］ にあてはまる数を答えて，文を完成させなさい。ただし，文中の同じ番号には同じ答えが入ります。

清さんは，初めはアジ17匹を全体の数とした。この数を１として，おじいさんの言う通りの割合に分けようとしたが $\frac{1}{2}$，$\frac{1}{3}$，$\frac{1}{9}$ の和は ［ ③ ］ であり，１にならない。これは，全体のアジの数が17匹では，おじいさんの言う通りの割合では，アジを切ることなく分けることができないことを示している。

次に，船長さんのアジを１匹加えて全体の数を ④ 匹とすれば，加えた１匹の割合は全体の ⑤ にあたるため$\frac{1}{2}$，$\frac{1}{3}$，$\frac{1}{9}$， ⑤ の和は１になる。 ④ 匹ならばアジを切ることなく，おじいさんの言う通りの割合に分けることができた。

⑷　アジ17匹に何匹か加えて，その数を全体の数とします。アジを切ることなく全体の数を$\frac{1}{2}$，$\frac{1}{4}$，$\frac{1}{10}$に分けたいと思います。このときに必要な「加えるアジの数」のうち，最も少ない数を求めなさい。

3　次の問いに答えなさい。

⑴　たてと横の比が２：３の長方形があります。この中に１辺の長さが異なる２つの正方形を，図１のように並べたところ，しゃ線部のすき間ができました。

次の【説明】は，ＡＢの長さを求める過程を記したものです。【説明】内の ① ， ② にあてはまるものを下のア～オからそれぞれ１つ選び，記号で答えなさい。ただし，文中の同じ番号には同じ答えが入ります。

【説明】

図１よりACの長さが24cmだから，ABとBCの長さの和は24cmであるといえます。

ABと ① の長さは等しいので， ① とBCの長さの和も24cmであるといえます。

このことから， ② とBCの長さの和は26cmになります。

② とBCの長さは等しいので，BCの長さは13cmです。

よって，ABの長さは11cmです。

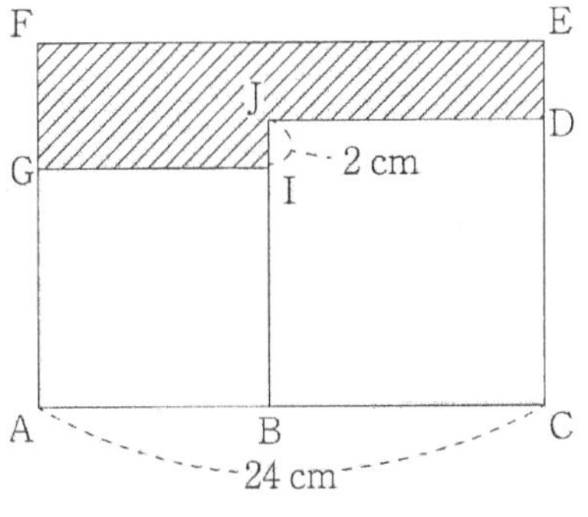

図１

ア　DE	イ　EF	ウ　FG	エ　IB	オ　JB

⑵　図１のしゃ線部の面積を求めなさい。

⑶　正三角形の中に様々な大きさの正三角形を，次のページの図２のように並べたところ，しゃ線部のすき間ができました。このとき，ABの長さを求めなさい。また，求める過程を文章で説明しなさい。

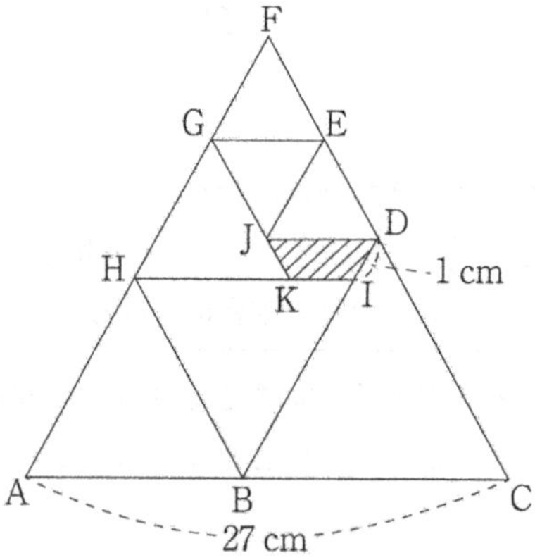

図２

⑷　図２のGHの長さを求めなさい。

4　Ａ，Ｂ，Ｃの３種類の画面には，１秒ごとに次のような数字が表示されます。

・Ａの画面には，数字の０，１，４，２，８，５，７が１秒ごとにこの順番でくり返し表示されます。

・Ｂの画面には，数字の０，３が１秒ごとにこの順番でくり返し表示されます。

・Ｃの画面には，数字の０，６，９が１秒ごとにこの順番でくり返し表示されます。

最初はどの画面にも数字の０が表示されています。このときＡ，Ｂ，Ｃの順に０－０－０と表します。例えば，最初の状態から３秒後は２－３－０と表されます。次の問いに答えなさい。

⑴　最初の状態から５秒後は，画面にどのような数字が表示されていますか。０－０－０のような書き方で答えなさい。

⑵　最初の状態から初めて４－３－６になるのは何秒後か求めなさい。

⑶　最初の状態から次に０－０－０となるのは何秒後か求めなさい。

⑷　最初の状態から2024秒後には画面にはどのような数字が表示されていますか。０－０－０のような書き方で答えなさい。また，求める過程を文章で説明しなさい。

【理　科】（50分）　＜満点：100点＞

【注意】 問題2の(4)は三角定規を用いて答えなさい。

1　次の図1は人の臓器と血管のようすを表しています。矢印は血液の流れる方向を示しています。これについて，以下の(1)～(7)の問いに答えなさい。

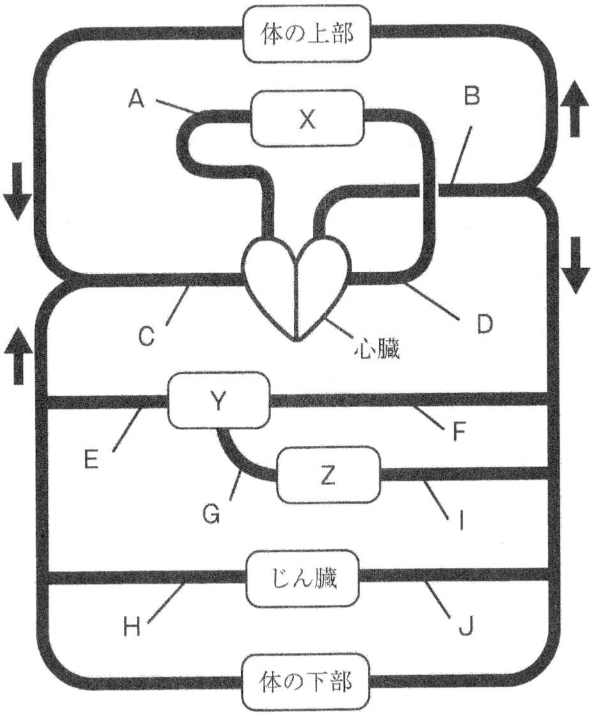

図1

(1)　図1の臓器X～Zの名前を次のア～エから，それぞれ1つずつ選び，記号で答えなさい。

ア　かん臓　　イ　肺　　ウ　小腸　　エ　脳

(2)　図1の臓器X～Zの説明として，最も適したものを，次のア～オからそれぞれ1つずつ選び，記号で答えなさい。

ア　養分をたくわえる。　　イ　酸素を取り入れる。

ウ　からだを支える。　　エ　養分の吸収を行う。

オ　血液を送り出す。

(3)　図1の血管A，Bの説明として最も適したものを，次のア～エからそれぞれ1つずつ選び，記号で答えなさい。

ア　心臓から全身に送り出される血液が通る。

イ　全身から心臓にもどる血液が通る。

ウ　心臓から臓器Xに送り出される血液が通る。

エ　臓器Xから心臓にもどる血液が通る。

⑷　心臓が血液を送り出すしくみとして，最も適したものを，次の**ア**～**オ**から１つ選び，記号で答えなさい。

ア　関節が動く力を利用している。

イ　肺で吸った空気の力を利用している。

ウ　筋肉が縮む力を利用している。

エ　胃が消化液を出す力を利用している。

オ　にょうをつくる力を利用している。

⑸　次の①～③の文が示す特ちょうに，最も適したものを，**図１**の血管**Ａ**～**Ｊ**から，それぞれ１つずつ選び，記号で答えなさい。

①　酸素を最も多くふくむ血液が流れている。

②　酸素が最も少ない血液が流れている。

③　栄養を最も多くふくむ血液が流れている。

⑹　**図１**の血管**Ｈ**の血液は，血管**Ｊ**の血液と比べると，成分にどのようなちがいがあると考えられますか。そのちがいを説明しなさい。

⑺　次の**図２**は空気中のちっ素，酸素，二酸化炭素の割合を示しています。はく息の割合として最も適したものを，**図３**の**ア**～**ウ**から１つ選び，記号で答えなさい。

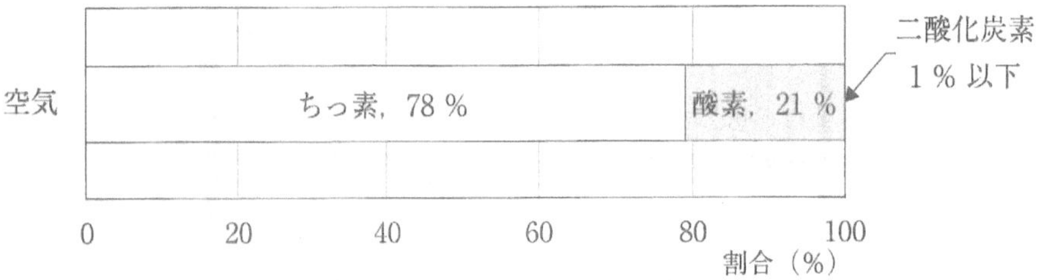

図２

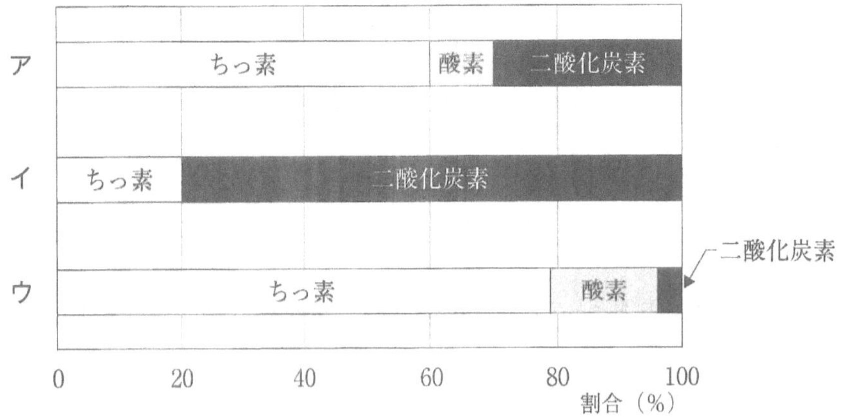

図３

2 次の文**A**～**C**を読み，水よう液について，以下の(1)～(7)の問いに答えなさい。

A　５種類の水よう液**ア**～**オ**について，次の実験をしました。ただし，**ア**～**オ**は**水酸化ナトリウム水よう液**，**食塩水**，**塩酸**，**アンモニア水**，**石灰水**のいずれかです。

実験１　リトマス紙で調べると，**ア**，**イ**，**オ**は赤色リトマス紙が青くなり，**エ**は青色リトマス紙が赤くなり，**ウ**はどちらのリトマス紙も色は変化しなかった。

実験２　水よう液をそれぞれ１てきずつ異なるスライドガラスにとり，それぞれのスライドガラスをアルコールランプで静かに熱した。このとき，**ア**，**ウ**，**オ**はスライドガラスに白い固体が残ったが，**イ**と**エ**は何も残らなかった。

実験３　**ア**に炭酸水を加えると白くにごった。

(1)　赤色リトマス紙を青色に変える水よう液の性質を，何といいますか。

(2)　５種類の水よう液のうち，においがある水よう液の名前をすべて答えなさい。

(3)　**ア**～**オ**の水よう液は何ですか。水よう液の名前をそれぞれ答えなさい。ただし，同じ名前を答えてはいけません。

B　酸性の水よう液とアルカリ性の水よう液が混ざり合うと，たがいの性質を打ち消し合います。このようなことを中和《ちゅうわ》といいます。中和について調べるために，ある濃《こ》さの塩酸と水酸化ナトリウム水よう液を用意しました。この水よう液を使って，ちょうど中和する体積の関係を調べる実験を行いました。**表１**はその結果です。

表１

塩酸　(cm^3)	5	10	15	20
水酸化ナトリウム水よう液　(cm^3)	15	30	45	60

(4)　**表１**からわかる関係を，解答用紙に三角定規を用いてグラフで書きなさい。

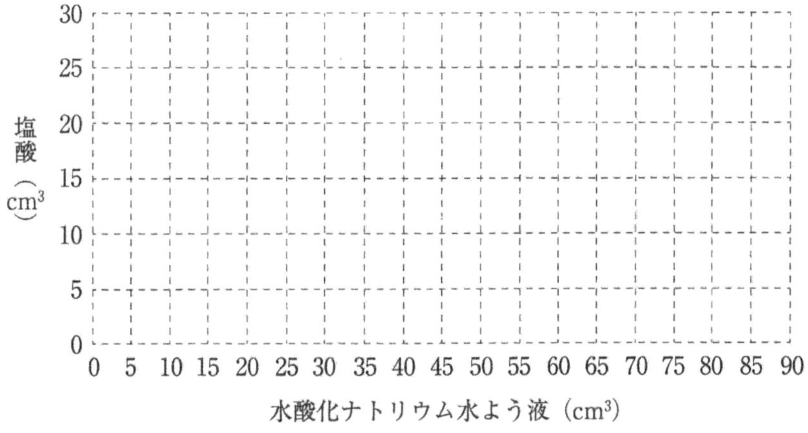

(5)　(4)で書いたグラフから，塩酸30cm^3をちょうど中和する水酸化ナトリウム水よう液の体積は何cm^3ですか。

C　次に，**B**で用意した塩酸と水酸化ナトリウム水よう液を25㎤ずつ混ぜた液を作りました。

⑹　この液をリトマス紙で調べると，何性を示しますか。

⑺　この液に，次の①と②の金属を入れました。①と②のそれぞれについて，あわが出る場合は○，出ない場合は×と答えなさい。

①　アルミニウム

②　鉄

3　太郎《たろう》さんは，地層のでき方や火山のはたらきについて調べました。次の文**A**～**D**を読み，以下の⑴～⑽の問いに答えなさい。

A　太郎さんは，博物館に行き，岩石と化石について調べました。**図1**の**ア**と**イ**は，岩石を虫めがねで観察してスケッチしたものを，**図2**は，ある化石の写真を表しています。

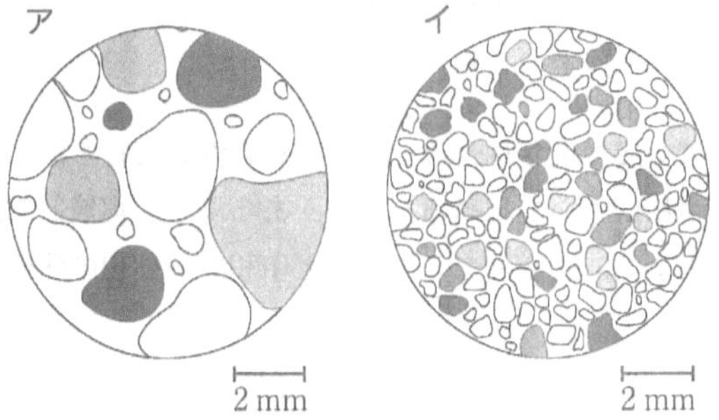

図1

図2

⑴　**図1**の岩石のように，あとから上に積もった物の重みでおしかためられてできた岩石を「たい積岩」といいます。たい積岩には，「れき岩」，「砂岩」，「でい岩」があります。**図1**の**ア**と**イ**のうち，れき岩をスケッチしたものはどちらですか。**図1**の**ア**と**イ**から1つ選び，記号で答えなさい。

⑵　岩石を虫めがねで観察すると，**図1**のように，つぶの形は，角がとれて丸みを帯びていました。これは何のはたらきによるものですか。最も適したものを，次の**ア**～**エ**から1つ選び，記号で答えなさい。

ア　熱　　**イ**　風　　**ウ**　流れる水　　**エ**　氷河

⑶　**図2**の写真は何の化石ですか。生物の名前を答えなさい。

B　次のページの**図3**は，太郎さんが，火山について調べた図を表しています。

⑷　**図3**の①は，地下のマグマが地表に流れ出たものです。これを何といいますか。名前を答えなさい。

⑸　火山灰の特ちょうについて説明したものとして，最も適したものを，次の**ア**～**エ**から1つ選び，記号で答えなさい。

ア　風にとばされにくく，広いはん囲に降り積もる。

イ　風にとばされにくく，せまいはん囲に降り積もる。

ウ　風にとばされやすく，広いはん囲に降り積もる。

エ　風にとばされやすく，せまいはん囲に降り積もる。

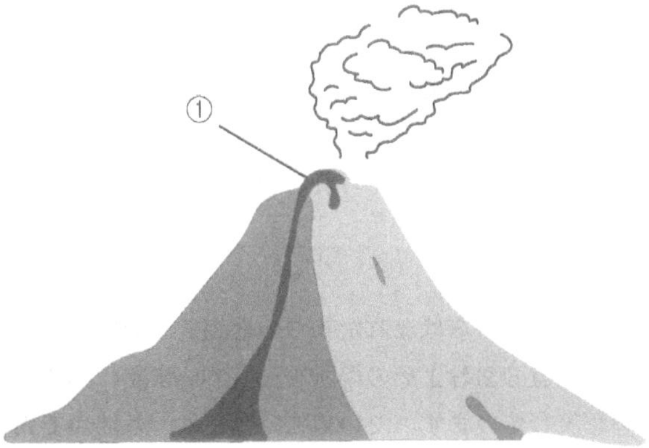

図３

⑹　次の文中の［　　］に適した言葉をカタカナで答えなさい。

「火山のふん火などの自然災害に備えて，どのように生命を守るかを考えておくことは大切です。自然災害が発生した時に，危険と思われる場所やひ難場所などを表した地図がつくられています。この地図を［　　　］といいます。」

C　**図４**は，太郎さんが，あるがけに見られた地層の様子をスケッチしたものを，**図５**は，「れき」・「砂」・「どろ」がたい積した様子を表しています。

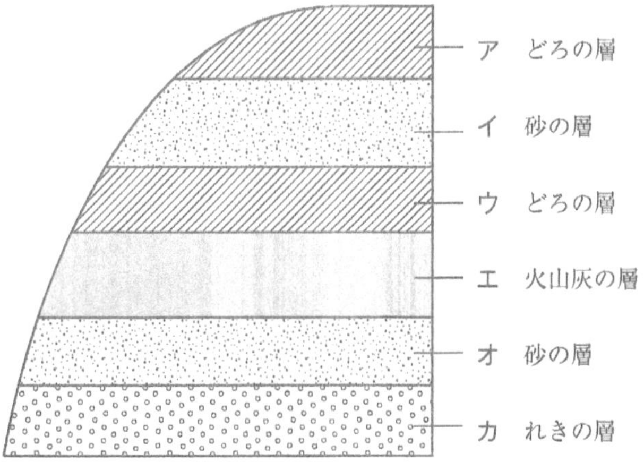

図４

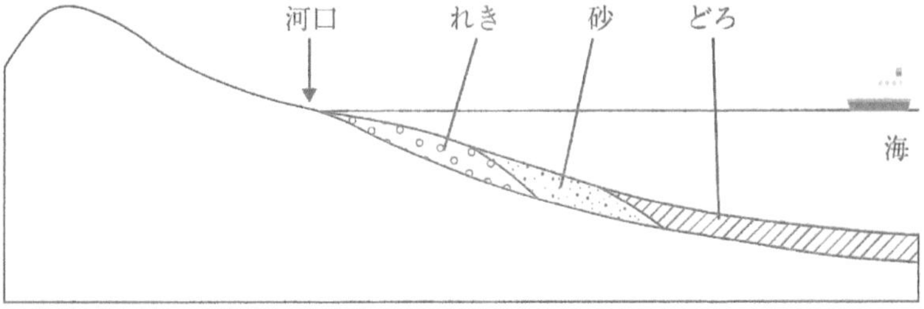

図５

⑺　河口に近い海の底で積もったと考えられる層はどれですか。**図4**の**ア～カ**から1つ選び，記号で答えなさい。

⑻　河口から遠い海の底で積もったと考えられる層はどれですか。**図4**の**ア～カ**から2つ選び，記号で答えなさい。

⑼　火山活動があったころに積もったと考えられる層はどれですか。**図4**の**ア～カ**から1つ選び，記号で答えなさい。

D　太郎さんは，自分の通う学校からはなれた4つの地点で，地層の観察を行いました。**図6**の①～④の地点は，観察した地点のおおよその場所を表しています。**図7**は，①～④の地点での観察結果をまとめた柱状図を表しています。たい積物の厚さは，各地点で異なりますが，ふくまれている火山灰は，同じものであることがわかっています。

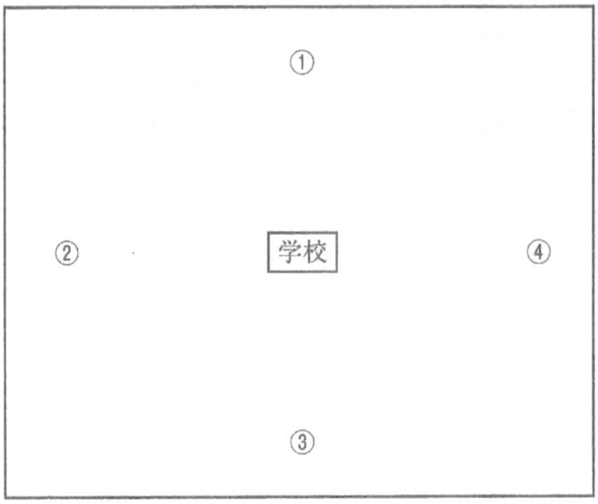

図6

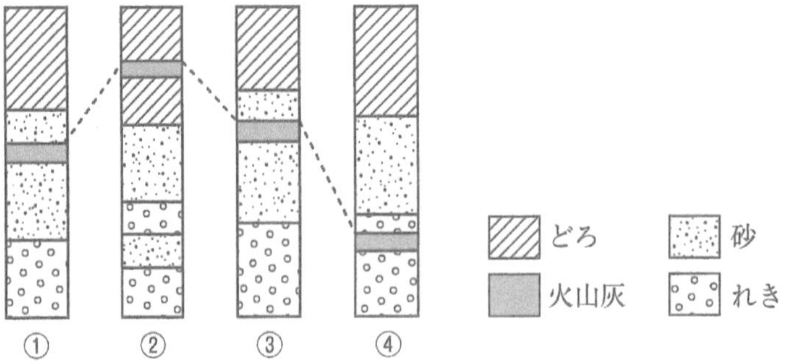

図7

⑽　火山灰がたい積した当時，海の深さは，**図6**のどの向きに向かって深くなっていたと考えられますか。最も適したものを，次の**ア～エ**から1つ選び，記号で答えなさい。

ア　①から③　　**イ**　③から①　　**ウ**　②から④　　**エ**　④から②

4 光電池について考えます。光電池は太陽電池やソーラーパネルと呼ばれることもあります。光電池は光を電気に変えること，つまり発電をすることができます。次の文**A**と**B**を読み，以下の⑴～⑼の問いに答えなさい。ただし，数値で答える問いは，分数の形ではなく，整数や小数の形で答えなさい。割り切れない場合は小数第２位を四捨五入し，小数第１位まで答えなさい。

A 光電池でモーターを動かして，**図１**のような光電池をのせた模型自動車を走らせる実験を行います。模型自動車の光電池にいろいろな明るさの太陽光を当てました。１つの光電池が受ける光の量を最大で「100」として，この光の量と模型自動車が１秒間に進むきょり（cm）の間に，**表１**の関係があるとします。模型自動車**２**号は模型自動車**１**号よりも発電効率の良い光電池をのせています。

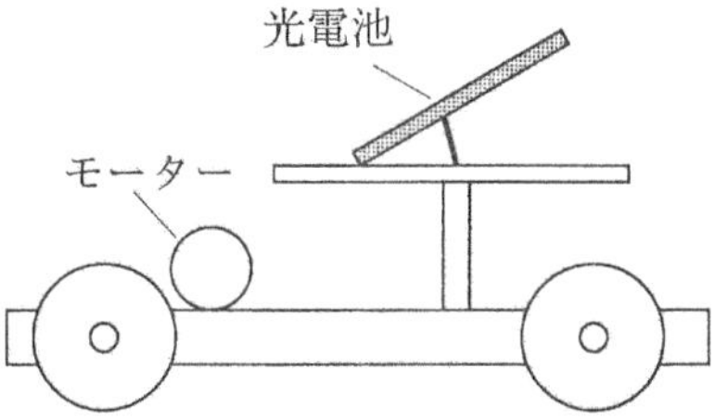

図１

表１

１つの光電池が受ける光の量	20	40	60	80	100
模型自動車１号が１秒間に進むきょり（cm）	5	10	①	20	25
模型自動車２号が１秒間に進むきょり（cm）	10	20	30	②	50

⑴ 光電池に同じ明るさの太陽光を当てるとき，模型自動車が最も速く動く光の当て方はどれですか。最も適したものを，次の**ア**～**ウ**から１つ選び，記号で答えなさい。矢印は太陽光の向きを表しています。

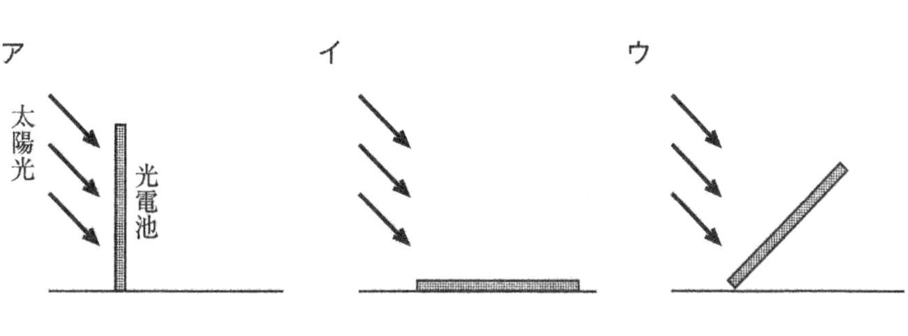

⑵ **表１**の①と②に当てはまる数値を，それぞれ答えなさい。

⑶ １つの光電池が受ける光の量が「70」であったとき，模型自動車が１秒間に進むきょりは何cmですか。模型自動車１号，２号それぞれについて答えなさい。

B　太陽光を利用して，家庭などで使う電気を発電する場合を考えます。ここでは光電池を組み合わせた面積の大きなパネルを使います。これをソーラーパネルと呼びます。このソーラーパネルに一番効率良く太陽光が当たったとき，１枚のパネルで１時間に「100」の電気の量を発電することができるものとします。

このソーラーパネル１枚について，ある日の１時間ごとに発電された電気の量を調べたところ，次の**図２**の結果になりました。例えば13時から14時までの間に１時間で発電された電気の量は「100」となります。

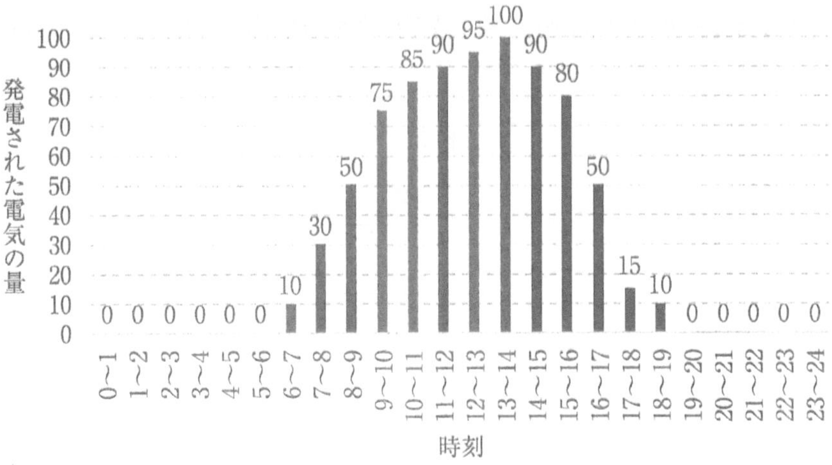

図２

⑷　**図３**のようにソーラーパネルを地面に対して30°の角度に置いた場合，**東・西・南・北**のどの向きに向けると，一年間を通じて一番効率よく発電しますか。

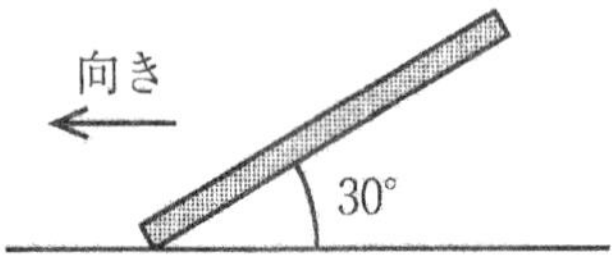

図３

⑸　**図２**の９時から11時までの間で発電された電気の量はいくらですか。

⑹　**図２**の１日で発電された電気の量はいくらですか。

⑺　発電されない時間帯を入れて，1日を24時間で考えると，**図２**の１時間あたりに発電された，電気の量の平均値はいくらですか。

⑻　天気などによって発電できる電気の量は異なります。ある月の30日間で平均すると，１日あたりに発電した電気の量は，**図２**の１日の50％でした。このソーラーパネルを50枚設置する場合，この月に30日間で発電できる電気の量は合計いくらですか。

⑼　東京都では2025年から一部の新築住宅などに対して，太陽光での発電設備の設置が義務化される予定です。この義務化の目的は何ですか。目的として最も適したものを，次の**ア**～**エ**から１つ選び，記号で答えなさい。

ア　冬の都内の外気温を上げるため。　　**イ**　夜間の余っている電気を消費するため。

ウ　雨天時の電気不足を解消するため。　　**エ**　温室効果ガスを減らすため。

【社　会】（50分）　＜満点：100点＞

【注意】 答えは，特に指示がなくても，漢字が使えるところはできるだけ漢字を使って書きなさい。

1　次の文を読み，あとの各問いに答えなさい。

【1】（　①　）が鎌倉に開いた武士の政権を鎌倉幕府といいます。承久《じょうきゅう》の乱で朝廷に勝利した鎌倉幕府は御家人《ごけにん》のためのルールとして（　②　）を定めました。

【2】 弥生時代には日本列島でA稲作（米づくり）が始まったとされています。弥生時代には倉庫にたくわえられた食料などをめぐってむらとむらとで争いが起こるようになりました。そのようななかでいくつかのむらを従えてくにをつくり，B王とよばれる存在も出現しました。この王たちの墓としてC古墳が日本各地につくられていきます。

【3】 江戸幕府は大名を三つに分類し，工夫して各地に配置《はいち》しました。例えば，江戸から遠いD九州には，関ヶ原の戦い後に徳川家に従った（　③　）が多く配置されました。また，江戸時代の社会はさまざまな身分で構成《こうせい》されていました。

【4】 E聖徳太子《しょうとくたいし》の死後，蘇我《そが》氏は大きな力を持ちました。その中で中大兄《なかのおおえ》皇子や中臣鎌足《なかとみのかまたり》は蘇我氏を滅ぼし，新たな国づくりを開始しました。そこから約50年後には国を治めるためのF法律も完成し，朝廷はこの法律に基づいて政治を行いました。

【5】 種子島《たねがしま》に（　④　）人を乗せた船が到着したことで日本に鉄砲が伝わりました。この鉄砲を活用して長篠《ながしの》の戦いで武田軍を破ったといわれているのがG織田信長と徳川家康の連合軍です。

【6】 室町時代の文化には現在に伝わるものが多くあります。例えば，H能は金閣を建てた（　⑤　）が観阿弥《かんあみ》・世阿弥《ぜあみ》を保護したことで大成されました。また東求堂《とうぐどう》に見られる書院造《しょいんづくり》も和室のルーツとなっています。中国から伝えられた水墨画《すいぼくが》も室町時代に（　⑥　）によって大成されました。

【7】 藤原道長の娘に仕《つか》えた紫式部が書いた『源氏物語』は，現在では世界各国で読まれています。『源氏物語』には「宇治十帖《うじじゅうじょう》」という宇治を舞台にした場面が出てきます。この宇治に現存する阿弥陀堂《あみだどう》がI平等院鳳凰堂《びょうどういんほうおうどう》です。

問1　空らん（①）に入る人物をア～エから1つ選び，記号で答えなさい。

ア　源頼朝《みなもとのよりとも》　**イ**　足利義満《あしかがよしみつ》　**ウ**　源義経《みなもとのよしつね》　**エ**　足利義政《あしかがよしまさ》

問2　空らん（②）に入る語句をア～エから1つ選び，記号で答えなさい。

ア　武家諸法度《ぶけしょはっと》　**イ**　律令《りつりょう》　**ウ**　御成敗式目《ごせいばいしきもく》　**エ**　十七条《じゅうしちじょう》の憲法

問3　下線部Aについて，稲を収穫する時に用いた道具として正しいものをア～エから1つ選び，記号で答えなさい。

ア　銅鐸《どうたく》　**イ**　埴輪《はにわ》　**ウ**　土偶《どぐう》　**エ**　石包丁《いしぼうちょう》

問4　下線部Bについて，邪馬台国《やまたいこく》を治めていた女王はだれですか。ア～エから1つ選び，記号で答えなさい。

ア　卑弥呼《ひみこ》　**イ**　北条政子《ほうじょうまさこ》　**ウ**　清少納言《せいしょうなごん》　**エ**　お市《いち》

問5　下線部Cについて，以下の問いに答えなさい。

(1)　古墳の表面などに並べられた円の筒やつぼの形をした焼き物を何といいますか。ア～エから1つ選び，記号で答えなさい。

ア　銅鐸　**イ**　埴輪　**ウ**　土偶　**エ**　石包丁

⑵　「ワカタケル大王」と刻まれた鉄剣や鉄刀が埼玉県稲荷山《いなりやま》古墳や熊本県江田船山《えたふなやま》古墳から出土しています。ここからどのようなことがわかりますか。下の【説明文】の（　　）の部分に適切な表現を入れなさい。なお，下の【使う語句】を全て使って答えること。

【説明文】

（　　　　　　　　　　　　）ことがわかる。

【使う語句】

・関東地方　　・大和朝廷の勢力　　・九州地方

問６　下線部Dについて，以下の問いに答えなさい。

⑴　鎖国後に長崎の出島で貿易を許されていたヨーロッパの国はどこですか。**ア**～**エ**から１つ選び，記号で答えなさい。

ア　イギリス　　**イ**　ポルトガル　　**ウ**　オランダ　　**エ**　スペイン

⑵　江戸時代の中ごろになると西洋の学問を学ぶ人々が増えてきました。そのなかで地理学や天文学を学び，実際の測量に基づいて日本地図を作った人物はだれですか。**ア**～**エ**から１つ選び，記号で答えなさい。

ア　杉田玄白《すぎたげんぱく》　　**イ**　伊能忠敬《いのうただたか》　　**ウ**　本居宣長《もとおりのりなが》　　**エ**　大塩平八郎《おおしおへいはちろう》

問７　空らん（③）に入る語句を**ア**～**エ**から１つ選び，記号で答えなさい。

ア　旗本《はたもと》　　**イ**　親藩《しんぱん》　　**ウ**　譜代《ふだい》　　**エ**　外様《とざま》

問８　下線部Eについて，聖徳太子が役人の心がまえを示すために定めたものは何ですか。**ア**～**エ**から１つ選び，記号で答えなさい。

ア　武家諸法度　　**イ**　律令　　**ウ**　御成敗式目　　**エ**　十七条の憲法

問９　下線部Fについて，この法律を何といいますか。**ア**～**エ**から１つ選び，記号で答えなさい。

ア　武家諸法度　　**イ**　律令　　**ウ**　御成敗式目　　**エ**　十七条の憲法

問10　空らん（④）に入る国を**ア**～**エ**から１つ選び，記号で答えなさい。

ア　イギリス　　**イ**　ポルトガル　　**ウ**　オランダ　　**エ**　スペイン

問11　下線部Gについて，織田信長が明智光秀《あけちみつひで》におそわれ自害《じがい》した寺はどこですか。**ア**～**エ**から１つ選び，記号で答えなさい。

ア　本能寺《ほんのうじ》　　**イ**　延暦寺《えんりゃくじ》　　**ウ**　東大寺《とうだいじ》　　**エ**　中尊寺《ちゅうそんじ》

問12　空らん（⑤）に入る人物を**ア**～**エ**から１つ選び，記号で答えなさい。

ア　源頼朝　　**イ**　足利義満　　**ウ**　源義経　　**エ**　足利義政

問13　下線部Hについて，能の合間《あいま》に演じられ，せりふに日常の会話を用いたことから民衆の間にも広まったものは何ですか。ア～エから１つ選び，記号で答えなさい。

ア　浄瑠璃《じょうるり》　　**イ**　歌舞伎《かぶき》　　**ウ**　田楽《でんがく》　　**エ**　狂言《きょうげん》

問14　空らん（⑥）に入る人物を**ア**～**エ**から１つ選び，記号で答えなさい。

ア　空海《くうかい》　　**イ**　鑑真《がんじん》　　**ウ**　雪舟《せっしゅう》　　**エ**　行基《ぎょうき》

問15　下線部Ｉについて，平等院鳳凰堂のある宇治が位置する都道府県はどこですか。**ア**～**エ**から１つ選び，記号で答えなさい。

ア　京都府　　**イ**　奈良県　　**ウ**　大阪府　　**エ**　滋賀県

問16　問題文の１～７について，年代の古いものが前で，新しいものが後ろという順番に並ぶよう，順番を並びかえなさい。

2 明治時代から現代にわたっての各問いに答えなさい。

問１　1853年のペリー来航の翌年，1854年にアメリカとの間で結ばれた条約を何といいますか。漢字６字で答えなさい。

問２　坂本龍馬は，何藩と何藩の同盟をうながしましたか。適切な組み合わせを，**ア～カ**から１つ選び，記号で答えなさい。

ア　長州藩《ちょうしゅうはん》と薩摩藩《さつまはん》　　**イ**　長州藩と土佐藩《とさはん》
ウ　土佐藩と薩摩藩　　**エ**　肥前藩《ひぜんはん》と薩摩藩
オ　肥前藩と土佐藩　　**カ**　長州藩と肥前藩

問３　次の説明文は徴兵令《ちょうへいれい》について説明したものです。空らん（X）と（Y）に入る数字として正しい組み合わせを，**ア～エ**から１つ選び，記号で答えなさい。

［説明文］
徴兵令によって，（　X　）歳になった男子は（　Y　）年間軍隊《ぐんたい》に入ることが義務づけられた。

ア　X－16　Y－３　　**イ**　X－16　Y－５
ウ　X－20　Y－３　　**エ**　X－20　Y－５

問４　近代的な工業をさかんにするため，明治政府によりつくられた官営富岡製糸場《かんえいとみおかせいしじょう》は，どこにありましたか。**ア～エ**から１つ選び，記号で答えなさい。

ア　佐賀県　　**イ**　福岡県　　**ウ**　群馬県　　**エ**　埼玉県

問５「天は人の上に人を造らず人の下に人を造らずと言えり」で始まる『学問のすゝめ』を書いたのはだれですか。人物名を漢字で答えなさい。

問６　国会が開設《かいせつ》されるに先立ち，大隈重信《おおくましげのぶ》がつくった政党を何といいますか。**ア～エ**から１つ選び，記号で答えなさい。

ア　自由党《じゆうとう》　　**イ**　立憲帝政党《りっけんていせいとう》　　**ウ**　立憲改進《かいしん》党　　**エ**　立憲政友会《せいゆうかい》

問７　大日本帝国憲法《だいにほんていこくけんぽう》はどこの国の憲法を参考にしたでしょうか。**ア～エ**から１つ選び，記号で答えなさい。

ア　ドイツ　　**イ**　スペイン　　**ウ**　イギリス　　**エ**　アメリカ

問８　明治時代において始まったこととして適切ではないものを，**ア～エ**から１つ選び，記号で答えなさい。

ア　６才以上の男女が小学校に通うことが定められた。
イ　新橋・横浜間で鉄道が開通した。
ウ　郵便制度が始まった。
エ　ラジオ放送が始まった。

問９　日露戦争の結果，日本が得たこととして適切ではないものを，**ア～エ**から１つ選び，記号で答えなさい。

ア　樺太（サハリン）の南部と満州の鉄道を日本のものにした。
イ　台湾を日本の植民地にした。
ウ　韓国を日本の勢力のもとに置くことをロシアに認めさせた。
エ　欧米諸国に日本の力を認めさせた。

問10　国際連盟の事務局次長を務め，国際社会の発展につくした人物として「にとべいなぞう」がいます。この人物の名前を漢字で答えなさい。

問11　鉱毒問題が発生した栃木《とちぎ》県の足尾銅山の工場を停止するように求めた衆議院議員《しゅうぎいんぎいん》はだれですか。**ア**～**エ**から１つ選び，記号で答えなさい。

ア　田中正造《たなかしょうぞう》　　**イ**　野口英世《のぐちひでよ》

ウ　陸奥宗光《むつむねみつ》　　**エ**　小村寿太郎《こむらじゅたろう》

問12　満州事変から終戦までの15年間のできごとを述べた**ア**～**エ**の文を，年代の古いものが前で，年代の新しいものが後ろという順番に並べかえたとき，４番目にくるものはどれですか。１つ選び，記号で答えなさい。

ア　日中戦争が始まる。

イ　日本・ドイツ・イタリアが軍事同盟を結ぶ。

ウ　日本が国際連盟を脱退する。

エ　広島と長崎に原子爆弾が投下される。

問13　終戦後，空襲《くうしゅう》により校舎が焼けた学校では，校庭にいすを並べて「○○教室」で授業が行われたところもありました。「○○」に入る語句を漢字２字で答えなさい。

問14　1964年の東京オリンピック・パラリンピックにあわせて開通した高速鉄道《こうそくてつどう》は何ですか。**ア**～**エ**から１つ選び，記号で答えなさい。

ア　九州新幹線《しんかんせん》　　**イ**　東北新幹線

ウ　上越《じょうえつ》新幹線　　**エ**　東海道新幹線

問15　平成に入り，大きな自然災害があいついで発生しました。そのうち，東日本大震災が発生した年はいつですか。西暦で答えなさい。

3　ずく丸くんは，自分が住んでいる町について調べてレポートを作成しました。この内容に関連して，あとの各問いに答えなさい。

（人口，面積などの数値は，およその数値を示しています。）

私たちの町　鹿嶋	清真小学校６年１組 ずく丸

私たちの町，鹿嶋市紹介　　鹿嶋市公認マスコットキャラクター

人口　65,000人　　面積　106 km^2　　ナスカちゃん→

高齢化率　32％　　15歳未満人口　12％

暮らしを支える鹿嶋市役所！

市民からの要望を聞いて，私たちの暮らしを支えてくれています。

A市議会は，20人の議員さんがいます。B日本国憲法のC国民主権の原則に基づいて，D選挙で選ばれます。

投票できる年齢は，E国の政治と同じく【　X　】歳以上です。みなさんも，【　X　】歳になったら，選挙に行って，自分の意志を政治に伝えよう！

高めの高齢化率！ F高齢者への福祉も充実！　健康維持のためのイベントも開催中！	サッカーで地域活性化！ ４万人が入場できるカシマサッカースタジアムがあります！　東京オリンピックのサッカーも行われました。

鹿嶋市いろいろTOPICS

忘れてはいけない！ G戦争の記憶
『桜花公園』
太平洋戦争中の特攻隊の訓練場がありました。

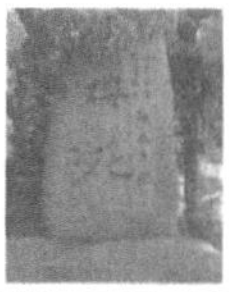

2005年6月 H天皇陛下御訪問！
なんと。鹿嶋市や周辺地域に天皇陛下がご視察に来られました。僕もお目にかかりたかったー！（まだ生まれていなかったけど）

まとめ
知っているようで，知らないことばかりでした。ホーホー！

ゴミ処理お任せ！
『鹿嶋市衛生センター』
私たちの家から出るゴミはもちろん，粗大ごみ処理や Iリサイクルも行う施設です！ 地域社会だけではなく J地球環境も守っていることになりますね。

ふるさと K納税で鹿嶋市を応援！
ふるさと納税返礼品で，お肉もらえます♡ おいしそう～！

L韓国の西帰浦（ソギポ）市と友好！
中学生の交流も行われていたよ！
国際交流って素晴らしいね。交流は M世界平和にも貢献しています。

問１　レポート内の【X】に当てはまる数字を答えなさい。

問２　下線部Aの市議会について述べた文で適切ではないものを，次の**ア**～**エ**から１つ選び，記号で答えなさい。

ア　市民の要望に基づき，さまざまな事業を行うために条例を制定する。

イ　市議会の活動については，ホームページなどで知ることができるが，市議会の見学はできない。

ウ　市議会での決定は，通常は多数決方式で行う。

エ　議会の中に，外部からの専門家を呼んで意見を聞くこともある。

問３　下線部Bの日本国憲法について，日本国憲法は1946年に作られ，1947年に施行されました。日本国憲法が施行された日を，**ア**～**エ**から１つ選び，記号で答えなさい。

ア　２月11日　　**イ**　４月29日　　**ウ**　５月３日　　**エ**　11月３日

問４　下線部Cの国民主権は日本国憲法の３つの原則の１つです。日本国憲法の３つの原則のうち，国民主権以外のものを２つ答えなさい。

問５　下線部Dの選挙について，ずく丸くんは，ある時期に行われた鹿嶋市議会選挙の年代別の投票率を調べました。それを，友だちの猫太くんに話したところ，１か所，間違いを指摘されました。その指摘された間違いはどれか，会話文の中の**ア**～**エ**から１つ選び，記号で答えなさい。

ずく丸：鹿嶋市議会議員選挙の年代別投票率を調べたよ。10代が17.4％，20代が25.5％，30代が35.9％，40代が41％，50代が49％，60代が60％，70代が63％，だったよ。
ア年代が上がるにつれて，投票率が高くなっているね。

猫　太：何で，そのような傾向になるのニャン？　不思議《ふしぎ》？

ずく丸：イおそらく若い人は政治への関心が少ないのではないかと思われるね。

猫　太：自分は選挙権を得たら，必ず投票に行くと思っているニャン。

ずく丸：そうだよね。ウ投票は政治参加の重要な機会の１つだし，棄権《きけん》するのはもったいないよ。

猫　太：若い人が投票に行かないと，政治はどうなってしまうのニャン？

ずく丸：おそらく，エ政治家たちは若い人に政治へ目を向けてもらうために，若者向けの政策をたくさん実施するようになるだろうね。

猫　太：全ての人が気持ちよく生活できる社会づくりには，みんなの投票が必要ニャンね。
ところで会話中に気になったことが１つあるニャン。
ちょっとオカシイと思ったことがあるニャン。

ずく丸：あれれ？　どこのこと？

問６　下線部Ｅの国の政治（国会・内閣・裁判所）について，以下の問いに答えなさい。

⑴　以下の中で，国会の仕事ではないものを，**ア**～**エ**から１つ選び，記号で答えなさい。

ア　法律を作る　　**イ**　憲法を改正する

ウ　首相を選ぶ　　**エ**　裁判官を選ぶ

⑵　以下の内閣について述べた文のうち適切ではないものを，**ア**～**エ**から１つ選び，記号で答えなさい。

ア　内閣では，内閣総理大臣と大臣たちの会議で政治の進め方を決める。

イ　内閣の大臣は，どこかの省の仕事を分担して行うことが多い。

ウ　教育や文化に関する仕事は，厚生労働省が担当している。

エ　内閣の仕事の中には，外国と条約を結ぶことも含まれる。

⑶　以下の裁判について述べた文のうち適切なものを，**ア**～**エ**から１つ選び，記号で答えなさい。

ア　裁判員に選ばれるのは18歳以上の国民とされている。

イ　裁判員になれるのは，学校で上位の成績を取った者に限定されている。

ウ　裁判には三審制の原則があるが，裁判員制度の裁判だけは１回のみで刑が確定する。

エ　裁判では間違った判決は許されないが，実際に間違った判決が出されたことは無い。

問７　下線部Ｆの高齢者に関連して，現在は「少子高齢社会」になったといわれています。「少子高齢社会」とはどういう意味か，簡単に説明しなさい。必ず，「出生率」または「出生数」という語を使うこと。

問８　下線部Ｇの戦争に関連して，日本の平和と安全を守るために，現在の日本には「自衛隊」が置かれています。この自衛隊について述べた文で，適切ではないものを，**ア**～**エ**から１つ選び，記号で答えなさい。

ア　自衛隊は，国際協力のために，海外で活動することも認められている。

イ　自衛隊は，外国からの核ミサイルから日本を防衛するために，核兵器も保持している。

ウ　自衛隊は，大規模な自然災害での救助活動を行うことも仕事の１つとしている。

エ　自衛隊は，日本国憲法には書かれていない組織なので，憲法違反と考える人もいる。

問９　下線部Ｈの天皇陛下について，日本国憲法第１条では以下のように定められています。【Ｙ】に当てはまる語を，漢字２字で答えなさい。

第１条：天皇は，日本国の【　Ｙ　】であり日本国民統合の【　Ｙ　】であって，この地位は（～略～）国民の総意に基《もとづ》く。

問10　下線部Ｉのリサイクルについて，リサイクルとはどのような活動をいいますか。あとの説明の中から適切なものを，**ア**～**エ**から１つ選び，記号で答えなさい。

ア　ゴミを発生させないように，なるべく使い捨て商品を使わないようにする取り組み。

イ　着なくなった古着を，着たい人にあげて再利用してもらう取り組み。

ウ　不要になったペットボトルなどを，再資源化して，別の商品に作り替える取り組み。

エ　ゴミを燃やして，灰にする取り組み。

問11　下線部Ｊの地球環境に関連して，以下の写真はある地球環境問題のために一部が溶けてしまった彫像《ちょうぞう》です。この原因となっている地球環境問題は何ですか。漢字３字で答えなさい。

問12　下線部Ｋの納税に関連して，もしも税金が無くなったとした場合の社会の変化について述べた文で適切ではないものを，**ア～エ**から１つ選び，記号で答えなさい。

ア　小学校や中学校で使われる教科書の代金を，各自で払わなくてはならなくなる。

イ　地域のゴミの収集がされなくなり，地域社会が汚れていく可能性がある。

ウ　警察や消防などの活動が有料になり，安全な生活がおびやかされる可能性がある。

エ　消費税が無くなり，買い物での負担が減るため，全ての人が裕福で豊かな暮らしが実現できる可能性がある。

問13　下線部Ｌの韓国に関連して，韓国をはじめとして日本とかかわりの深い国としてアメリカや中国やサウジアラビアが挙げられます。

これらの国　①　韓国　　②　アメリカ合衆国

③　中国　　④　サウジアラビア

について述べた文を，**ア～オ**からそれぞれ１つずつ選び，記号で答えなさい。

なお，①～④の４か国とは関係のない説明文も混ざっています。

ア　様々な民族が暮らす多文化社会です。大規模な農業，先進的な産業も盛んな大国です。

イ　日本はこの国から多くの鉄鉱石や牛肉を輸入しています。国の大部分が乾燥帯です。

ウ　日本はこの国やその周辺国から多くの原油を輸入しています。イスラム教徒が多い国です。

エ　儒教の教えを大切にする国です。約20年前に，日本とサッカーワールドカップを共同開催しました。

オ　近年，経済発展が著しい国です。日本にはこの国からお茶や仏教が伝わりました。

問14　下線部Ｍの世界平和に関連して，世界の安全と平和を守る国際連合について述べた文で適切なものを，**ア～エ**から１つ選び，記号で答えなさい。

ア　1945年に創設された時の加盟国数は51か国だったが，今は200か国を超えている。

イ　専門機関のユニセフは，世界遺産の認定などの文化的活動を行っている。

ウ　平和維持活動（PKO）を行っており，日本の自衛隊もそれに参加したことがある。

エ　国連は紛争から世界平和を守る機関なので，地球環境問題に対しての活動はしていない。

4　地図と資料を見て，あとの各問いに答えなさい。

【地図１】

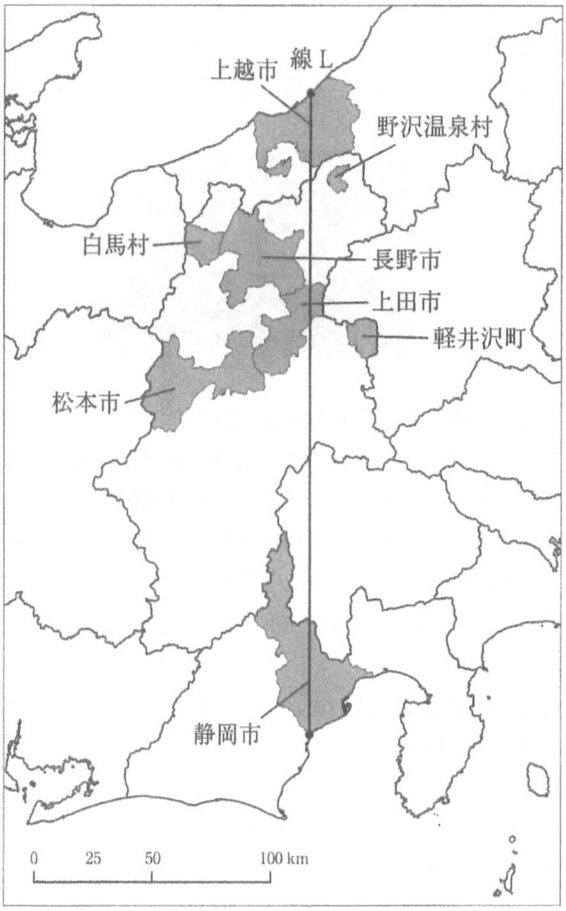

【資料】地図１中の線Ｌにおける標高と季節風の方向

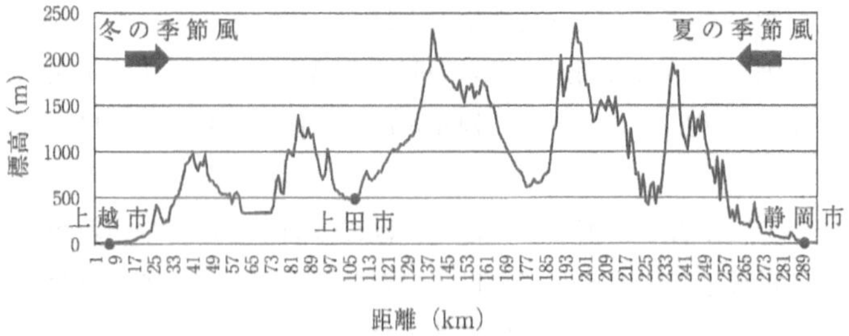

［地理院地図から作成］

問１　次のページのグラフは上越市，上田市，静岡市における降水量の月別変化をあらわしたものです。地図１と資料を参考にして，グラフＸ～Ｚと３つの市の組み合わせとして適当なものを，**ア**～**カ**から１つ選び，記号で答えなさい。

降水量の月別変化

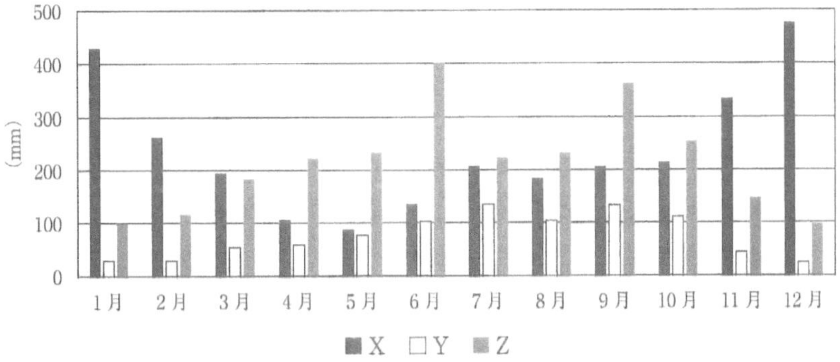

[気象庁ホームページから作成。1991～2020年の平均値を示した]

	上越市	上田市	静岡市
ア	X	Y	Z
イ	X	Z	Y
ウ	Y	X	Z
エ	Y	Z	X
オ	Z	X	Y
カ	Z	Y	X

問2　次のカードA～Cはそれぞれ上越市，上田市，静岡市でさかんに行われている農業についてまとめたものです。最も適切な組み合わせを，**ア**～**カ**の中から1つ選び，記号で答えなさい。

A

果物が実をつけるときに雨が少なく，昼と夜の気温の差が大きくなるため，果樹栽培に適している。

B

茶の新芽が成長するときに温かい日が多く，降水量も多くなるため，お茶の栽培がさかんに行われている。

C

田植えをするときにちょうど河川が増水する一方，稲が成長する時期は晴れの日が多いため，稲作に適している。

	上越市	上田市	静岡市
ア	A	B	C
イ	A	C	B
ウ	B	A	C
エ	B	C	A
オ	C	A	B
カ	C	B	A

問３　次の統計は長野県と富山県，静岡県，愛知県の工業出荷額における品目別の割合を示したものです。長野県にあてはまるものを，**ア～エ**から１つ選び，記号で答えなさい。

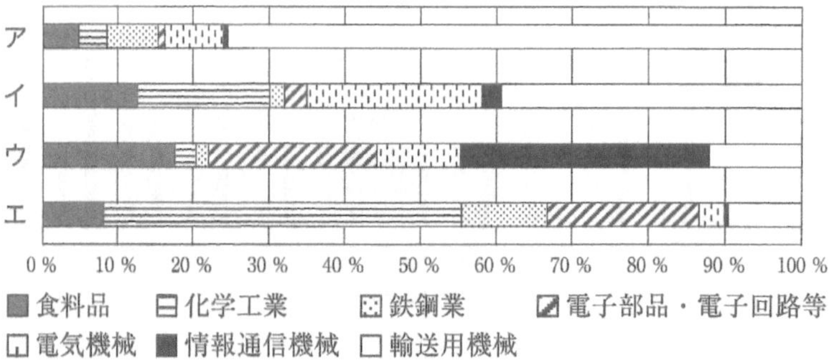

［「データブックオブザワールド2023」から作成］

問４　次の統計は外国人旅行客が多い５つの市町村において，国籍別の延べ宿泊者数（宿泊人数×宿泊日数）の割合を示したものです。それぞれの国について述べたカードと市町村の観光に関する資料を参考にして，A～Cの国の正しい組み合わせを，次のページの**ア～カ**の中から１つ選び，記号で答えなさい。

国籍別延べ宿泊者数の割合（2019年）

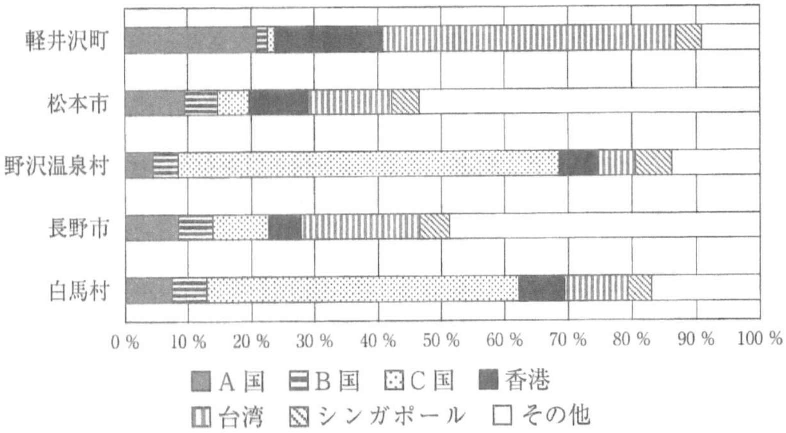

［長野県観光部山岳高原観光課資料から作成］

【カード】

A国	B国	C国
長く人口世界１位でしたが最新の統計では，第２位になりました。旅行で日本を訪れる人も多く，東京・大阪・京都などの都市が主な行先です。	日本とは経済的な結びつきが強く，ビジネスのために日本に来る人もたくさんいます。また，この国が領有する島々に多くの日本人観光客が行きます。	南半球に位置する国です。職場では夏に長い休暇をとることが一般的で，日本に長期滞在する人もめずらしくなく，長野県の他，北海道も人気の行先です。

【観光】

市町村	特　徴
軽井沢町	明治時代，外国人の避暑地として発展しました。今でも人気の別荘地です。駅の周辺は買い物客でにぎわいます。
松本市	松本城は天守閣が現存しており，国宝に指定されています。上高地や北アルプスの玄関口となっており，登山をする人も多く訪れます。
野沢温泉村	豪雪地帯で毎年２ｍを越える雪が積もります。温泉や広大なスキー場を目当てにたくさんの観光客が訪れます。
長野市	善光寺の門前町として発展しました。市内にはスケート場があり，スピードスケートの国際大会が開かれます。
白馬村	長野オリンピックではスキーのジャンプ競技が行われました。豊かな自然環境で夏に訪れる人も増えました。

	A国	B国	C国
ア	アメリカ合衆国	中国	オーストラリア
イ	アメリカ合衆国	オーストラリア	中国
ウ	オーストラリア	アメリカ合衆国	中国
エ	オーストラリア	中国	アメリカ合衆国
オ	中国	アメリカ合衆国	オーストラリア
カ	中国	オーストラリア	アメリカ合衆国

問５　長野県は日本海や太平洋にそそぐ河川の源流となっています。地図２と河川についての説明をよく読み，以下の問いに答えなさい。

【地図２】

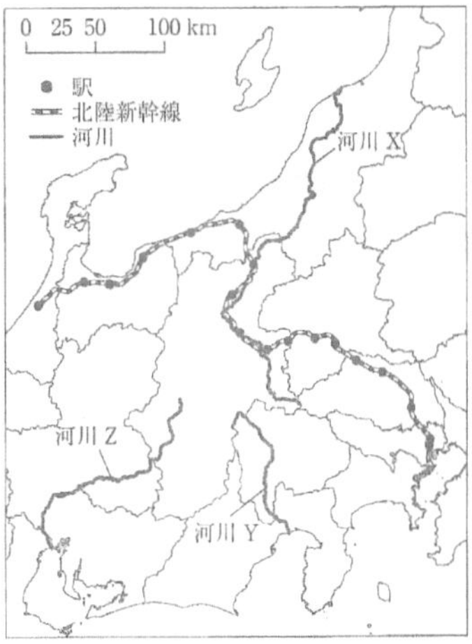

【説明】

日本海に流れる河川Xは，日本で最も長い河川として知られている。長野県内では千曲川と呼ばれ，新潟県に入ると〔　①　〕川と呼ばれるようになる。下流は〔　②　〕平野が広がり，米の単作地帯（年間で稲作のみ行う地域）となっている。太平洋に流れる河川Yは日本三大急流の１つで上流は，長野県と山梨県の県境を通る。途中，〔　③　〕盆地で笛吹川と合流して，静岡県に入ると〔　④　〕川と呼ばれるようになる。河川Zは〔　⑤　〕川で，上流の山間部では古くから「〔　⑤　〕ひのき」と呼ばれる良質な木材が産出される。下流は〔　⑥　〕平野が広がり，長良川と並行しながら流れて伊勢湾に注ぐ。

⑴　【説明】の空らん①～⑥にあてはまる語句を，**ア**～**セ**からそれぞれ選び，記号で答えなさい。同じ選択肢を２度使うことはできません。

ア　最上	**イ**　富士	**ウ**　天竜	**エ**　揖斐	**オ**　信濃	**カ**　木曽	**キ**　上川
ク　甲府	**ケ**　諏訪	**コ**　越後	**サ**　庄内	**シ**　濃尾	**ス**　讃岐	**セ**　筑紫

⑵　【説明】の下線部について，この地域は古くから集落を堤防で囲って洪水を防いでいます。このような集落を何といいますか。漢字で答えなさい。

問６　地図２に示した北陸新幹線の開通によって，長野県や富山県，石川県に旅行しやすくなりました。これについて以下の問いに答えなさい。

⑴　北陸新幹線の終着駅は石川県の県庁所在地です。この市の名称を漢字で答えなさい。

⑵　北陸新幹線が通る富山市や高岡市では，市内を写真のような路面電車が走っています。近年，路面電車の評価が高まっており，新たに整備しようとする都市＊もあります。路線バスや地下鉄などと比較すると，乗客にとってどのような利点があるでしょうか。解答らんにしたがって答えなさい。

＊栃木県宇都宮市など

【写真】

［富山県観光公式サイト「とやま観光ナビ」からダウンロード］

⑶　地域を調査する方法として適切でないものを，**ア**～**エ**の中から１つ選び，記号で答えなさい。

ア　町に新しく移住した人数を調べるため，市役所に問い合わせた。

イ　観光客が訪れる場所を調べるため，インターネットで航空写真を見た。

ウ　市街地の拡大について調べるため，年代別の地形図を用意した。

エ　通勤・通学者がどこから来ているか調べるため，駅前で聞き取り調査をした。

5 資料を見て，あとの各問いに答えなさい。

【資料】 日本で開催されたサミット

1回目　東京（1979年）

大平正芳首相が議長を務めました。当時はイラン革命の影響で石油の価格が高くなった「第2次［　①　］」の時期でもありその対応が議題となりました。

2回目　東京（1986年）

中曽根康弘首相が議長を務めました。経済政策を話し合う場として各国の財務大臣や中央銀行のリーダーで会議を開くことが決まりました。

3回目　東京（1993年）

宮沢喜一首相が議長を務めました。ソビエト崩壊で，新しく建国されたⒶロシア連邦や東ヨーロッパの国々への支援や，核兵器の管理がテーマとなりました。その後，1998年にロシアが参加して，サミットは「Ｇ８」になりました。

4回目　九州・沖縄（2000年）

森喜朗首相が議長を務めました。クリントン大統領が，アメリカの大統領として初めて，沖縄を訪れました。また，九州・沖縄サミットが開催されることにちなんで，沖縄のⒷ守礼門が描かれた「２千円札」を発行しました。

5回目　北海道・洞爺湖（2008年）

福田康夫首相が議長を務め，Ⓒ地球温暖化（気候変動）や世界経済が主なテーマでした。2050年までに温室効果ガスを半減するという長期目標を世界全体の目標とすることが合意されました。

6回目　三重県・伊勢志摩（2016年）

安倍晋三首相が議長を務めました。2014年に起きたロシアによるクリミア半島併合によって，ロシアが招かれなくなりました。サミットの後，オバマ大統領が現職のアメリカ大統領として初めて広島を訪問しました。

7回目　広島（2023年）

岸田文雄首相が議長を務めました。Ⓓウクライナのゼレンスキー大統領が来日して議論に参加しました。また各国首脳が広島平和記念資料館を見学しました。

問１ 【資料】の空らん①にあてはまる語句を漢字またはカタカナで答えなさい。

問２ 【資料】の下線部Ⓐについて，現在，この国に事実上占領されている島々を合わせて何といいますか。漢字４字で答えなさい。

問３ 【資料】の下線部Ⓑは首里城の門であり，城は世界遺産に指定されている（2019年の火災で焼失)。次のページの写真の中から日本で開かれたサミットの開催都道府県の世界遺産としてあてはまらないものを，**ア**～**エ**の中から１つ選び，記号で答えなさい。

ア

小笠原諸島

イ

白神山地

ウ

紀伊山地の霊場と参詣道

エ

知床半島

[小笠原村観光協会ウェブサイト，白神山地ビジターセンター，
和歌山県公式観光サイト，知床斜里町観光協会からダウンロード]

問4　【資料】の下線部©について，温室効果ガスが排出される例として適切でないものを，**ア**～**カ**の中から2つ選び，記号で答えなさい。

ア　火力発電　　**イ**　風力発電　　**ウ**　原子力発電　　**エ**　製鉄

オ　植物由来のバイオ燃料の利用　　**カ**　牛のゲップ

問5　【資料】の下線部Ⓓについて，ウクライナの位置を，次の地図中**ア**～**オ**の中から1つ選び，記号で答えなさい。

【地図】

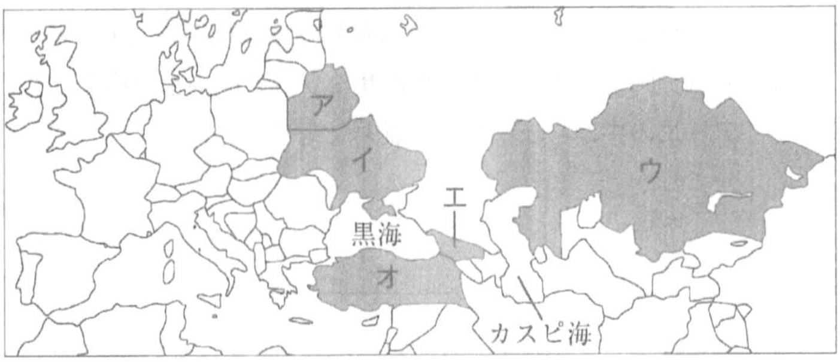

問6　サミットでは各国の首脳を美味しい料理でもてなします。これについて以下の問いに答えなさい。

(1)　日本は周りを海で囲まれ海産物が豊富です。今回の広島サミットでも「ホタテ」「カキ」「マダイ」など魚介類を提供しました。次の統計はそれぞれの生産量の割合について都道府県別に示したものです。統計A～Cと魚介類の組み合わせとして正しいものを，**ア～カ**の中から1つ選び，記号で答えなさい。

A

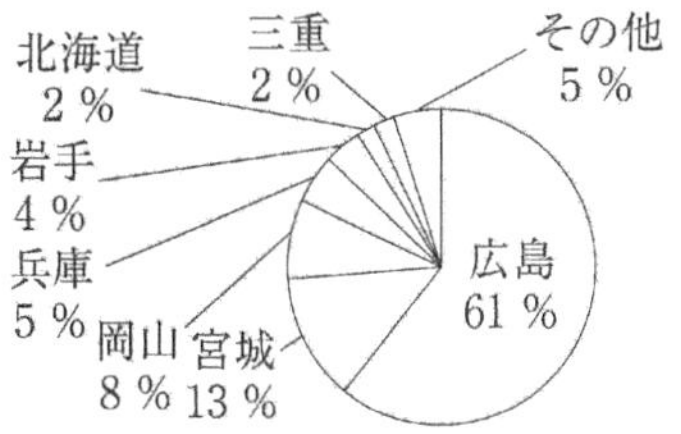

B

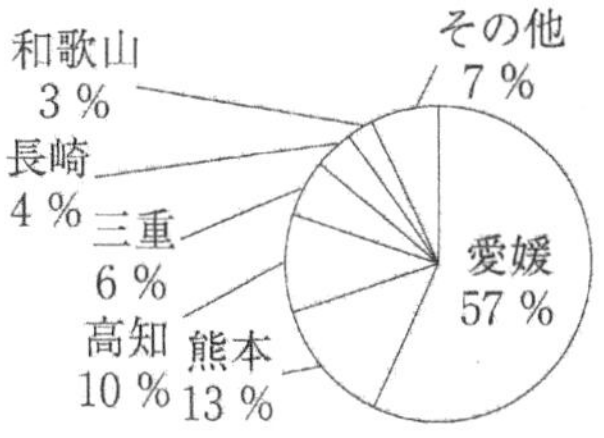

C

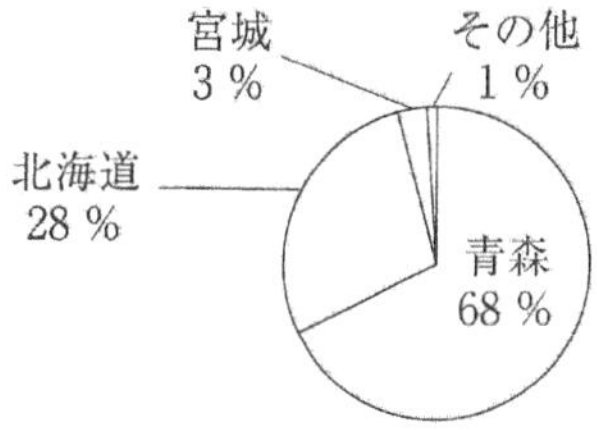

	ホタテ	カキ	マダイ
ア	A	B	C
イ	A	C	B
ウ	B	A	C
エ	B	C	A
オ	C	A	B
カ	C	B	A

［2019年　農林水産省統計］

(2)　(1)で挙げた魚介類は主に「いけすや網の中で稚魚を育てて成長してからとる」方法で漁獲されています。このような漁業を何といいますか。漢字で答えなさい。

問7　広島サミットでは，イギリスのスナク首相が「お好み焼き」を作ったことが話題になりました。お好み焼きは終戦後の食料不足の時代に広まりました。初めはアメリカ軍から配給された小麦を水で溶かして薄く焼いたそうです。広島の復興とともに，キャベツ，焼きそば，豚肉，卵などの具材が多くなっていきました。これについて次の問いに答えなさい。

(1)　キャベツは時期によって，生産する地域が異なります。次の統計は3か月ごとの生産量上位3県をまとめたものです。この統計について述べた次の説明の空らん①，②にあてはまる語句を**ア～エ**の中から1つ選び，記号で答えなさい。

	1～3月	4～6月	7～9月	10～12月	年間合計
1位	愛知県	千葉県	群馬県	千葉県	愛知県
2位	千葉県	愛知県	岩手県	群馬県	群馬県
3位	神奈川県	神奈川県	長野県	愛知県	千葉県

［2022年　東京都中央卸売市場統計］

7～9月に群馬県，岩手県，長野県で生産量が多くなる理由は，夏でも涼しい気候を利用した〔　①　〕を行っているからである。一方，年間を通して千葉県や神奈川県で生産量が多いが，これは大都市の近くに位置していることから〔　②　〕が行われているためである。〔　②　〕には，運送費が安く，より新鮮な状態で運ぶことができるという利点がある。

ア　近郊農業　　**イ**　促成栽培　　**ウ**　抑制栽培　　**エ**　施設園芸農業

⑵　豚肉について，次の統計は肉牛，乳牛，豚の飼育頭数，ブロイラー（肉用若鶏）の出荷羽数の上位5都道府県について全国に占める割合（％）を示したものです。空らんに共通してあてはまる都府県を漢字で答えなさい。

	肉牛（％）	乳牛（％）	豚（％）	ブロイラー（％）
1位	北海道（20.6）	北海道（61.2）	〔　　〕（13.3）	〔　　〕（19.8）
2位	〔　　〕（13.5）	栃木県（3.9）	宮崎県（8.6）	宮崎県（19.6）
3位	宮崎県（9.6）	熊本県（3.2）	北海道（7.8）	岩手県（16.6）
4位	熊本県（5.2）	岩手県（3.0）	群馬県（6.9）	青森県（5.9）
5位	岩手県（3.5）	群馬県（2.5）	千葉県（6.6）	北海道（5.5）

［2021年　農林水産省統計］

⑶　卵について，今年は鶏卵《けいらん》の価格が高くなり，品薄《しなうす》の状態が続きました。この理由を1つ答えなさい。

選んで、記号で答えなさい。

ア　感動しない　イ　期待しない

ウ　おそれない　エ　変わらない

問5　——線②「涙が止めどなくこぼれる」とありますが、この時のみどりさんはどのような気持ちだと考えられますか。最も適当なものを、次のア～エの中から一つ選んで、記号で答えなさい。

ア　自分のやりたいことが分からなくなり、あせる気持ち。

イ　亜美が自分の弱さも受け止めてくれて、うれしい気持ち。

ウ　自分の気持ちをだれも理解してくれず、悲しい気持ち。

エ　やっと再開したこれからの旅を想像し、楽しい気持ち。

問6　[Y]に入れるのに最も適当な内容を本文中から二十二字で抜き出し、最初と最後の五字を答えなさい。

問7　本文の内容と合うものを、次のア～エの中から一つ選んで、記号で答えなさい。

ア　弱音をはくみどりさんに対して、亜美が責め立てる言い方をしたために、二人の関係はますますぎくしゃくしてしまった。

イ　亜美の叔父の「私」は、亜美とみどりさんの友情を深めるためにさまざまな場面で二人を気づかい、積極的に二人に関わってきた。

ウ　みどりさんは、これからどう生きていくべきなのかを考えながら旅をしてきたが、亜美と出会い、明確な答えが見つかった。

エ　亜美はこの旅での体験を通して、自分の好きなものと世の中のものごとが実はつながっているということに気がついた。

だって、サッカーと出会ってなかったらやせっぽちのままだったんでしょ。日記にもそのこと書いたんだ。そんなに辛《つら》かったのにやり通せたのは何でなんだろうって。でも、[Y]ってジーコは言ったって、さっき教えてくれたでしょ。それで、なんか、ちょっとわかった気がするんだ」どれくらいかはわからないけれど、亜美はとても長い間、思い出すように考えるように、黙《だま》っていたという。「あたし、注8カワウがサッカーに関係あるなんて思ってなかったし、てゆーかそもそもカワウのことなんて知らなかったけど、全然関係ないことなかったんだよ。あたしが本当にずっとサッカーについて考えてたら、カワウも何も、この世の全部がサッカーに関係があるようになっちゃう。この旅のおかげでそれがわかったの。まだサッカーは仕事じゃないけどさ、本当に大切なことを見つけて、それに自分を合わせて生きるのって、すっごく楽しい。ジーコもそうだったんじゃないかな。そう思ったら、サッカーと出会ってなかったらって不思議に思えてきたの」そこで「じゃあさ」と急に声を弾《はず》ませて、亜美は布団《ふとん》の中で寝返りを打ち、みどりさんをじっと見たという。「みどりさんがそう思って、不思議になるものって、なに?」

（乗代雄介『旅する練習』）

注1　ジーコ＝一九九〇年代に、鹿嶋市を本拠地《ほんきょち》とする「鹿島アントラーズ」というサッカーチームに所属し活躍《かつやく》した、有名なサッカー選手。

注2　その偉大な選手＝ジーコのこと。

注3　翻弄＝好き勝手にあやつること。

注4　会社からメールがきた＝前日、就職予定の会社から「就職を辞退しないか」という内容のメール、が届いていた。

注5　住友金属＝一九九一～一九九二年にジーコが所属したサッカーチーム（のちの「鹿島アントラーズ」）のこと。

注6　馬頭観音＝馬の頭の形をした仏像。動物救済や旅行安全などのご利益《りやく》がある。亜美は馬頭観音をまつっている寺でみどりさんと再会することができた。

注7　真言＝仏教で、真理を伝える仏の言葉。みどりさんを探すヒントとなった。

注8　カワウ＝川に生息する大型の水鳥。亜美は旅の途中でカワウの存在を知った。

問1　〰〰線ⓐ～ⓔの漢字の読み方を、ひらがなで書きなさい。

問2　══線A「明け暮れた」、══線B「決然と」の本文中の意味として最も適当なものを、次のア～エの中からそれぞれ一つずつ選んで、記号で答えなさい。

A「明け暮れた」
ア　あきることなく取り組んだ
イ　夜が明けるまで力を入れた
ウ　ぐうぜん救われて助かった
エ　熱中することで上達できた

B「決然と」
ア　怒《いか》りをこめた様子で
イ　判断がゆらぐ様子で
ウ　覚悟《かくご》を決めた様子で
エ　悲しみが強い様子で

問3　——線①「うれしかった」とありますが、なぜみどりさんはうれしかったのですか。八十字以内で説明しなさい。（、や。も一字とします）

問4　[X] に入れるのに最も適当なものを、次のア～エの中から一つまった。「すごくすごくうれしかったけど、わかっちゃったんだ。私が今まで逃げもしないで黙《だま》ってたのは、私がいなくなっても、私のことなんか誰も、追いかけて来て」と苦しそうな涙声《なみだごえ》は「くれないって」で大きく上ずった。「思ってたからだって」

しばらくの間、なんだか遠く聞こえる歓声《かんせい》と、みどりさんが涙を遠ざけようとする音だけが響いた。亜美は抱《かか》えていた膝《ひざ》を静かに解いてあぐらをかいた。

「私が二人から逃げられたのも、二人なら来てくれるってどこかで期待してたからだって。私、二人みたいに優《やさ》しくしてくれる人だけを選んで裏切るような、最低の人間になってた」みどりさんは自分の部屋から持って来ていたタオルを目に押《お》し当てた。「せっかく二人と知り合えたのに、私は何も[X]。今だって、せっかく二人が追いかけて来てくれたのに、二人と一緒《いっしょ》にいるのがちょっとつらくて」

ジーコの映像は、注5住友金属《すみともきんぞく》時代のものに変わっていた。さっきまで十万人を超える観客の前でプレーしていた男は、ピッチのすぐ横に固めた土手に人がまばらに座っている芝《しば》の剝《は》げたグラウンドをドリブルし、すぐ後ろにラグビーゴールのそびえ立つサッカーゴールへ、相も変わらずフリーキックを蹴《こ》り込んでいる。

「私には、一緒にいる価値なんてないから」

「そんなこと言っちゃダメだよ」

亜美は静かに低い声で言うと、あぐらを解いてベッドの縁《ふち》から足を下ろした。

「だいたい、追いかけて来るのを期待するなら、もっとちゃんと伝えなきゃダメじゃん。注6馬頭観音《ばとうかんのん》のお寺に行くなんて一言も言わなかったし、注7真言《しんごん》もやっと思い出したんだよ。みどりさんならあたしたちのことを思ってお ⓓ参りするって思ったから――あたしたち、同じこと考えてたから、また会えたんだよ」

亜美はゆっくり立ち上がってそばに寄ると、俯《うつむ》いたまま泣いているみどりさんを抱《だ》きしめた。みどりさんがちょっと目を見開いて口を結ぶのが見えた。

「あたし」震《ふる》えを払《はら》うような力強い声がそこへ響く。「みどりさんのこと、大好きだよ。みどりさんが自分を嫌《きら》いになっても、あたしは大好きだよ」

みどりさんは、亜美の腕《うで》の中で喘《あえ》ぐように上を向いた。軽く開いた口が息を漏《も》らしながら、②涙が止めどなくこぼれる。その顔は、亜美の頭と肩《かた》や腕にすがるように、涙で濡《ぬ》れた目元まで埋《う》もれていった。

ジーコはペナルティエリア手前、左サイドからのショートパスをスルーしてディフェンスの背後に飛び出し、自分の背中を追いかけてくるように出された浮《う》き球に対して、頭を前にして飛び、体をⓔ反らせて踵《かかと》を合わせた。体の後ろから角度を変えて放たれたボールは前に出ていたキーパーの頭を越《こ》えて、ゴールに吸い込まれる。それは、ジーコ自身が生涯《しょうがい》で一番美しいと認めるゴールだ。

その日、二人はみどりさんの部屋のベッドで一緒に寝《ね》た。

翌日、みどりさんがこっそり私に教えてくれたところによれば、背を向けた亜美は「みどりさん、あたしね」と切り出した後で「サッカーと出会ってなかったら、今、何してたんだろうって、この旅でいっぱい考えたんだ」と言ったそうだ。「もしかしたらもっと勉強できてたかもしれないとか、小さい頃《ころ》みたいにたくさん絵を描《か》いてたかもとか。ジーコ探し出すことができ、再び三人でホテルに宿泊《しゅくはく》することになった。

　我々はホテルのテレビで注2その偉大《いだい》な選手のⓐ往年のプレーをいくつも見た。呆《あき》れるほどに上手《うま》く、次々とゴールを陥《おとしい》れるところに亜美が口を出し、みどりさんが本で読んだというエピソードが差し込《こ》まれた。

　ジーコはテクニックで相手を注3翻弄《ほんろう》する悦《よろこ》びを捨てて「自分は点を取ることで生きる」と決めて単純な練習にA明け暮れた。そのために利《き》き足とは逆の左足だけで何時間も壁《かべ》にボールを蹴《け》る練習をプロ入り後も続けていた。ⓑ看板やカメラマンの見え方でピッチのどこにいるかを把《は》握《あく》できるようにしていた。勝負にこだわりスタッフとの遊びでも本気で怒《おこ》って後で反省した。プロなら二十四時間態勢で自分の生きざまを仕事に合わせなければならないと説いた。ソファに座《すわ》って話すみどりさんの声はいつしか元気を失って、鼻をすする音が混じり、動画に付された勇《ゆう》壮《そう》な音楽が響《ひび》くだけになった。ジーコは右足で左足でひたすらゴールを決め続けている。ⓒ時折、波打つような大勢の観客が映る。亜美と私はそれぞれのベッドに座って、何も言わないでそれを見ていた。

「私もこんな風に生きられたらよかった」という急な声はいくぶん落ち着いていた。「誰《だれ》かを応援《おうえん》するだけじゃなくて、誰かが応援せずにいられないような、そんなかっこいい生き方ができたら、もう少し自分を好きになれたかもしれない」

　亜美はストレッチをしていたが、ちょうど体を折って足首をつかんでいるところで、そこからしばらく顔を上げなかった。

「二人に会ってすごく楽しい時間を過ごせた。私、あんまり友達もいなかったから、こんなに楽しかったの本当に生まれて初めてで、私にもこんなことあるんだって感動して。でも、注4会社からメールがきたら、また元に戻《もど》っちゃった」

「あんなメール――」

「わかってる」遮《さえぎ》る声はB決然と、痛みを伴《ともな》ってよく響いた。「でも、そう思っちゃうの。そう思わないために必要なこと、何にもしてこなかったから。反対に、二人は自分のすべきことがわかってそれに向かって努力してる凄《すご》い人たちで、楽しい時間を過ごせば過ごすほど、私がいない方がいいって考えるのが止められなくなって、怖《こわ》くなって、気付いたら逃《に》げ出してた」

　亜美はもうストレッチをやめて話に聞き入っているが、その口は、いつでも声をかけてあげようという気概《きがい》に満ちて尖《とが》っていた。

「でも」みどりさんは言いにくそうに顔を伏《ふ》せて続けた。「一人で歩きながら、ごめん、ごめんって思いながら、実は、ちょっとだけ①うれしかったの」

「どうして?」

「今まで私、自分から逃げ出したことすらなかったんだって気付いたの。家でも学校でも、嫌《いや》なことは我慢《がまん》してやり過ごすばっかりだったって。逃げるなんて最低だけど、今までそんな大胆《だいたん》なこと考えもしなかったから、一人で歩いてる自分にドキドキしてた。すごく勝手だけど、二人のおかげで少し変われたのかも知れないとか思って」

　ジーコは、最も重要だというインサイドキックでキーパーとの一対一を制し、マラカナンスタジアムの大観衆に向かい、前かがみで手を広げて走って行く。

「でも、亜美ちゃんが道の向こうから走ってきた時」とそこで声が詰

ウ　世界イッシュウの旅に出る。
エ　シュウガク旅行に行く。

④　正直者
ア　部屋のショウメイを明るくする。
イ　話をショウリャクする。
ウ　家にショウタイする。
エ　ショウタイをあらわす。

⑤　進度
ア　人類のシンカを学ぶ。
イ　シンリン浴に行く。
ウ　シンジツを話す。
エ　シンゴウが赤になる。

問2　次の①～⑤の（　）に入れるのに最も適当な言葉を、後のア～コの中からそれぞれ一つずつ選んで、記号で答えなさい。ただし、同じ記号は一度しか使えません。

①　数学の成績が（　　）あがる。
②　この部屋には太陽の光が（　　）と降り注いでいる。
③　父の転勤で土地を（　　）とする。
④　十五キロも歩いたわりには、（　　）している。
⑤　妹はつかれ果てて（　　）とねむり続けている。

ア　たんたん　イ　しんしん　ウ　もんもん　エ　こんこん
オ　さんさん　カ　ぐんぐん　キ　ぴんぴん　ク　むんむん
ケ　くんくん　コ　てんでん

問3　次の①～⑤の熟語の一字を変えて、反対の意味の熟語を漢字二字で答えなさい。

①　有害　②　点灯　③　最多　④　受信　⑤　右折

問4　次のア～コの中から――線部分の敬語の使い方が正しいものを五つ選んで、それぞれ記号で答えなさい。

ア「東京からおこしの田中様、おりましたら事務室までご連絡《れんらく》ください。」
イ「私は山本と申します。」
ウ「私はあなたをご存じです。」
エ「手作りのケーキをどうぞめしあがってください。」
オ「社長はこの資料をご覧になりましたか。」
カ「母が高木様にお礼をおっしゃっていました。」
キ「校長先生は体育館にいるよ。」
ク「先日、小学校時代の先生のお宅にうかがいました。」
ケ「私が、コーチにお聞きになったところ、練習は先に進めてよいそうです。」
コ「これは私が先生に差し上げたものです。」

〔三〕　次の文章を読んで、後の各問いに答えなさい。

亜美《あび》は小学校を卒業したばかりの女の子である。「私」は亜美の叔父《おじ》で、たまに亜美のサッカー練習につきあっている。二人は春休みに、千葉県から鹿《か》嶋《しま》市まで歩いて旅をすることにした。その途中《とちゅう》で、注1ジーコの生き方に感動し、鹿嶋市を目指し一人旅をしている大学四年生のみどりさんと知り合い、三人で鹿嶋市に向かうことになった。しかしある日突然《とつぜん》、手紙を残してみどりさんがいなくなってしまった。その翌日、「私」と亜美はみどりさんを

【生長することができる理由2】
タケノコは、[C（二字）]に、[D（十六字）]から。
【生長することができる理由3】
タケノコは、周囲の竹と[E（十一字）]ため、[F（九字）]してもらえるから。

問3 ――線②「しかし、恐れることはない」とありますが、なぜ恐れる必要がないのですか。その理由として最も適当なものを、次のア～エの中から一つ選んで、記号で答えなさい。

ア 竹の花が一斉に咲いたり枯れたりしても、その時に何か良くないことが起こったという記録はいっさい残っておらず、単なる迷信《めいしん》だから。

イ 竹は、六十年あるいは百二十年に一度というかなり長い年月をかけて花を咲かせるため、その瞬間《しゅんかん》に立ち会える人はほとんどいないから。

ウ 地面の下の地下茎でつながり一つの個体のようになっている竹林の竹が、同時にすべて咲いたり枯れたりすることは当然のことだから。

エ アサガオやヒマワリと同じように、竹林の竹も毎年花を咲かせて枯れていくという自然の法則に従って生長しているだけであるから。

問4 [ ]に共通して入る、漢字一字の言葉を書きなさい。

問5 ――線③「竹やタケノコが安心して暮らせる時代がやってきたのである」とありますが、そのような時代になったのはなぜですか。八十字以内で説明しなさい。（、や。も一字とします）

問6 ――線④「そらぞらしい」の、本文中の意味として最も適当なものを、次のア～エの中から一つ選んで、記号で答えなさい。

ア 実現することが非常に難しい空想上の
イ だれもが認めるすばらしく理想的な
ウ 流行しているため多くの所で耳にする
エ わざとらしく真心がこもっていない

〔二〕次の各問いに答えなさい。

問1 次の①～⑤の――線部分と同じ漢字をふくむものを、ア～エの中からそれぞれ一つずつ選んで、記号で答えなさい。

① 可能性
ア ジッカに帰る。
イ カモツを積む。
ウ カコの話をする。
エ 帰国のキョカが出た。

② 工業地帯
ア オンガクタイに入る。
イ シンタイをきたえる。
ウ ボウタイを取りかえる。
エ 選手コウタイする。

③ 集合時間
ア シュウチュウして勉強する。
イ 交通安全シュウカンが始まる。

険なのだ。

　やわらかなタケノコを食べることができるか、見つからないうちに大きく生長することができるか、まさに、ここが勝負どころなのだ。

　徳川五代将軍の綱吉《つなよし》は有名な悪法「生類憐《しょうるいあわ》れみの令《れい》」で、これから大きくなるタケノコを食べてしまうのはかわいそうだからと、タケノコ掘《ほ》りを禁止してしまったという。逆にいえば、綱吉の□に余るくらいタケノコ掘りが盛《さか》んに行われていたということなのだろう。ところが時代は移り、現代ではタケノコを掘る人もずっと少なくなった。さらに、昔はザルやカゴなど、生活に必要なものの多くは竹から作っていたが、それもすっかりプラスチック製品に取って代わられ、竹を切る人もほとんどいなくなってしまった。

　③竹やタケノコが安心して暮らせる時代がやってきたのである。

　しかし、その結果はどうだろう。じつは今、その竹が各地で猛威《もうい》を振《ふ》るって問題になっている。竹はみるみる広がり、山という山は竹に覆《おお》い尽《つ》くされようとしているのだ。

　本来、竹林は傘《かさ》をさして歩けるくらいの間隔《かんかく》にあるのがよいといわれてきた。昔はタケノコを掘り、竹を切ることで、増えすぎるのを防ぎながら、竹の密度をコントロールしていたのである。もちろん人々は自然のバランスをⓔタモつために竹を切っていたわけではない。ただ、タケノコを食べ、竹製品を利用して暮らしていただけである。

　自然との共存などという現代の④そらぞらしい言葉を持ち出すまでもなく、昔の人々がごく自然体で、自然と調和した暮らしを実践《じっせん》していたことに注6感服《かんぷく》させられる。採り尽くしても自然は失われる。逆に採らなくても竹がほかの植物を圧倒《あっとう》し、山の自然は失われてしまう。この竹と人との絶妙《ぜつみょう》なバランスこそが、長い長い時間をかけて培《つちか》われた、自然と人間との距離《きょり》感なのだろう。

　現代では、人々は著しい高度成長に酔《よ》いしれながら、タケノコを掘り竹を切ることを忘れ、タケノコもまた著しく生長して山々を荒《あ》らしていく。どうやら人もタケノコも、本来のあるべき姿を思い出せずにいるようだ。

　春、掘りたてのやわらかいタケノコを食べる。これこそ人にも自然にもやさしい暮らし方ではなかろうか。

（稲垣栄洋『身近な野菜のなるほど観察記』）

注1　地鎮祭＝土地の神を祭って工事の安全や無事を祈《いの》る式典。
注2　促進＝物事がはやく運ぶようにしむけること。
注3　ホルモン＝動物の体の成長やはたらきを調節している物質。
注4　天変地異＝地上に起こる自然の異変。
注5　凶事＝よくない出来事。
注6　感服＝深く感心して尊敬すること。

問1　〰〰線ⓐ～ⓔのカタカナを漢字に直しなさい。

問2　――線①「なぜタケノコは、そんなに著しく生長することができるのだろう」とありますが、その理由をまとめた左の［A］～［F］に当てはまる言葉を、本文中からそれぞれ（　）内の字数で抜《ぬ》き出し、解答を完成させなさい。（、や。はふくみません）

【生長することができる理由1】
タケノコは、たくさんの［A（一字）］に、［B（六字）］を持っているから。

【国　語】（五〇分）〈満点：一〇〇点〉

〔一〕次の文章を読んで、後の各問いに答えなさい。

ⓐケイザイ成長にしても、技術の発達にしても、著《いちじる》しい成長というのはとにかく喜ばれる。

著しい成長といって思い出すのは、タケノコだろう。タケノコの生長はとにかく早い。タケノコの先に上着を掛《か》けて昼寝《ひるね》をしていたら、目が覚めたときには届かない高さまで伸《の》びていたという笑い話もあるくらいだ。事実、タケノコは一日に一〜二メートルも伸びたという記録もあるから、それも決して大袈裟《おおげさ》な話ではない。

①なぜタケノコは、そんなに著しく生長することができるのだろう。

ふつうの植物は茎《くき》の先端《せんたん》に生長点《せいちょうてん》があって、そこで細胞《さいぼう》を分裂《ぶんれつ》させながら少しずつ伸びていく。つまり生長点は一つである。ところがタケノコは、この生長点をいくつも持っているのだ。タケノコを縦《たて》に切ると、たくさんの節《ふし》が詰《つ》まっている。この節に無数の生長点が密集した生長《せいちょう》帯《たい》があって、一気に細胞分裂をして節と節の間を伸ばすのである。生長点を一つしか持たない植物が一センチ伸びたとすると、数十個の生長点を持つタケノコは、単純計算でも数十センチは伸びることになる。

竹はしっかりとした節目を持っていることからめでたいとされて、門《かど》松《まつ》や注1地鎮祭《じちんさい》などに用いられる。しかし、この節こそタケノコの生長の秘密でもあったのだ。

ほかにも秘密はある。タケノコは体内に「ジベレリン」という生長注2促進《そくしん》注3ホルモンを多く含《ふく》んでいる。このジベレリンが細胞を刺激《しげき》し、生長のスピードを早めているのである。さらに、タケノコはまわりにある竹と地面の下の地下茎《ちかけい》でつながっている。タケノコは「竹の子」の意味だが、本当は子どもではない。竹の新しい芽なのだ。栄養分を自分で稼《かせ》がなければならない芽生えと違《ちが》って、タケノコは地下茎を通じて豊富に栄養分を供給してもらうことができる。これも、タケノコが一気に生長できる秘密の一つだ。人が驚《おどろ》くような生長を遂《と》げるためには、それなりのⓑソウイと工夫《くふう》が必要なのである。

ところで、竹に花が咲《さ》くのは注4天変地異《てんぺんちい》などの不吉《ふきつ》な兆《きざ》しといわれている。見たこともない竹の花が一斉《いっせい》に咲いたかと思うと、豊かだったはずの竹林が一斉に枯《か》れ始めてしまうのだ。昔の人が気味悪がって注5凶事《きょうじ》と恐《おそ》れたのも無理はない。確かに竹に花が咲くのは珍《めずら》しい。六十年あるいは百二十年に一度といわれているくらいだ。

②しかし、恐れることはない。アサガオやヒマワリも花が咲けばやがてⓒシュシをつけて枯れる。竹も同じことである。竹は地面の下に広く地下茎を張り巡《めぐ》らしているので、広大な竹林のすべての竹が、地下茎でつながった一つの個体に由来していることも珍しくないのだ。竹林のすべての竹が一つの個体だとすれば、一斉に花を咲かせ、一斉に枯れるのも当たり前のことである。ただ、アサガオやヒマワリが一年で花を咲かせて枯れるのに比べると、竹は花を咲かせるまでの期間がおそろしく長いというだけのことだ。

タケノコはやわらかくてとてもおいしい春のⓓミカクだが、生長が早いので、あっという間に皮を脱《ぬ》ぎ去って竹になってしまう。タケノコの立場になれば、そんなにも大急ぎで生長するのは、食べられてしまわないようにということもあるのだろう。□の色を変えてタケノコを探すイノシシや人間から逃《のが》れるためには、少しでも早く伸びなければ危

2024年度

解　答　と　解　説

《2024年度の配点は解答欄に掲載してあります。》

＜算数解答＞

[1]　(1)　19　(2)　1　(3)　32個　(4)　①　12km　②　140分
(5)　①　11日　②　23時　③　14分　(6)　イ・エ・オ・カ　(7)　$78cm^3$

[2]　(1)　清さん9匹・真さん6匹・学さん2匹　(2)　1匹
(3)　③　$\frac{17}{18}$　④　18匹　⑤　$\frac{1}{18}$　(4)　3匹

[3]　(1)　①　エ　②　オ　(2)　$94cm^2$　(3)　13cm(説明：解説参照)
(4)　7.5cm

[4]　(1)　5−3−9　(2)　37秒後　(3)　42秒後　(4)　1−0−9(説明：解説参照)

○配点○
[1]　(4)　各3点×2　(5)　4点　[2]　(1)・(3)　各2点×6　[3]　(1)　各2点×2　(3)　7点
[4]　(4)　7点　他　各5点×12([1](5)・(6)，[4](1)・(4)各完答)　計100点

＜算数解説＞

[1]　(四則計算，平均算，速さの三公式と比，割合と比，単位の換算，平面図形，立体図形)

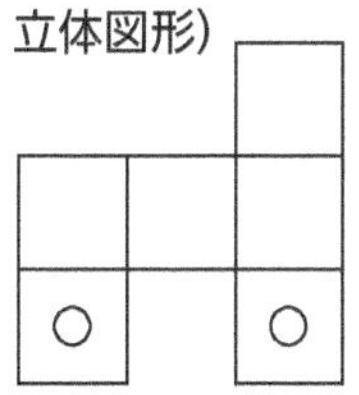
ア

(1)　29−10＝19　(2)　$\frac{1}{9}\times\frac{9}{2}+0.5=1$

基本　(3)　24×5−(20＋13＋34＋21)＝120−88＝32(個)

基本　(4)　①　5÷25×60＝12(km)

②　28÷12＝$\frac{7}{3}$(時間)すなわち60×$\frac{7}{3}$＝140(分)

【別解】25÷5×28＝140(分)

重要　(5)　2024分÷60分＝33(時間)…44(分)　33時間＝1日9時間

したがって，10日13時30分＋1日9時間44分＝11日23時14分

(6)　右図より，展開図ア・ウのそれぞれの2面が重なるので，

正しい展開図としてイ・エ・オ・カを選ぶ。

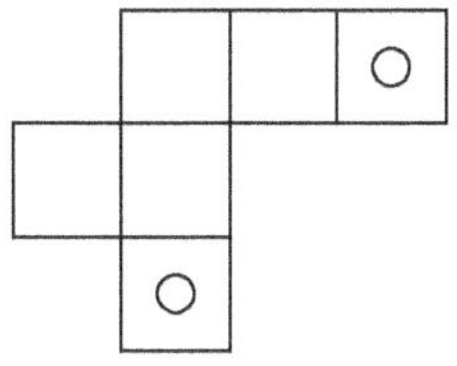
ウ

基本　(7)　右図より，$(4\times2+3\times6)\times3=78(cm^3)$

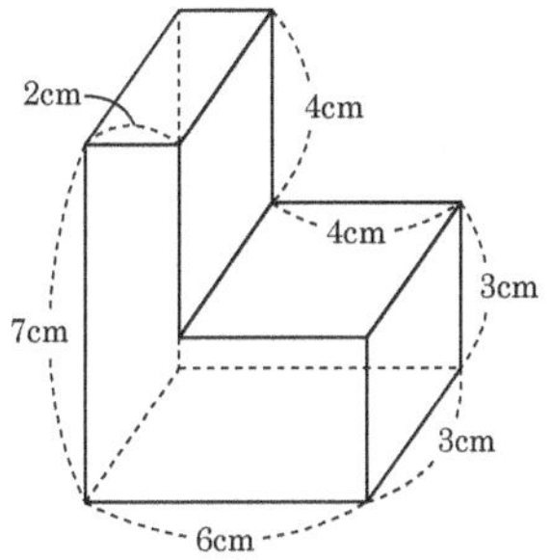

基本　[2]　(論理，数の性質)

(1)　全体のアジの数…17＋1＝18(匹)

清さん(自宅)…18÷2＝9(匹)

真さん…18÷3＝6(匹)

学さん…18÷9＝2(匹)

(2)　18−(9＋6＋2)＝1(匹)

(3)　③　$\frac{1}{2}+\frac{1}{3}+\frac{1}{9}=\frac{17}{18}$　④　(1)より，18匹　⑤　$1\div18=\frac{1}{18}$

(4) 2，4，10の最小公倍数は20であり，
最少の「加えるアジの数」は20－17＝3(匹)

3 (平面図形，相似，和差算，倍数算)

基本 (1) ① 正方形ABIGにおいて，
ABとエIBは等しい
② 正方形BCDJにおいて，
オJBとBCの和は24＋2＝26(cm)

(2) 図1より，5×11＋3×13＝55＋39＝94(cm^2)

重要 (3) 説明：解答例
図2において，正三角形ABHの1辺の長さをアcmにすると，正三角形BCDの1辺の長さはア＋1(cm)である。したがって，ABは(27－1)÷2＝13(cm)

(4) 図2において，正三角形GHKの1辺の長さをイcmにすると，正三角形FHLの1辺の長さは，(3)より，13＋1＝14(cm)である。したがって，イの長さは(14＋1)÷2＝7.5(cm)

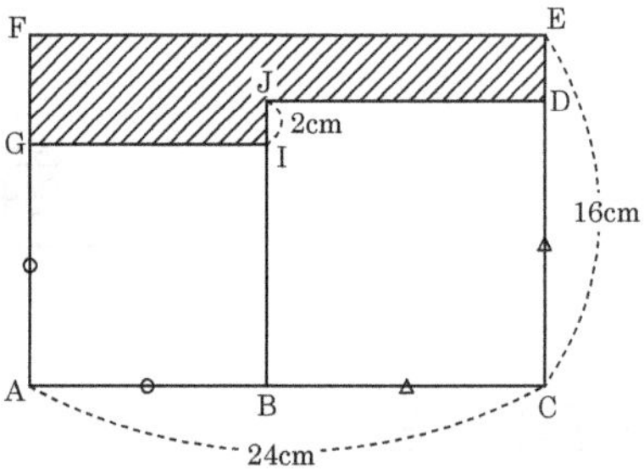

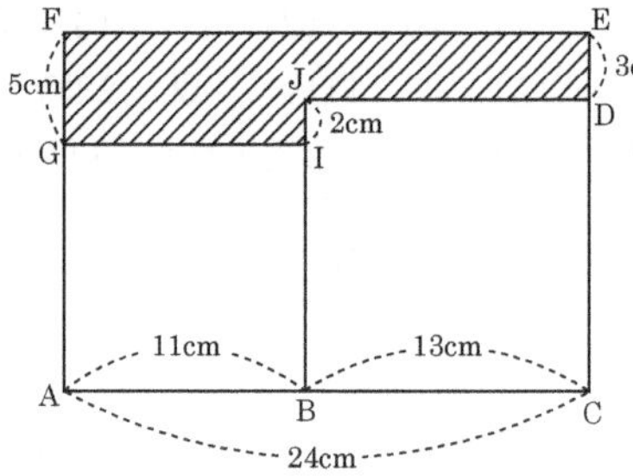

図1

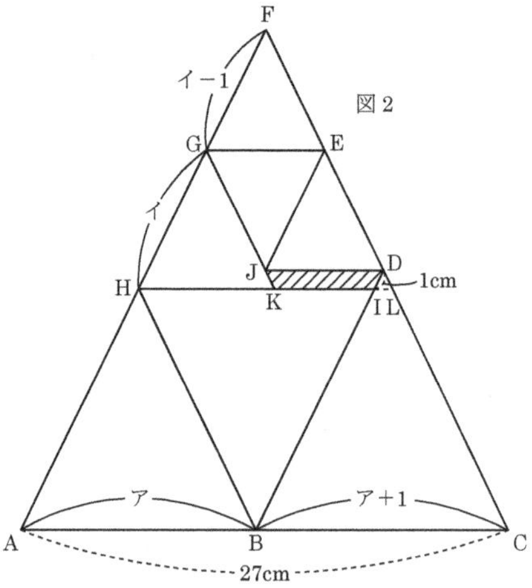

図2

4 (規則性，数の性質)

秒	0	1	2	3	4	5	6	7	8	9	10	11	12	13	14	15	16	17	18	19	20	21	22	23	24	25	26	27	28	29	30	31	32	33	34	35	36	37	38	39	40	41	42
A	0	1	4	2	8	5	7	0	1	4	2	8	5	7	0	1	4	2	8	5	7	0	1	4	2	8	5	7	0	1	4	2	8	5	7	0	1	4	2	8	5	7	0
B	0	3	0	3	0	3	0	3	0	3	0	3	0	3	0	3	0	3	0	3	0	3	0	3	0	3	0	3	0	3	0	3	0	3	0	3	0	3	0	3	0	3	0
C	0	6	9	0	6	9	0	6	9	0	6	9	0	6	9	0	6	9	0	6	9	0	6	9	0	6	9	0	6	9	0	6	9	0	6	9	0	6	9	0	6	9	0

A…7秒毎(ごと)の周期　B…2秒毎の周期　C…3秒毎の周期

基本 (1) 上表より，5秒後は5－3－9

重要 (2) Aが4になる時刻…2秒後，9秒後，16秒後，～
Bが3になる時刻…1秒後，3秒後，5秒後，7秒後，9秒後，～
Cが6になる時刻…1秒後，4秒後，7秒後，10秒後，13秒後，16秒後，～
Aが4，Bが3になる時刻…9秒後，9＋7×2＝23(秒後)，23＋14＝37(秒後)
Aが4，Cが6になる時刻…16秒後，16＋7×3＝37(秒後)
したがって，求める時刻は37秒後

(3) 7，2，3の最小公倍数より，0－0－0になるのは7×2×3＝42(秒後)

やや難 (4) (3)より，2024÷42＝48…8
したがって，2024秒後は8秒後の数字と同じ1－0－9

★ワンポイントアドバイス★

③「平面図形」は，「正方形」，「正三角形」，「相似」という条件に注意して考えれば難しくない。④「3種類の画面」の問題は，(1)～(3)の正解が書き出しても求められる。(4)も，よく出題されるタイプの問題である。

＜理科解答＞

① (1) X イ　Y ア　Z ウ　(2) X イ　Y ア　Z エ
(3) A ウ　B ア　(4) ウ　(5) ① D　② A　③ G
(6) 血管Hの血液は血管Jの血液よりも不要物が少ない。　(7) ウ

② (1) アルカリ性　(2) アンモニア水，塩酸　(3) ア 石灰水　イ アンモニア水
ウ 食塩水　エ 塩酸　オ 水酸化ナトリウム水よう液　(4) 解説参照
(5) 90cm^3　(6) 酸性　(7) ① ○　② ○

③ (1) ア　(2) ウ　(3) アンモナイト　(4) よう岩　(5) ウ
(6) ハザードマップ　(7) カ　(8) ア，ウ　(9) エ　(10) エ

④ (1) ウ　(2) ① 15　② 40　(3) 1号 17.5cm　2号 35cm
(4) 南　(5) 160　(6) 780　(7) 32.5　(8) 585000　(9) エ

○配点○
① (6) 3点　他 各2点×13　② (5) 3点　他 各2点×11
③ (10) 3点　他 各2点×10　④ (9) 3点　他 各2点×10　計100点

＜理科解説＞

① (生物－人体)

基本 (1) Xは心臓の上部に位置する「肺」，Yは「かん臓」で，Zの「小腸」が毛細血管に吸収した養分を受け取る。

基本 (2) Xの肺で血液は酸素を受け取り，二酸化炭素を出し，Yの肝臓でブドウ糖をグリコーゲンとしてたくわえる。Zの小腸は消化された養分を吸収する。

重要 (3) 血管Aは心臓から肺に血液が送り出される肺動脈で，血管Bは心臓から全身に血液が送り出される大動脈である。

(4) 心臓は筋肉でできていて，心室が縮むことで血液を送り出す。

重要 (5) ① 酸素を最も多く含むのは肺から心臓にもどる肺静脈でDである。 ② 酸素が最も少ないのは心臓から肺に流れる肺動脈でAである。 ③ 栄養を最も多く含むのは小腸から肝臓に流れる門脈のGである。

(6) 血液は血管J→じん臓→血管Hと流れ，じん臓で不要物がこしとられるので，血管Hの血液は血管Jの血液よりも尿素などの不要物が少ない。

(7) 酸素は吸収され，二酸化炭素は放出されるが，窒素の割合は変化しないのでウである。

② (物質と変化－水溶液の性質・物質との反応)

基本 (1) 赤色リトマス紙の色を青色に変える水溶液の性質はアルカリ性である。

重要 (2)　5種類の水溶液の中でにおいがあるのは，アンモニア水と塩酸である。

(3)　実験1よりア，イ，オはアルカリ性の水溶液で，エは酸性なので塩酸，ウは中性なので食塩水である。実験2よりアとオは固体がとけているので，イは気体がとけているアンモニア水とわかる。実験3からアが石灰水とわかるので，オは水酸化ナトリウム水よう液である。

(4)　水酸化ナトリウム水溶液と中和する塩酸の体積は比例するので右図のように原点を通る直線となる。

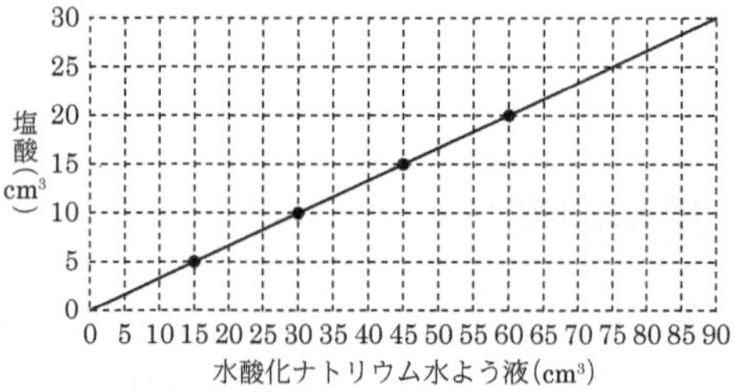

(5)　グラフから読み取ると塩酸30cm³と過不足なく反応する水酸化ナトリウム水溶液は90cm³と読み取ることができる。

(6)　表1より塩酸と水酸化ナトリウム水溶液は1：3の体積比で中和するので，25cm³ずつ混ぜると塩酸の量が多くなるので，酸性となる。

(7)　塩酸があまっているので，アルミニウムも鉄もとけて泡が発生する。

3 (天体・気象・地形－流水・気象・岩石)

基本 (1)　れき岩は粒の大きさが2mm以上の粒子を含むので，アである。

重要 (2)　れき岩・砂岩・でい岩は流れる水のはたらきで角がとれて丸みを帯びた粒でできている。

(3)　図2の写真は中生代の示相化石の「アンモナイト」である。

基本 (4)　マグマが地表に流れでたものを「よう岩」という。

(5)　火山灰は火山の噴火により上空に飛ばされ，風によって遠くまで運ばれる。

(6)　地震や洪水・火山の噴火が起きたときに危険な場所や避難所を示した地図を「ハザードマップ」という。

(7)　図5の河口付近にたい積しているのはれきの層なので，カの層と考えられる。

(8)　図5で河口から遠い海の底にはどろの層が積もっているので，アとウの層があてはまる。

(9)　火山活動があったころに積もったのは火山灰の層のエである。

(10)　火山灰の層は同時代にたい積したので，右の図のようにそろえると①－③の方向では同じ高さに地層がある。②－④の方向で比べると火山灰の層のできている前後の地層は②ではどろの地層で④ではれきの地層なので②の方が深くなっている。よって，④から②に向かって深くなっていたと考えられる。

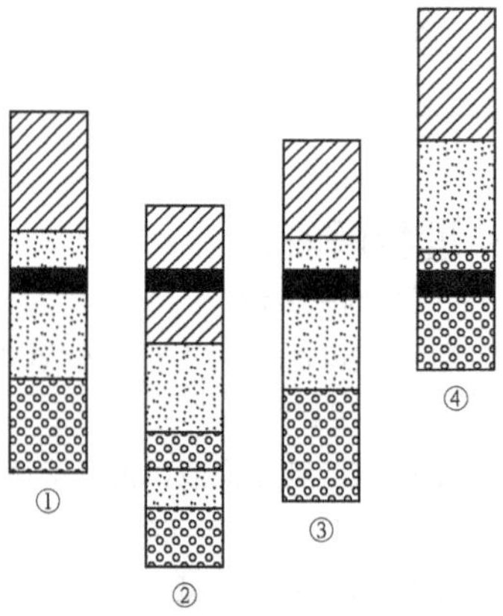

4 (熱・光・音－光の性質・音の性質)

基本 (1)　光電池に垂直に光が当たるときに最も速く動く。

重要 (2)　1つの光電池が受ける光の量と模型自動車が1秒間に進む距離は比例するので，

①　$5\times\frac{60}{20}=15$　　②　$10\times\frac{80}{20}=40$　となる。

(3)　1つの光電池が受ける光の量と模型自動車が1秒間に進む距離は比例するので，1つの光電池が受ける光の量が20の時をもとにすると模型自動車1号は$5\times\frac{70}{20}=17.5$(cm)，模型自動車2号は$10\times\frac{70}{20}=35$(cm)となる。

(4)　太陽は南側を通るのでソーラーパネルの面を南に向けると1年を通じて効率よく発電できる。
(5)　グラフより75＋85＝160である。
(6)　グラフより10＋30＋50＋75＋85＋90＋95＋100＋90＋80＋50＋15＋10＝780である。
(7)　(6)より1日で780発電されるので780÷24時間＝32.5となる。
(8)　32.5×24時間×0.5×50枚×30日＝585000である。
(9)　東京都はエネルギーの大消費地なので二酸化炭素(温室効果ガス)削減の責任があるとして，太陽光での発電設備の設置が義務化される。

★ワンポイントアドバイス★

テスト時間は50分で，基本的な問題が中心である。生物分野と地学分野では基本的な知識の問題が多いので，全般的な知識を確実にし，現象を簡単に説明できるようにしておこう。物理分野と化学分野の表やグラフの資料から計算する基本的な問題を演習しておこう。

＜社会解答＞

1　問1　ア　問2　ウ　問3　エ　問4　ア　問5　(1)　イ　(2)　大和朝廷の勢力が，関東地方から九州地方までおよんでいた(ことがわかる。)　問6　(1)　ウ　(2)　イ　問7　エ　問8　エ　問9　イ　問10　イ　問11　ア　問12　イ　問13　エ　問14　ウ　問15　ア　問16　2→4→7→1→6→5→3

2　問1　日米和親条約　問2　ア　問3　ウ　問4　ウ　問5　福沢諭吉　問6　ウ　問7　ア　問8　エ　問9　イ　問10　新渡戸稲造　問11　ア　問12　エ　問13　青空(教室)　問14　エ　問15　2011(年)

3　問1　18　問2　イ　問3　ウ　問4　基本的人権の尊重・平和主義　問5　エ　問6　(1)　エ　(2)　ウ　(3)　ア　問7　出生数が低下して子どもの数が少なくなり，人口に占める高齢者の割合が大きくなっている社会のこと。　問8　イ　問9　象徴　問10　ウ　問11　酸性雨　問12　エ　問13　①　エ　②　ア　③　オ　④　ウ　問14　ウ

4　問1　ア　問2　オ　問3　ウ　問4　オ　問5　(1)　①　オ　②　コ　③　ク　④　イ　⑤　カ　⑥　シ　(2)　輪中　問6　(1)　金沢(市)　(2)　(路線バスと比べて，)時刻通りに運行できる。(地下鉄と比べて，)高齢者や体が不自由な人も乗りやすい。　(3)　イ

5　問1　オイルショック[石油危機]　問2　北方領土　問3　イ　問4　イ・ウ　問5　イ　問6　(1)　オ　(2)　養殖業[養殖漁業]　問7　(1)　①　ウ　②　ア　(2)　鹿児島県　(3)　鳥インフルエンザの拡大[飼料の価格が高くなった]

○配点○

1　問5(2)・問16　各2点×2　他　各1点×16
2　問1・問5・問9・問10・問13　各2点×5　他　各1点×10
3　問7　2点　他　各1点×18(問4完答)
4　問6(2)　各1点×2　他　各2点×13　5　各1点×12　計100点

<社会解説>

1 (日本の歴史－原始～近世)

基本 問1　イは室町幕府3代将軍，ウは源頼朝の弟，エは室町幕府8代将軍である。

問2　アは江戸時代，エは飛鳥時代に制定され，イは古代の国家制度に関する基本法である。

問3　アは青銅器，イは古墳の副葬品，ウは素焼きの人形である。

問4　イは鎌倉時代，ウは平安時代，エは戦国時代の人物である。

問5　(1)　アは青銅器，ウは素焼きの人形，エは農具である。　(2)　大和朝廷の勢力範囲を「関東地方から九州地方」と指定語句にそって明示する必要がある。

問6　(1)　アジアの国で貿易が許可されたのは清である。　(2)　アは蘭学者，ウは国学者，エは大塩の乱の首謀者である。

基本 問7　アは1万石未満の幕臣，イは徳川家と親戚関係のある大名，ウは関が原の戦い以前から徳川家に仕えていた大名である。

問8　アは江戸時代，ウは鎌倉時代に制定され，イは古代の国家制度に関する基本法である。

問9　アは江戸時代，ウは鎌倉時代，エは飛鳥時代に制定された。

問10　1549年にキリスト教伝来のために日本に来航したフランシスコ・ザビエルはスペイン人である。

問11　イは滋賀県，ウは奈良県，エは岩手県にある。

問12　アは鎌倉幕府初代将軍，ウは源頼朝の弟，エは室町幕府8代将軍である。

問13　ア・イは江戸時代，ウは平安時代に始まった。

問14　アは平安時代，イ・エは奈良時代の僧侶である。

問15　宇治市は京都府の南部に位置する。奈良県と間違えやすいので注意する必要がある。

重要 問16　1は鎌倉時代，2は弥生時代，3は江戸時代，4は飛鳥時代，5は安土桃山時代，6は室町時代，7は平安時代の説明となる。

2 (日本の歴史－近現代)

基本 問1　日米和親条約締結によって，下田と函館が開港された。

問2　坂本龍馬の仲介によって，1866年に薩長同盟が締結された。

問3　徴兵令には多くの免役規定もあった。

問4　富岡製糸場は世界遺産に認定されている。

問5　福沢諭吉は慶應義塾の創設者である。

問6　アは板垣退助，イは福地源一郎，エは伊藤博文が主導して結成された。

問7　大日本帝国憲法はドイツのプロシア憲法を模して制定され，天皇を主権者とする欽定憲法である。

問8　ラジオ放送は大正時代に始まった。

問9　台湾は日清戦争によって日本の植民地となった。

問10　新渡戸稲造は「武士道」の著者である。

問11　イは細菌学者，ウ・エは外務大臣等を歴任した政治家である。

問12　アは1937年，イは1940年，ウは1933年，エは1945年の出来事となる。

問13　青空教室は戦後数年全国的に実施され，校舎の復旧とともに終わりを告げた。

問14　アは2004年，イ・ウは1982年に開通している。

重要 問15　東日本大震災は2011年3月11日に発生した。

3 (政治ー鹿嶋市を起点とした問題)

基本 問1 2015年に選挙権年齢が「18歳以上」に引き下げられた。

問2 「市議会の見学はできない」が不適である。

問3 日本国憲法の公布日は11月3日(文化の日)で施行日は5月3日(憲法記念日)である。

問4 基本的人権には自由権・社会権などがあり,平和主義は憲法第9条に反映されている。

問5 若者よりも投票率が高い中高年世代のための政策が増えることが予想される。

問6 (1) 内閣は最高裁判所長官の指名を行い,その他の裁判官の任命を行う。 (2) 厚生労働省ではなく文部科学省の説明となる。 (3) イ 「学校で上位の成績をとった者に限定」が不適。 ウ 裁判員制度での裁判でも三審制の原則が適用される。 エ 「間違った判決が出されたことはない」が不適。

重要 問7 「出生数の低下」「高齢者の割合の増加」を盛り込む必要がある。

重要 問8 「核兵器も保持している」が不適。

問9 天皇は大日本帝国憲法では主権者であったが,日本国憲法では象徴という位置づけとなっている。

問10 アはリデュース,イはリユース,エは焼却灰の説明となる。

問11 酸性雨は汚染物質の自然界での循環と生態系との関係について新たな問題を提起している。

問12 「全ての人が裕福で豊かな暮らしが実現できる可能性がある」が不適。

問13 イはオーストラリアの説明である。

問14 ア 「200か国を超えている」が不適。 イ ユネスコの説明となる。 エ 「地球環境問題に対しての活動はしていない」が不適。

4 (日本の地理ー中部地方)

重要 問1 Xは冬に降水(雪)量が多いので日本海側の上越市,Yは年間通して降水量が少ないので中央高地の上田市,Zは夏に降水量が多いので太平洋側の静岡市となる。

基本 問2 問1の気候条件も考慮し,(A)果樹栽培に適しているのは上田市(長野県),(B)お茶栽培に適しているのは静岡市,(C)稲作に適しているのは上越市(新潟県)となる。

重要 問3 アは愛知県,イは静岡県,エは富山県となる。

問4 「人口が世界1位から2位になった」のは中国,「多くの日本人観光客が行く」グアムやハワイを領有するのはアメリカ,「南半球に位置する」のはオーストラリアと判別できる。

問5 (1) ① 信濃川は,秩父山地から長野県,新潟県を流れ,日本海側に注ぐ日本最長の河川で,流域面積は日本で3番目に大きい。 ② 越後平野は新潟県中北部に位置している。 ③ 甲府盆地ではぶどうやももといった果樹栽培が盛んである。 ④ 日本三大急流は,富士川・球磨川・最上川である。 ⑤ 木曽ひのきは,青森ひば・秋田すぎとともに日本三大美林と称されている。 ⑥ 濃尾平野は,木曽川左岸の尾張平野と右岸の美濃平野をあわせた名称である。 (2) 集落を完全に堤防で囲む輪中は江戸時代に成立した。

重要 問6 (1) 金沢市は北陸三県の中心として発展してきた都市である。 (2) 「運行時間の正確性」や「バリアフリー」といった点に着目して解答したい。 (3) 「航空写真を見た」が不適。

5 (日本の地理ーサミットを起点とした問題)

基本 問1 第一次石油危機は1973年に起こった。

問2 北方領土は,択捉島・国後島・歯舞群島・色丹島の総称である。

問3 白神山地は,青森県と秋田県にまたがっている。

問4 風力発電や原子力発電は「脱炭素」の流れのなかで注目されている。

重要 問5　アはベラルーシ，ウはカザフスタン，エはジョージア，オはトルコとなる。

問6　(1)　Aは「広島」「宮城」の上位二県から「カキ」，Cは「青森」「北海道」の上位二道県から「ホタテ」，残ったBが「マダイ」という流れで特定していきたい。　(2)　栽培漁業は魚を海に放流するが，養殖漁業は魚を水槽などで育て放流はしない。

問7　(1)　イ　促成栽培は温暖な気候を利用して作物の収穫時期を早める方法である。　エ　施設園芸農業ではビニルハウス等を利用して栽培する。　(2)　九州地方で畜産業が盛んなのは鹿児島県と宮崎県である。　(3)　鳥インフルエンザは2000年代前半のアジアを中心とした流行によって危惧の度合いが高まってきたといえる。

★ワンポイントアドバイス★

本校の問題は設問数が多く，記述問題も出題されるので，時間配分を意識した実践トレーニングをしっかりしておこう。

＜国語解答＞

〔一〕 問1　ⓐ　経済　ⓑ　創意　ⓒ　種子　ⓓ　味覚　ⓔ　保

問2　A　節　B　無数の生長点　C　体内　D　生長促進ホルモンを多く含んでいる　E　地下茎でつながっている　F　豊富に栄養分を供給　問3　ウ　問4　目

問5　(例)　現代になって，タケノコを掘る人が減り，また，生活に必要な物の多くが竹ではなくプラスチックで作られるようになったことで，竹を切る人もほとんどいなくなったから。　問6　エ

〔二〕 問1　①　エ　②　ウ　③　ア　④　エ　⑤　ア

問2　①　カ　②　オ　③　コ　④　キ　⑤　エ

問3　①　無害　②　消灯　③　最少　④　送信　⑤　左折

問4　イ・エ・オ・ク・コ

〔三〕 問1　ⓐ　おうねん　ⓑ　かんばん　ⓒ　ときおり　ⓓ　まい　ⓔ　そ

問2　A　ア　B　ウ　問3　(例)　今までは嫌なことは我慢してやり過ごしてきた自分だが，今回二人から逃げ出すという行動をとることができ，その結果少し自分が変われたのかも知れないと思ったから。　問4　エ　問5　イ　問6　(最初)自分の生き　(最後)ばならない　問7　エ

○配点○

〔一〕　問3・問4・問6　各3点×3　問5　9点　他　各2点×11

〔二〕　各1点×20

〔三〕　問1　各2点×5　問2・問6　各3点×3　問3　9点　他　各4点×3　計100点

＜国語解説＞

〔一〕（論説文―漢字の書き取り，内容理解，空欄補充，慣用句，語句の意味）

問1　ⓐ「済」の右下を「月」としないように注意する。　ⓑ「創意」は，新たに物事を考え出す心，という意味。　ⓒ「種子」は，植物の「たね」のこと。　ⓓ「味」の右側を「朱」としないように注意する。　ⓔ「保つ」は，同じ状態で続ける，という意味。

重要　問2　A・Bは，――線①の直後の段落に注目。――線①の三つあとの段落に「ほかにも秘密はある」とあり，そのあとにC～Fに当てはまる内容が述べられている。

問3　――線②の三つあとの文と四つあとの文「竹は地面の下に広く地下茎を張り巡らしているので，……当たり前のことである」の内容が，ウに合致している。

基本　問4「目の色を変える」は，怒ったり驚いたり熱中したりして目つきを変える，という意味。「目に余る」は，度を超していてだまって見ていられない，という意味。

やや難　問5　――線③の直前の段落の「ところが……」以降に注目。「現代」において，「タケノコを掘る人もずっと少なくな」り，「竹を切る人もほとんどいなくなってしまった」ために，「竹やタケノコが安心して暮らせる」ようになったのである。

問6　漢字では「空空しい（空々しい）」と書く。

〔二〕（同音異字，擬態語，対義語，敬語）

基本　問1　①　ア「実家」，イ「貨物」，ウ「過去」，エ「許可」。　②　ア「音楽隊」，イ「身体」，ウ「包帯」，エ「交代」。　③　ア「集中」，イ「週間」，ウ「一周」，エ「修学」。　④　ア「照明」，イ「省略」，ウ「招待」，エ「正体」。　⑤　ア「進化」，イ「森林」，ウ「真実」，エ「信号」。

問2　①「ぐんぐん」は，変化してゆく度合が大きい様子。　②「さんさん」は，太陽などの光が，きらきらと輝く様子。　③「てんてん」は，それからそれへ伝わり行く様子。　④「ぴんぴん」は，健康で元気いっぱいのさま。新鮮で生きがいい様子。　⑤「こんこん」は，深く眠っている様子。

問3　①「有害」は，害があること。「無害」は，害がないこと。　②「点灯」は，あかりをともすこと。「消灯」は，あかりを消すこと。　③「最多」は，もっとも多いこと。「最少」は，もっとも少ないこと。　④「受信」は，他からの通信を受け取ること。「送信」は，他へ通信を送ること。　⑤「右折」は，道などを右へ曲がること。「左折」は，道などを左へ曲がること。

問4　アは，「いらっしゃいましたら」などが正しい。ウは，「存じ上げております」などが正しい。カは，「申して」などが正しい。キは，「いらっしゃる」などが正しい。ケは，「うかがった」などが正しい。

〔三〕（小説―漢字の読み，語句の意味，内容理解，空欄補充，心情理解，主題）

問1　ⓐ「往年」は，過ぎ去った年，という意味。　ⓑ「看」にはほかに，「看病」「看護」などの熟語がある。　ⓒ「時折」は，ときどき，という意味。　ⓓ「お参り」は，神仏をおがみに行くこと。　ⓔ「反らせる」は，体が後方へ曲がりかえるようにすること。

基本　問2　A　終始あることに没頭する，という意味。　B「決然と」は，決心した様子。

やや難　問3　あとのみどりさんの言葉「今まで私，自分から逃げ出したことすらなかったんだって気づいたの。家でも学校でも，……二人のおかげで少し変われたのかも知れないとか思って」に注目して，みどりさんが「うれしかった」ことをとらえる。

問4　直前の「……のに」という逆接に注意して，あてはまる言葉を考える。

問5　直前の「みどりさんが自分を嫌いになっても，あたしは大好きだよ」という亜美の言葉に注目。亜美は，みどりさんの弱い面も含めて「大好き」だと言ったのである。

問6　直後の「ってジーコは言った」に注目し，ジーコが言った言葉を探して抜き出す。

重要　問7　「あたし，カワウがサッカーに関係あるなんて思ってなかったし，……全然関係ないことなかったんだよ。……カワウも何も，この世の全部がサッカーに関係があるようになっちゃう。この旅のおかげでそれがわかったの」という亜美の言葉が，エに合致している。

★ワンポイントアドバイス★

読解問題のほか，漢字や語句などの知識を問う問題が多く出題されている。読解では記述問題が複数出題されている。内容をおさえたうえで，自分の言葉で説明する力が求められる。知識を正確に身につけ，文章を要約する力を蓄えよう。

2023年度

★★★★★★★★★★★★★★★★★★★★★★★★

入　試　問　題

2023年度

清真学園中学校入試問題

【算　数】（50分）　＜満点：100点＞

1　次の □ にあてはまる数や記号を答えなさい。ただし，円周率は3.14とします。

(1)　$4 \times 30 - 20 \div 4 \times 5 =$ □

(2)　$\frac{7}{8} + \frac{5}{6} - \frac{3}{4} =$ □

(3)　$\frac{20}{11}$ を小数で表したとき，小数第５位の数は □ です。

(4)　１番から100番までの番号がそれぞれ割りふられた人が100人います。番号が１番から35番の人はＡ室に，36番から72番の人はＢ室に，73番から100番の人はＣ室に入室しました。Ｂ室に入室した人数は □ 人です。

(5)　120ページの本を，１日目には全体の $\frac{3}{8}$ を読み，２日目には残りのページの $\frac{2}{5}$ を読みました。

２日目に読み終わった後の，残りのページ数は □ ページです。

(6)　右の図は，立方体の展開図です。この展開図を組み立てたとき，面③と向かい合う面は，面 □ です。

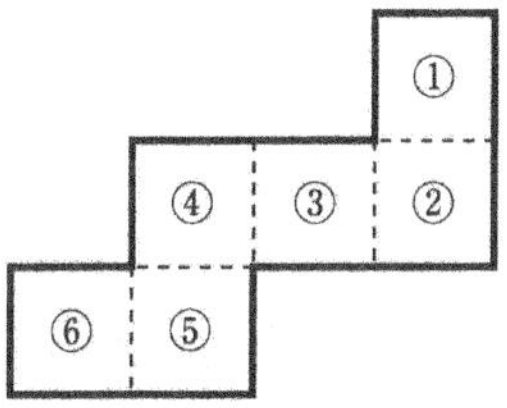

(7)　右の図は，１組の三角定規を組み合わせた図で，矢印（＞）をつけた辺は平行です。アの角度は □ 度です。

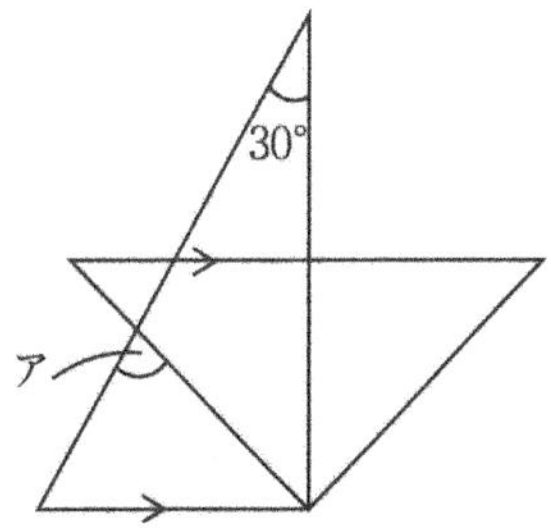

(8)　右の立体は，大きさの異なる２つの立方体を重ねた立体で，２つの立方体は外すことができません。下の立方体の１辺の長さは４cmで，上の立方体の１辺の長さは，その半分です。この立体の表面積は □ cm^2 です。

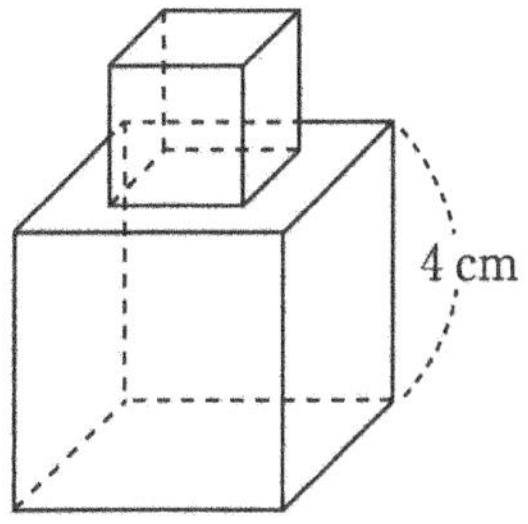

2 弟と姉が家を出発して図書館に向かいます。

2人は9時ちょうどに家を出発し，同じ速さで一緒に図書館に向かって歩いていましたが，出発して10分後に姉が忘れものに気づいたため，分速160mで走って家まで戻りました。姉は時刻 ア に家に着きました。

その後，姉は自転車に乗って9時25分に家を出発し，分速180mで図書館に向かいました。弟は姉と別れてからも同じ速さで図書館に向かい，時刻 ウ に2人は同時に図書館に着きました。

下の図は，このときの様子をグラフにしたもので，たての軸《じく》は家からの距離《きょり》，横の軸《じく》は時刻を表しています。また，点線……のグラフは弟の様子を，実線――のグラフは姉の様子をそれぞれ表しています。このとき，次の問いに答えなさい。

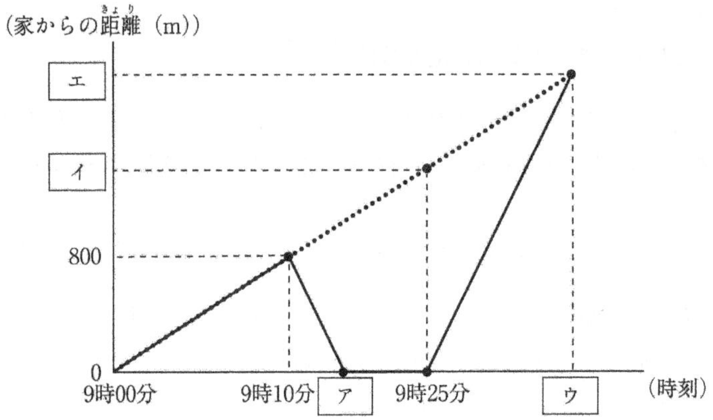

(1) 弟が歩いた速さは分速何mですか。

(2) ア にあてはまる時刻を答えなさい。

(3) イ にあてはまる距離《きょり》を答えなさい。

(4) ウ，エ にあてはまる時刻と距離《きょり》をそれぞれ答えなさい。また，求め方も書きなさい。

3 Aさん，Bさん，Cさん，Dさん，Eさん，Fさんの6人がいます。

このうち，Aさん，Bさん，Cさん，Dさんの身長について

Aさんは149㎝，Bさんは160㎝，Cさんは143㎝，Dさんは152㎝

です。

また，Aさん，Bさん，Cさん，Dさん，Eさんの5人の身長の平均は152.5㎝です。このとき，次の問いに答えなさい。

(1) Aさん，Bさん，Cさん，Dさんの4人の中で，最も身長の高い人と最も身長の低い人の差は何㎝ですか。

(2) Aさん，Bさん，Cさん，Dさんの4人の身長の平均を求めなさい。

(3) Eさんの身長を求めなさい。また，求め方も書きなさい。

(4) Aさん，Bさん，Cさん，Dさん，Fさんの5人の中で，3番目に高い人の身長がこの5人の平均と等しいとき，次の問いに答えなさい。ただし，5人の身長はすべて異なります。

① 3番目に身長の高い人がAさんのとき，Fさんの身長を求めなさい。

② 3番目に身長の高い人がAさんではないとき，Fさんの身長で考えられるものをすべて答えなさい。また，求め方も書きなさい。

4 次の【手順】にしたがって図をかいていきます。

【手順】

1番目　　2番目

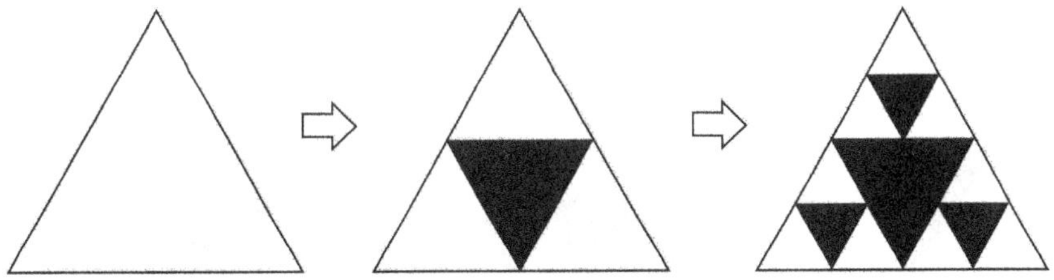

① 正三角形をかく。

② 正三角形の各辺を2等分する点を結んだ三角形をかき，内側を黒くぬりつぶす。

③ 黒くぬりつぶされていない白い三角形について，②の操作を行う。

3番目

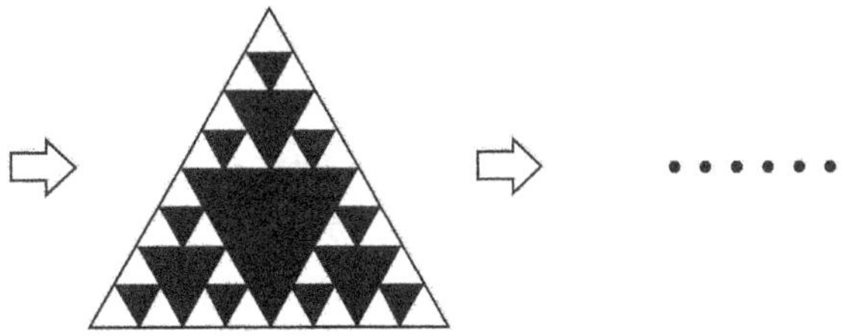

④ これ以降も③の操作を繰り返す。

3番目の図に③の操作を行ってできた図を4番目の図とし，
4番目の図に③の操作を行ってできた図を5番目の図とする。

このとき，次の問いに答えなさい。

(1) 下の表は，それぞれの図において黒くぬりつぶされていない，白い三角形の個数を表したものです。4番目の図における白い三角形の個数を求めなさい。

	1番目	2番目	3番目
白い三角形	3	9	27

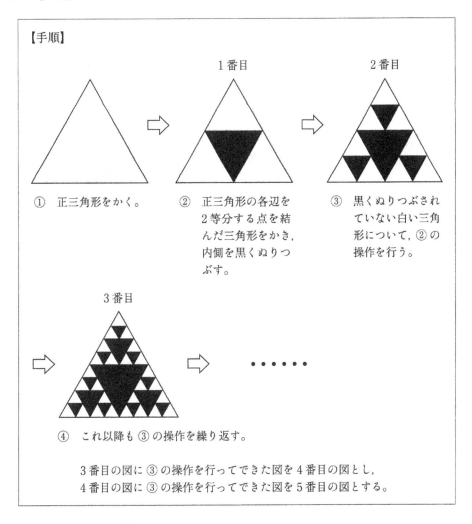

【手順】でかいた図の白い三角形の中に，次の【ルール】にしたがって数字を書き入れます。

【ルール】
白い三角形の中には，その三角形がとなり合っている黒い三角形の個数を書く。

1番目　　2番目　　3番目

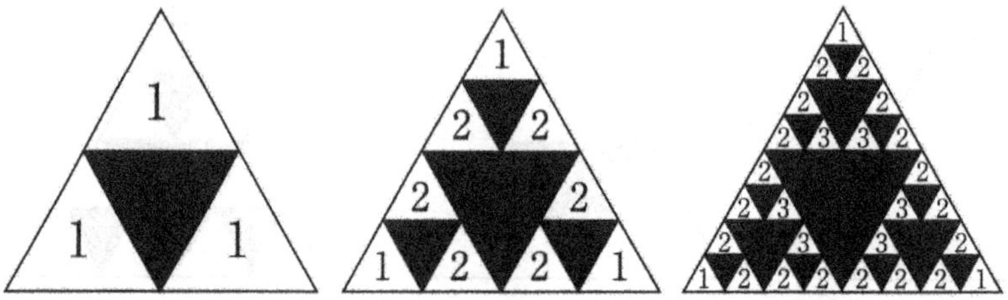

(2) 清さんと真さんは，図における「2」が書かれた三角形の個数について相談し合っています。□にあてはまる数を答えなさい。ただし，□にはすべて同じ数が入ります。

清さん：効率よく「2」が書かれた三角形を数える方法はないかな？

真さん：「2」の三角形は（前のページの）【手順】①でかいた三角形の辺上に必ずあるね。

清さん：たしかに……。1辺に並ぶ「2」の三角形はいくつだろう？

清さん：えっと，まず4番目の図において，【手順】①でかいた三角形の1辺に並ぶ白い三角形の個数は□個になるから……。

真さん：□個のうち，両はしの三角形は「1」が書かれているから，これを除いた（□−2）個が，1辺に並ぶ「2」の三角形の個数になるのか！

清さん：まとめると，4番目の図における「2」が書かれた三角形の個数は

（□−2）×3

の式で求められるね。

(3) 下の表は，1番目から3番目の図の，三角形の個数をまとめたものです。5番目の図における「3」が書かれた三角形の個数を求めなさい。

	1番目	2番目	3番目
白い三角形	3	9	27
「1」が書かれた三角形	3	3	3
「2」が書かれた三角形	0	6	18
「3」が書かれた三角形	0	0	6

【理　科】（50分）　＜満点：100点＞

1　花子さんと太郎さんは池の水を採取して，その中にいる小さな生き物をけんび鏡で観察しました。以下の(1)～(8)の問いに答えなさい。なお，**図１**はけんび鏡を，**図２**は**接眼レンズ**をのぞいて見えた様子を示しています。

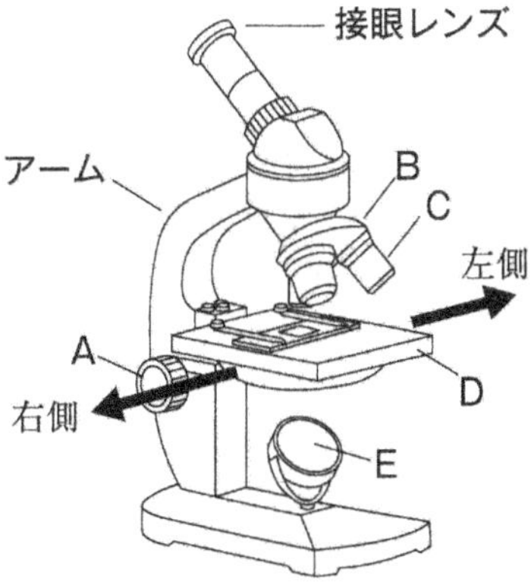

図１

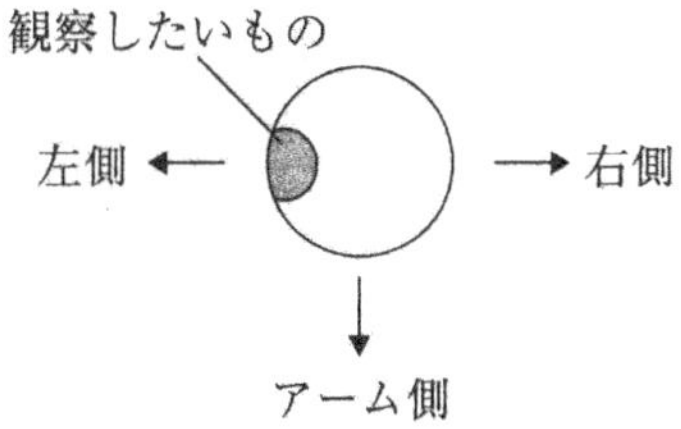

図２

(1)　けんび鏡について，**図１**の**A**～**E**の部分の名前を次の**ア**～**カ**からそれぞれ１つずつ選び，記号で答えなさい。

ア　対物レンズ　　**イ**　調節ねじ　　**ウ**　反射鏡
エ　ステージ　　**オ**　レボルバー　　**カ**　つつ

図１のけんび鏡の使い方について，花子さんと太郎さんが次のような会話をしました。

花子：まず，直射日光が（①　当たる・当たらない ）明るい場所にけんび鏡をおくのよ。それから，**接眼レンズ**をつけてからＣをつけてね。最初に使うＣは一番（②　低い・高い ）倍率にしてね。

太郎：できたよ。次は**接眼レンズ**をのぞいたときに明るくなるように，Ｅの向きを変えればいいよね。

花子：ここまで順調ね。観察したいものを真ん中に見えるようにしてね。

太郎：難しいな。**図２**のように見えたから，プレパラートを動かしたのに，うまくできない。

花子：**図２**のように見えた場合，接眼レンズをのぞきながら，Ｄの上にあるプレパラートを（③　左側・右側 ）に動かせばいいのよ。

太郎：そうなんだ。

花子：次はピント合わせよ。ピントを合わせるためには，まず，Ｃをできるだけプレパラート（④　から遠ざけて・に近づけて ）ね。それから少しずつ（⑤　遠ざける・近づける ）といいのよ。

太郎：見えた！

花子：**接眼レンズ**は10倍と15倍，Ｃは４倍，10倍，40倍があるから，最高倍率で見るには，**接眼レンズ**は（⑥　10・15 ）倍，Ｃは（⑦　４・10・40 ）倍のレンズを使うのよ。そうすれば倍率は（⑧　　　）倍になるのよ。

(2)　会話文中の①～⑦に適した言葉や数を選び，解答用紙の正しいものを○で囲みなさい。

(3)　⑧に適した数を答えなさい。

図３の**キ～コ**は花子さんがいろいろな倍率で観察した生き物のスケッチです。

キ　　　**ク**　　　**ケ**　　　**コ**

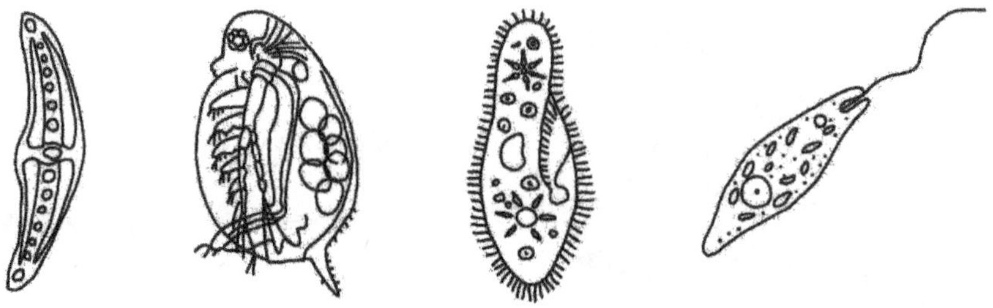

図３

(4)　図３の**キ～コ**の名前を下から選び，それぞれ名前を答えなさい。

ミジンコ　　**ミドリムシ**　　**ゾウリムシ**　　**ミカヅキモ**

(5)　図３の**キ～コ**のうち，実際に一番大きい生き物を１つ選び，**キ～コ**の記号で答えなさい。

(6)　図３の**キ～コ**のうち，光合成を行うことができる生き物を２つ選び，**キ～コ**の記号で答えなさい。

(7)　食うものと食われるものの関係を「**食われるもの→食うもの**」と表します。図３の**キ～コ**について「**食われるもの→食うもの**」の関係になっている２つの生き物の組み合わせとして，正しいものを次のａ～ｄから１つ選び，記号で答えなさい。

ａ　**ク→ケ**　　ｂ　**ケ→キ**　　ｃ　**コ→キ**　　ｄ　**コ→ク**

(8)　次の文中の［　　］に適した言葉をカタカナで答えなさい。

「現在，地球温暖化で化石燃料の使用が問題となっています。図３の**コ**やサトウキビなどからは，バスや飛行機に使われる［　　］燃料をつくることができ，環境《かんきょう》へのえいきょうが小さいと注目されています。」

［２］　太郎さんは，ものの燃え方について調べました。次の文Ａ～Ｄを読み，以下の(1)～(8)の問いに答えなさい。

Ａ　図１のように，底を切ったびん，ふた，ねん土，ろうそくを用意し，ろうそくに火をつけてそれぞれの燃え方を調べました。

ア　ふたをし，底にすきまをつくる。　**イ**　ふたをせずに，底にすきまをつくる。

ウ　ふたをし，底は閉じている。　　**エ**　ふたをせずに，底は閉じている。

ア　　　イ　　　ウ　　　エ

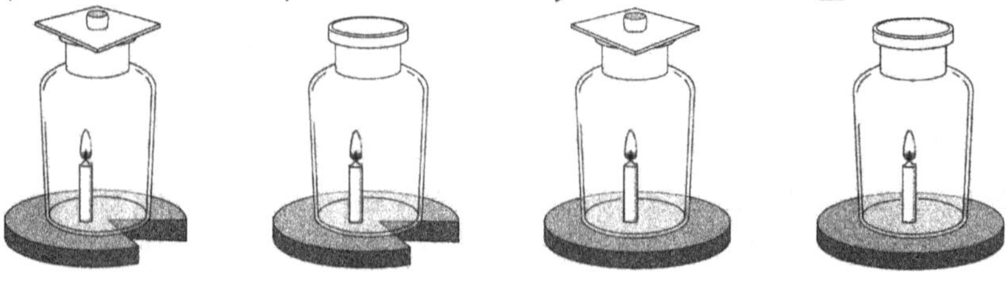

図１

(1)　ろうそくの火が最も早く消えたのはどれですか。前のページの**図1**の**ア**～**エ**から1つ選び，記号で答えなさい。

(2)　ろうそくの火が最後まで燃え続けるものはどれですか。**図1**の**ア**～**エ**から2つ選び，記号で答えなさい。

B　また，**図2**のように，びんの口や底のすき間に線香のけむりを近づけて，けむりの動きを調べました。

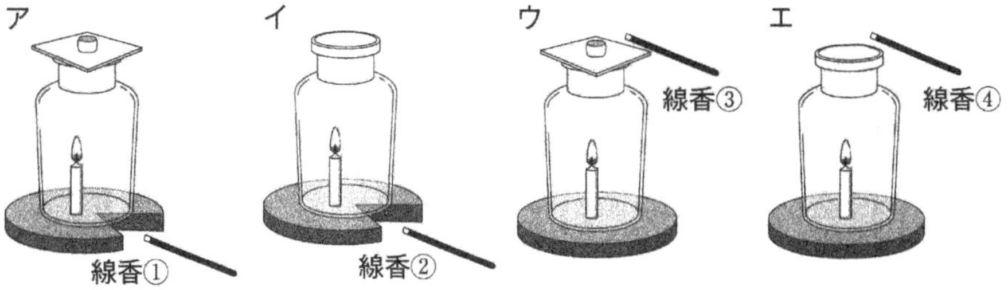

図2

(3)　**線香①～④**のけむりはどうなりますか。それぞれ解答用紙にけむりの動きを書き入れなさい。何もないときのけむりを**図3**のように矢印で書くこととします。矢印は曲線になっても構いません。

図3

(4)　**A**と**B**で調べたことから次のことが分かりました。次の文中の □ に適した言葉を答えなさい。

「ものが燃え続けるためには，火のまわりに □ の流れができることが必要である。」

C　別の日に，太郎さんはキャンプに行きました。先日の実験を思い出し，ふたをしていない大きなかんに，まきを入れて燃やそうと考えました。

(5)　太郎さんは，まきをよく燃やすために，かんにくぎで穴を開けました。まきが最もよく燃えるのは，どれですか。次の**ア**～**ウ**から1つ選び，記号で答えなさい。

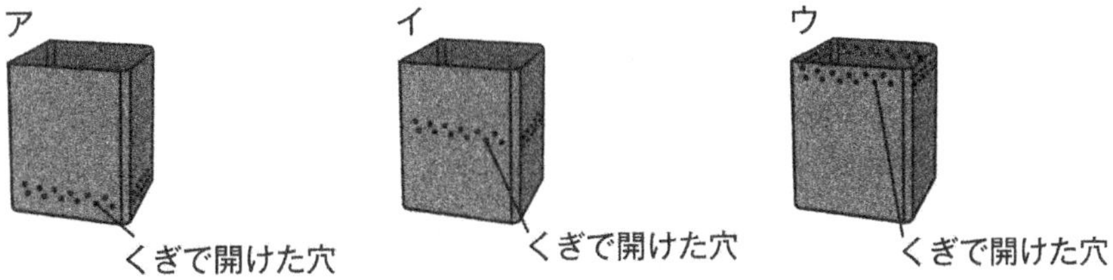

(6)　(5)　のように穴を開けた理由を次の**ア**～**エ**から1つ選び，記号で答えなさい。

ア　かんの中の空気を温めやすくするため。
イ　かんの中の空気を冷めやすくするため。
ウ　かんの中の空気を入れかわりやすくするため。
エ　かんの中の空気を入れかわりにくくするため。

D　ろうそくやまきに火をつけて燃やすためには，空気中の酸素が必要です。酸素のはたらきを確かめるために，次の**図４**のような装置で酸素を発生させ，集気びんで集めました。

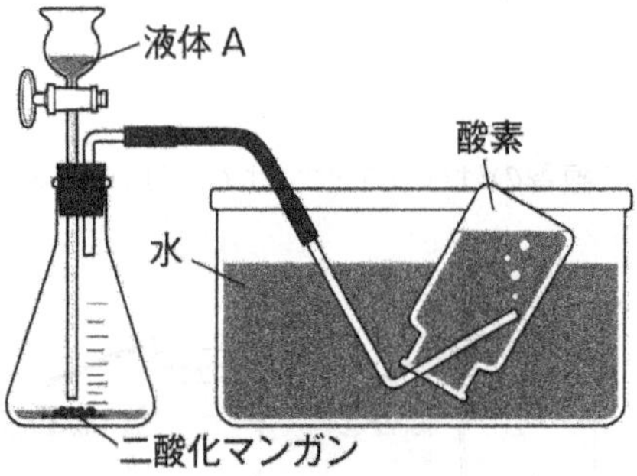

図４

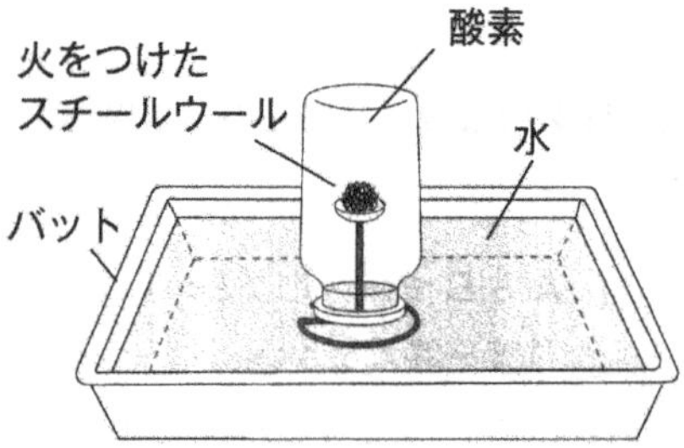

図５

(7)　**図４**の**液体Ａ**は何ですか。名前を答えなさい。

(8)　**図５**のように，火をつけたスチールウールに，酸素を十分入れた集気びんをかぶせました。バットには水が入れてあります。

①　火をつけたスチールウールの燃え方は，集気びんをかぶせる前の燃え方と比べてどのようになるか答えなさい。

②　スチールウールが燃えていると，集気びんの中の水面が上がりました。次の文は水面がこのように変化した理由を説明しています。文中の［　　］に適した言葉を答えなさい。ただし，スチールウールが燃えるとき，二酸化炭素などの気体は発生しないものとします。

「水面の位置が上がるのは，スチールウールが燃えるときに集気びんの中の酸素が使われ，びんの中の気体の体積が［　　］からである。」

3　次の文Ａ，Ｂを読み，以下の(1)～(8)の問いに答えなさい。

Ａ　夏のある夜に清真学園の校庭で天体観測をすると，**図１**のような星座を見つけることができました。特に明るい星をつなぐと，三角形ができ，これを夏の大三角と呼びます。

(1)　夏の大三角を作る①～③の星の名前を次の**ア～ク**からそれぞれ１つずつ選び，記号で答えなさい。

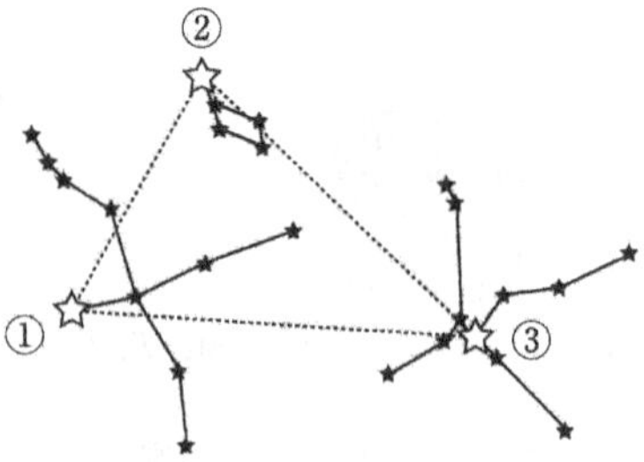

図１

ア	アルタイル	**イ**	リゲル	**ウ**	アンタレス	**エ**	ベガ
オ	ベテルギウス	**カ**	デネブ	**キ**	シリウス	**ク**	北極星

(2) 星を長時間観察すると，下のａ～ｃのように動いていました。ａ～ｃはどの方角を観察したものですか。最も適したものを次の**ア～エ**から<u>それぞれ１つずつ選び</u>，記号で答えなさい。

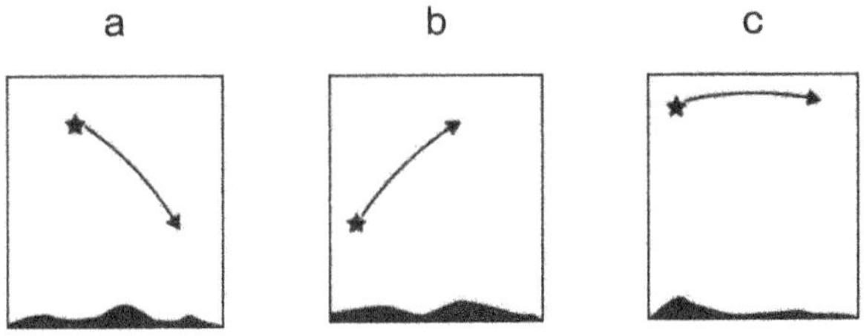

ア 東　**イ** 西　**ウ** 南　**エ** 北

Ｂ　夜空の中でも，ひときわ大きく見える天体が『月』です。太陽がしずんでから清真学園の校庭で，月の動きを観察すると，月は ① の方角から出て， ② の方角にしずみました。また，月の表面を観察してみると，**図２**のような大きな円形のくぼみがたくさん見えました。これは ③ と呼ばれていて，いん石が月にぶつかることによってできます。

別の日に月を観察すると，月の形が変わって見えました。このことから，月の形は日によって変わって見えるということがわかりました。

(3) 文中の ① と ② に入る言葉として最も適したものを次の**ア～エ**から<u>それぞれ１つずつ選び</u>，記号で答えなさい。

ア 東　**イ** 西　**ウ** 南　**エ** 北

(4) 文中の ③ に適した言葉を答えなさい。

(5) 月の表面をさらによく観察してみると，**図２**のように複数の ③ が重なっているものを見つけました。大きいものから順にａ～ｄと名前を付けました。

図３は**図２**の ③ の重なりを見やすくしたものです。下の**図２・３**をみてａ～ｄの ③ が<u>できた順番を古い方から</u>答えなさい。ただし，「 ③ 」にはすべて(4)の答えが入ります。

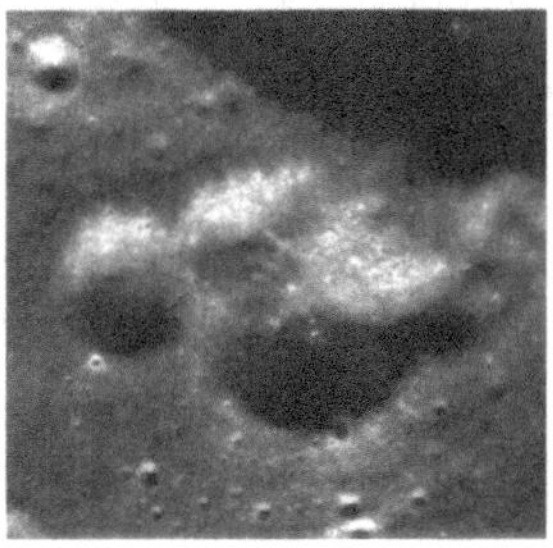

図２

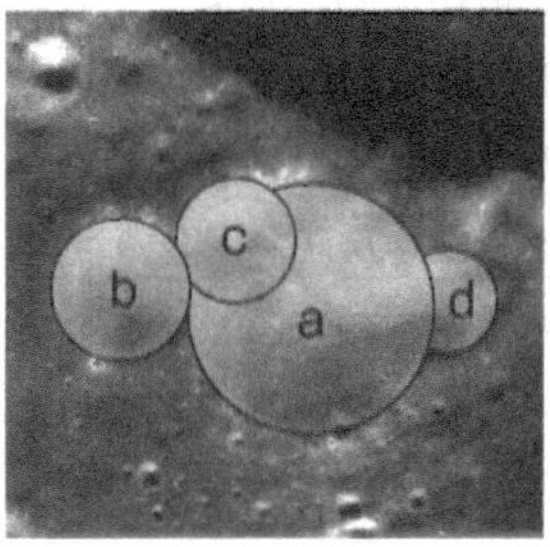

図３

(6) 月が明るく光って見えるのはなぜですか。次の**ア～ウ**から１つ選び，記号で答えなさい。

ア　月が光を出しているから。

イ　太陽の光を反射しているから。

ウ　地球の光を反射しているから。

(7) 下の**図4**は地球の周りを回る月の位置を示したものです。月が新月・満月になるのは月がどの位置にあるときですか。A～Hからそれぞれ1つずつ選び，記号で答えなさい。

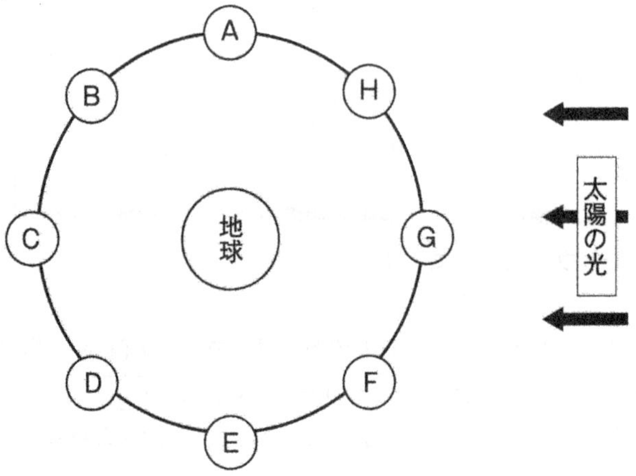

図4

(8) 江戸《えど》時代に月について与《よ》謝《さ》蕪《ぶ》村《そん》という人物が次のような『俳句』をよみました。

菜の花や　月は東に　日は西に

この俳句からわかる時刻とその月の形として，最も適したものを次の**ア**～**エ**からそれぞれ1つずつ選び，記号で答えなさい。

時　刻	**ア**　朝	**イ**　昼	**ウ**　夕方	**エ**　真夜中
月の形	**ア**　新月	**イ**　三日月	**ウ**　半月	**エ**　満月

4 次の文を読み，以下の(1)～(7)の問いに答えなさい。

A「光の速さ」と「音の速さ」は大きく異なります。これは，身近な現象からも感じることができます。光の速さを最初に測定しようとした人は『近代科学の父』と呼ばれるガリレオだと言われています。かれは1638年に書いた本の中で，2㎞ほどはなれた山に人を立たせ，一方の人が光を送ったら，もう一方の人がすぐに光を送り返すという方法を述べています。

このB実験は失敗しましたが，C後の世に大きなえいきょうをあたえました。

1676年，レーマーは木星のまわりを回っているイオという星が，木星のかげにかくれて見えなくなる時刻のずれから，光の速さを求めました。

1849年，フィゾーはパリのモンマルトルの丘《おか》で，地上で初めてくわしい光の速さを求める実験を行いました。

(1) 下線部Aの『身近な現象』とはどのようなものですか。最も適した現象を次の**ア**～**エ**の中から1つ選び，記号で答えなさい。

ア 大きなたいこをたたくと，たいこの前のろうそくのほのおがゆれる。

イ 2つの紙コップの間に糸をつけると，遠くにはなれても会話をすることができる。

ウ イナズマが光ってから，しばらくしてカミナリの音が聞こえる。

エ マスクをして会話をすると，声が聞こえにくくなる。

(2) (1)の**ア**～**エ**の中から選んだ身近な現象から考えて，「光」と「音」とでは伝わる速さが速いのはどちらですか。「光」か「音」のいずれかで答えなさい。

(3) レーマーは次のように考え，光の速さを求めました。次の『**レーマーの考え**』の ① と ② に適した数を答えなさい。ただし，割り切れない場合は，小数第一位を四捨五入して整数で答えなさい。

『**レーマーの考え**』

例えば，イオが木星のまわりを48時間（2日間）で一周すると考えます。地球が図のXの位置にいる時，ある時刻に地球から見てイオが見えなくなり始めるとします。地球がXの位置にいれば，2日おきのその時刻にイオが見えなくなり始めます。しかし，地球は太陽のまわりを回るため，地球がイオから最もはなれたYの位置に来たときには，予想していた時刻よりも22分遅れてイオが見えなくなるとします。この22分のずれを，光がXの位置とYの位置の間を進む時間だとレーマーは考え，光の速さを求めました。ただし，Yの位置では太陽のためイオは見えないので，イオが見えなくなる時刻は計算で予想しました。

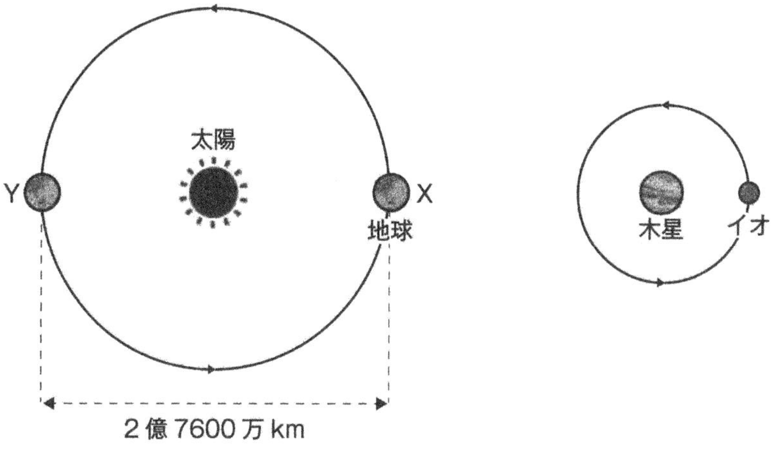

図

Xの位置とYの位置の間のきょりは，地球と太陽のきょりの2倍で，当時は2億7600万kmと考えられていました。その2つの位置でのイオが見えなくなり始める時刻のずれは22分です。22分は ① 秒です。よって，2億7600万kmを ① で割り，光の速さを秒速 ② 万kmと求めました。

(4) 現在，地球と太陽のきょりの2倍は3億kmと知られています。このきょりを使うと，(3)で求めた光の速さの値はどのように変わりますか。

「大きくなる」か「小さくなる」のいずれかで答えなさい。

(5) フィゾーは次のような実験を行い，光の速さを求めました。次の『**フィゾーの実験**』の □ に適した数を答えなさい。ただし，割り切れない場合は，小数第一位を四捨五入して整数で答えなさい。

『**フィゾーの実験**』

フィゾーは，8633m先の鏡に光を反射させ，その往復のわずかな時間を『歯車法』と呼ばれる，それまでになかった方法で測定し，光の速さを求めました。光の速さを秒速30万km，光が往復するきょりを17.2㎞とすると，光が往復する時間は100万分の［　　］秒になります。

(6)『**レーマーの考え**』や『**フィゾーの実験**』から，下線部Bの『実験は失敗しました』の一番の理由と考えられるものを，次の**ア**～**エ**の中から1つ選び，記号で答えなさい。

ア　遠くを見ることができる望遠鏡がなかったから。

イ　光が速すぎたから。

ウ　教会の人達に反対されたから。

エ　地球が回っていたから。

(7)　下線部Cの『後の世に大きなえいきょうをあたえました。』とは，ここまでの問題の内容から考えて，どのようなことですか。次の**ア**～**エ**の中から1つ選び，記号で答えなさい。

ア　ガリレオでも失敗することがあるということ。

イ　実験は失敗することがあるから，できるだけやらない方がよいということ。

ウ　外で行う実験は，天気などの条件が変わることがあるから，実験はなるべく部屋の中で行う方がよいということ。

エ　ある程度はなれていれば，光の速さは測定できると考えたこと。

【社　会】（50分）　＜満点：100点＞

【注意】 答えを直すときは，きれいに消してから，新しい答えを書きなさい。

1　次の文章は，日本の歴史における争いについて説明したものです。この文章を読んで，あとの各問いに答えなさい。

日本の歴史を勉強していると，さまざまな争いや戦いが出てくることがわかります。まず，弥生時代には，米づくりをするなかで土地や用水をめぐる争いが発生しました。弥生時代後期のA吉野《よしの》ヶ里《がり》遺跡は，堀やさくで集落が囲まれており，争いに備えていたと考えられています。飛鳥時代になり，B645年には蘇我《そが》氏がたおされ，C奈良時代には貴族による反乱が起きています。平安時代になるとD藤原《ふじわら》氏同士が朝廷内での権力をめぐって対立するようになりました。

平安時代の終わりになると武士が登場し，E武士団を形成するようになりました。F鎌倉時代には承久《じょうきゅう》の乱やG元寇《げんこう》が起きたほか，14世紀中ごろには，足利《あしかが》氏らにより鎌倉幕府がたおされています。室町時代には８代将軍のH足利義政《よしまさ》のときに応仁《おうにん》の乱がはじまり，戦国大名が登場すると，約100年にわたり各地で戦いがおこりました。このなかで天下統一を目指したのがI織田信長《おだのぶなが》です。しかし，それを実現したのは豊臣秀吉《とよとみひでよし》でした。秀吉は全国を統一すると，J検地と刀狩によって，武士と百姓とに身分を区別したほか，朝鮮に大軍を送りこみました。秀吉が病死すると，関ヶ原《せきがはら》の戦いに勝利した徳川家康《とくがわいえやす》はK江戸幕府を開きます。江戸時代の1637年に島原《しまばら》・天草一揆《あまくさいっき》が起きてからは大きな戦いはなくなりましたが，身分が固定され，海外との自由なL交易《こうえき》が許されないなかでの平和が続きました。

問１　下線部Aについて，吉野ヶ里遺跡はどこにありますか。次の**ア**～**エ**から１つ選び，記号で答えなさい。

ア　青森県　　**イ**　静岡県　　**ウ**　奈良県　　**エ**　佐賀県

問２　下線部Bについて，645年に中臣鎌足《なかとみのかまたり》（のちの藤原鎌足《ふじわらのかまたり》）らとともに蘇我氏をたおし，天皇中心の国づくりを進めた皇子の名前を答えなさい。

問３　下線部Cの奈良時代について，(1)と(2)の各問いに答えなさい。

(1)　船が遭難《そうなん》する危険がありながらも，朝廷が遣唐使《けんとうし》の派遣《はけん》を続けたのはどうしてでしょうか。「政治」と「文化」を使って，理由を30字以内で説明しなさい。

(2)　聖武《しょうむ》天皇は仏教の力を通じて国を治めようと，741年に国ごとに寺院を建設するように命じました。この寺を何というか答えなさい。

問４　下線部Dについて，藤原氏がになった国風文化の説明として適切なものを，次の**ア**～**エ**から１つ選び，記号で答えなさい。

ア　大和絵《やまとえ》やかな文字を用いた和歌や書がつくられ，貴族をにない手とした文化。

イ　仏教の教えに従い，座禅《ざぜん》を組むことでさとりを開こうとする，武士をにない手とした文化。

ウ　伝統芸能である能が確立した，室町幕府により支えられた文化。

エ　歌舞伎《かぶき》や浮世絵《うきよえ》が楽しまれた，庶民《しょみん》をにない手とした文化。

問５　下線部Eについて，武士団の中でも勢いが強かったのが源氏と平氏ですが，源氏を破り，平氏が勢力を強めるきっかけとなった戦いは何でしょうか。次の**ア**～**エ**から１つ選び，記号で答えなさい。

ア　平治《へいじ》の乱　　**イ**　一ノ谷《いちのたに》の戦い　　**ウ**　屋島《やしま》の戦い　　**エ**　壇ノ浦《だんのうら》の戦い

問６　下線部Ｆについて，鎌倉幕府の将軍に仕えた家来の武士は何とよばれたでしょうか。漢字３字で答えなさい。

問７　下線部Ｇについて，元寇のときの鎌倉幕府の執権の名前を答えなさい。

問８　下線部Ｈについて，足利義政が建てた銀閣《ぎんかく》の近くにある東求堂《とうぐどう》で用いられた，障子やふすま，床の間などがある部屋のつくりを何というか答えなさい。

問９　下線部Ｉの織田信長について，(1)と(2)の各問いに答えなさい。

(1)　織田・徳川の連合軍と武田《たけだ》軍との戦いである長篠《ながしの》の戦いは，西暦《せいれき》何年に起きたでしょうか。次の**ア**～**エ**から１つ選び，記号で答えなさい。

ア　1375年　　**イ**　1475年　　**ウ**　1575年　　**エ**　1675年

(2)　フランシスコ＝ザビエルが伝え，信長が保護《ほご》した宗教は何か答えなさい。

問10　下線部Ｊについて，検地と刀狩の説明として適切なものを，次の**ア**～**エ**から１つ選び，記号で答えなさい。

ア　検地では，田畑を耕作《こうさく》している人に，田畑のよしあし，広さ，とれる米の量を聞いて記録していった。

イ　検地を通じて，秀吉は米などの正確な生産量を知ることができるようになった。

ウ　刀狩では，百姓たちから刀が取り上げられたが，鉄砲《てっぽう》については取り上げられることはなかった。

エ　刀狩令によれば，取り上げた武器は海に捨てられると定められた。

問11　下線部Ｋの江戸幕府について，(1)と(2)の各問いに答えなさい。

(1)　江戸幕府は武家諸法度《ぶけしょはっと》というきまりを定めましたが，どういった身分の人に対してきまりは作られたでしょうか。次の**ア**～**エ**から１つ選び，記号で答えなさい。

ア　天皇

イ　大名《だいみょう》

ウ　神主《かんぬし》

エ　百姓《ひゃくしょう》

(2)　江戸時代に，「古事記《こじき》」の研究を進めて「古事記伝」を完成させるなど，日本の古典を研究した国学者はだれですか。次の**ア**～**エ**から１つ選び，記号で答えなさい。

ア　伊能忠敬《いのうただたか》

イ　大塩平八郎《おおしおへいはちろう》

ウ　杉田玄白《すぎたげんぱく》

エ　本居宣長《もとおりのりなが》

問12　下線部Ｌについて，江戸時代の琉球《りゅうきゅう》やアイヌの説明として適切でないものを，次の**ア**～**エ**から１つ選び，記号で答えなさい。

ア　琉球王国は薩摩藩《さつまはん》により征服《せいふく》され，中国との貿易が禁じられた。

イ　琉球王国は，国王や江戸幕府の将軍が代わるたびごとに，使節《しせつ》を江戸に送った。

ウ　アイヌの人たちと交易を行っていたのは松前藩《まつまえはん》である。

エ　17世紀半ば，シャクシャインはアイヌの人々を率《ひき》いて和人に対する戦いを起こした。

2 次の年表を見て，あとの各問いに答えなさい。

番号	年	できごと
①	1853	A ペリーが東京湾の入口に現れる
②	1867	B 15代将軍が政権を朝廷に返す
③	1868	明治天皇の名で C 政治の方針を定める
④	1869	薩摩藩《さつまはん》などが D 領地と領民を朝廷に返す
⑤	1874	E 板垣退助《いたがきたいすけ》が国会開設の要望書を政府に提出する
⑥	1886	F 和歌山県沖でイギリスの貨物船が沈没したのをきっかけにおきた事件で不平等条約の改正を求める声が強まる
⑦	1894	G 日清戦争がはじまる
⑧	1922	H 江戸時代の身分制度が改められた後も差別されてきた人々がつくった組織の創立大会が京都で開かれる
⑨	1925	I 衆議院議員の選挙権が満（ X ）歳以上の（ Y ）に拡大される
⑩	1933	J 国際連盟を脱退する
⑪	1941	K 太平洋戦争がはじまる
⑫	1946	L 日本国憲法が公布される
⑬	1947	戦後改革として M 教育の制度が変更される
⑭	1951	N サンフランシスコ平和条約に調印する
⑮	1956	国際連合に加盟する
⑯	1960	政府が O 長期の経済計画を発表する
⑰	1965	P 大韓民国との国交が正常化される
⑱	1972	Q 中華人民共和国との国交が正常化される

問1 下線部Aについて，ペリーの軍艦が来航した場所を，次の**ア**～**エ**から1つ選び，記号で答えなさい。

ア 鎌倉 **イ** 浦賀《うらが》 **ウ** 両国《りょうごく》 **エ** 日本橋《にほんばし》

問2 下線部Bについて，朝廷に政権を返した江戸幕府の第15代将軍は誰ですか。次の**ア**～**エ**から1つ選び，記号で答えなさい。

ア 徳川綱吉《とくがわつなよし》 **イ** 徳川吉宗《とくがわよしむね》 **ウ** 徳川慶喜《とくがわよしのぶ》 **エ** 徳川光圀《とくがわみつくに》

問3 下線部Cは明治天皇が神々に誓《ちか》う形で出されました。これを何といいますか。7字で答えなさい。

問4 下線部Dを何といいますか。次の**ア**～**エ**から1つ選び，記号で答えなさい。

ア 版籍奉還《はんせきほうかん》 **イ** 地租改正《ちそかいせい》 **ウ** 殖産興業《しょくさんこうぎょう》 **エ** 廃藩置県《はいはんちけん》

問5 下線部Eがつくった政党を，次の**ア**～**エ**から1つ選び，記号で答えなさい。

ア 立憲改進党《りっけんかいしんとう》 **イ** 立憲民主党《りっけんみんしゅとう》 **ウ** 立憲政友会《りっけんせいゆうかい》 **エ** 自由党

問6　下線部Fについて，沈没した船の名を次の**ア**～**エ**から１つ選び，記号で答えなさい。

ア　エルトゥールル号　　**イ**　ポーハタン号　　**ウ**　ノルマントン号　　**エ**　ミシシッピ号

問7　下線部Gの講和条約で日本の植民地となったのはどこですか。次の**ア**～**エ**から１つ選び，記号で答えなさい。

ア　朝鮮《ちょうせん》　　**イ**　満州《まんしゅう》　　**ウ**　樺太《からふと》　　**エ**　台湾《たいわん》

問8　下線部Hの創立大会では16歳の山田少年が「差別を打ち破りましょう。そして光り輝く新しい世の中にしましょう。」とよびかけました。下線部Hの組織名を漢字５字で答えなさい。

問9　下線部Ｉについて，空らん（Ｘ）と（Ｙ）に入る語句の組み合わせとして適切なものを，次の**ア**～**エ**から１つ選び，記号で答えなさい。

ア　Ｘ＝20　Ｙ＝男子　　**イ**　Ｘ＝20　Ｙ＝男女

ウ　Ｘ＝25　Ｙ＝男子　　**エ**　Ｘ＝25　Ｙ＝男女

問10　下線部Ｊは，日本がある地域につくった国の独立が認められなかったことが理由の１つとなっておこりました。ある地域とはどこですか。適切なものを次の**ア**～**エ**から１つ選び，記号で答えなさい。

ア　朝鮮　　**イ**　満州　　**ウ**　樺太　　**エ**　台湾

問11　下線部Ｋについて，⑴と⑵の各問いに答えなさい。

⑴　戦争中は米や塩などの生活必需《ひつじゅ》品は「はいきゅうせい」となりました。「はいきゅうせい」を漢字になおしなさい。

⑵　天皇の玉音《ぎょくおん》放送によって戦争の終結が国民に伝えられたのは1945年の何月何日ですか。

問12　下線部Ｌについて，日本国憲法が公布されたのは1946年の何月何日ですか。

問13　下線部Ｍによって日本の義務教育は何年間になりましたか。

問14　下線部Ｎのサンフランシスコ平和条約に調印したのと同じ日に，日本とアメリカとの間で結ばれた条約は何ですか。「日米○○○○条約」の「○○○○」に入る語句を漢字４字で答えなさい。

問15　下線部Ｏの計画を何といいますか。「国民○○○○計画」の「○○○○」に入る語句を漢字４字で答えなさい。

問16　下線部Ｐと日本で2002年に共同で開かれたのは何のワールドカップですか，次の**ア**～**エ**から１つ選び，記号で答えなさい。

ア　サッカー　　**イ**　ラグビー　　**ウ**　野球　　**エ**　柔道

問17　下線部Ｑが領有を主張するようになった，日本固有の領土はどこですか。次の**ア**～**エ**から１つ選び，記号で答えなさい。

ア　歯舞《はぼまい》諸島　　**イ**　南鳥島《みなみとりしま》　　**ウ**　小笠原《おがさわら》諸島　　**エ**　尖閣《せんかく》諸島

問18　年表に書かれているできごとのうち，(　　　)番から⑱番が昭和のできごとになります。空らんに入る番号を解答用紙に記入しなさい。

3　次の会話文を読んで，あとの各問いに答えなさい。

ずく丸：猫太くん。【　Ｘ　】歳になったんだってね。

A2022年４月からは民法が改正されて【　Ｘ　】歳から成人になったので，大人だね，おめでとう。

猫太　：ありがとうニャン。B選挙権も得られるので，C政治に参加することができるニャン。でも，正しい判断ができるかどうか，不安だニャン。

ずく丸：正しい判断って，何が正しいのかは分からないよ。自分自身がしっかり判断して活動すればいいと思うよ。

猫太　：それはそうだニャン。D今，世界で起こっている戦争や紛争《ふんそう》も，お互いに自分が正しいと信じて行動している結果だからだと思うニャン。でも，時には自分の考えが本当に周囲にとって迷惑にならないのかを考えることも必要ニャン。

ずく丸：そうだね。自分の判断も大切だけど，そればかりではなくて，Eお互いが相手のことも思いやりながら活動できれば争いは減るだろうね。国内のF裁判で起こっている争いも，ていねいな話し合いがあれば解決できることも多いだろうね。

猫太　：争いの解決も，政治も何事も，話し合いが大切なんだニャン！　成人になったので，自分勝手な考えを抑《おさ》えて行動するように気を付けるニャン！

問１　【X】に当てはまる数字を算用数字で答えなさい。

問２　下線部Aの【X】歳の年齢ではまだできないことを，次の**ア～オ**から２つ選び，記号で答えなさい。

ア　お酒を飲んだり，タバコを吸ったりすることができる。

イ　自分の意思で，結婚《けっこん》をすることができる。

ウ　自分の判断で，選挙に立候補《りっこうほ》をすることができる。

エ　自分の判断で，クレジットカードを作ることができるようになる。

オ　普通自動車の免許《めんきょ》を取ることができる。

問３　下線部Bの選挙について，以下は選挙のシミュレーションです。これを見て，下の**ア～エ**の文の中から適切なものを１つ選び記号で答えなさい。

・下の表は，各政党のそれぞれの選挙区での獲得票数《かくとくひょうすう》を示しています。

・１つの選挙区内で最も多くの票を獲得した政党が１議席を獲得できるとします。

・ここでは５つの選挙区があるので，各党から合計５名の議員が選出されたとします。

	ずく丸党	猫太党	愛犬党
甲《こう》選挙区	50	45	30
乙《おつ》選挙区	10	60	55
丙《へい》選挙区	40	35	35
丁《てい》選挙区	35	45	35
戊《ぼ》選挙区	45	40	40
合計	180	225	195

ア　獲得した票の合計が最も多い猫太党の獲得議席数が，最も多い。

イ　１つも議席を獲得できなかった政党は無い。

ウ　獲得した票の合計が最も少ないずく丸党の獲得議席数が，最も少ない。

エ　ずく丸党が議席を獲得した甲選挙区の票数よりも多くの票を獲得しても，当選しない選挙区もある。

問４　下線部Ｃの政治について，⑴と⑵の各問いに答えなさい。

⑴　日本の政治の中心である国会の仕事として，適切でないものを次の**ア**～**エ**から１つ選び，記号で答えなさい。

ア　内閣総理大臣を選出する。　**イ**　法律を作る。

ウ　裁判官を任命する。　**エ**　国の予算案を審議する。

⑵　日本の行政を担当する内閣の仕事として，適切でないものを次の**ア**～**エ**から１つ選び，記号で答えなさい。

ア　行政の指示を出す。　**イ**　法律の案を作る。

ウ　悪いことをした裁判官を辞めさせる。　**エ**　国の予算の案を作る。

問５　下線部Ｄの戦争に関連して，日本では1971年に核兵器を「作らない，持たない，持ち込ませない」というルールを国会で決議した。このルールを何といいますか。漢字５字で答えなさい。

問６　下線部Ｅの内容に関連して，下のずく丸と猫太の状況と人権についての問題を説明している文として，適切なものを**ア**～**オ**の中から２つ選び記号で答えなさい。

参考資料（日本国憲法の条文）

第13条：すべて国民は個人として尊重される。生命，自由及び幸福追求に対する国民の権利については，公共の福祉に反しない限り，立法その他の国政の上で，最大の尊重を必要とする。

第19条：思想及び良心の自由は，これを侵してはならない。

第21条：集会，結社及び言論，出版その他一切の表現の自由は，これを保障する。

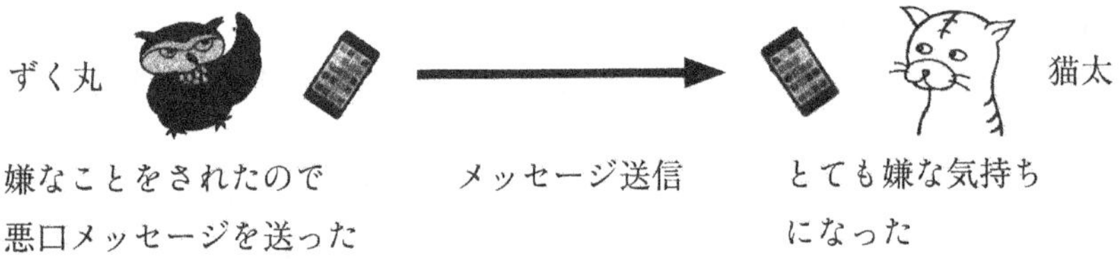
ずく丸
猫太
嫌なことをされたので
悪口メッセージを送った
メッセージ送信
とても嫌な気持ち
になった

ア　猫太はずく丸に嫌がらせをしたので，ずく丸が反撃で何をしても問題にならない。

イ　ずく丸・猫太の両方に表現の自由があるので，悪口送信をしても互いに人権上の問題は無い。

ウ　ずく丸・猫太の両方に表現の自由はあるが，それを使ってお互いの幸福を壊す権利は認められない。

エ　猫太は，生活や幸福を侵害されているので，ずく丸へ反撃する権利が認められる。

オ　ずく丸・猫太の両方とも，頭の中では何を考えても良いが，それを表現する場合は，制約を受けることもありうる。

問７　下線部Ｆの裁判に関連して，裁判所は国会や内閣の活動が憲法に違反をしていないかどうかを審査することがあります。この権限を何といいますか。漢字で答えなさい。

問８　ずく丸と猫太の会話文の内容について述べた次の文の中から，適切なものを１つ選び**ア**～**エ**の記号で答えなさい。

ア　猫太は成人になったので，自分の判断で全てをできると考え，ずく丸に対して自慢をしている。

イ　ずく丸は，自分がしっかり判断すれば，何事もうまくいくという話をしている。

ウ　猫太は，自分の考えは大切だが，周りのことを考えるのも大事だと思っている。

エ　ずく丸は，もちろん相手のことを考えるのは大切だけど，やはり自分が一番だと思っている。

4　次の文章を読んで，あとの各問いに答えなさい。

旗①

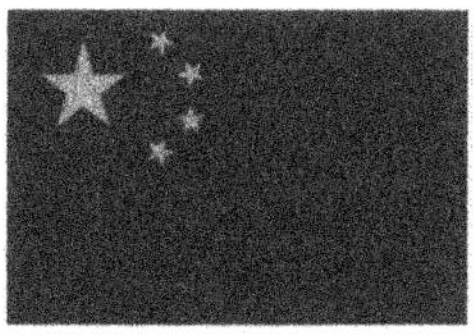

旗②

旗③

旗《はた》①～③の中にはいずれも星が示されていますが，星が何を意味するかは旗によって異なります。

旗①はAアメリカ合衆国の国旗で，一般に「星条旗《せいじょうき》」と言われています。1777年に国旗として制定され，赤白交互の13本の横じまは独立当初の13州を表し，青色の地にある白色の星は現在アメリカ国内にあるB50の州を表しています。

Cアメリカ合衆国は先住民の暮らす土地にヨーロッパから移り住んだ人々が作った国で，日本とは異なる多様な文化や特徴を持っています。

旗②はD中国の国旗で，「五星紅旗《ごせいこうき》」と言われています。1949年に国旗として制定され，赤は中国の政治体制をあらわすシンボルの色で，大きな星は中国を指導する政党である（　X　）を，小さな４つの星は労働者，農民などをあらわしています。

旗③は国旗ではなくEUという組織の旗で，「欧州旗」と言われています。EUとは英語で「ヨーロッパ（　Y　）」をあらわす際の頭文字《かしらもじ》で1993年に設立されました。2022年５月現在27か国が加盟しており，E加盟国間で政治・経済の統合が目指されています。「欧州旗」はEU固有の旗ではなく，もともとヨーロッパ全体を代表するシンボルとして作られました。旗には12の星が示されていますが，これはEU加盟国の数ではありません。12という数字は「完璧さ」と「統一」の象徴です。星は時計の文字盤に書かれた数字と同じように均等に配置され，12個の星が描く円は，ヨーロッパの人々の団結と調和をあらわしています。

問１　下線部Aのアメリカ合衆国における国家の代表者を大統領といいます。2022年５月に日本を訪れた大統領は誰ですか。次の**ア**～**エ**から１つ選び，記号で答えなさい。

ア　オバマ　　**イ**　ケネディ　　**ウ**　トランプ　　**エ**　バイデン

問２　下線部Bの50の州にあてはまらないものを，次の**ア**～**エ**から１つ選び，記号で答えなさい。

ア　ニューヨーク州　　**イ**　カリフォルニア州　　**ウ**　ハワイ州　　**エ**　ケベック州

問３　下線部Cについて，アメリカ合衆国の多様な文化や特徴として適切でないものを，次の**ア**～**エ**から１つ選び，記号で答えなさい。

ア　仮装した子どもが家々を回っておかしをもらうハロウィンという行事が行われる。

イ　日本の約25倍の国土面積を持ち，東西に国土が長いため，国内に時差がある。

ウ　宗教的な理由により，全身をおおう黒い服を着て，肌を見せない女性の割合が高い。

エ　IT産業が盛んで，ツイッターやインスタグラムなどのITサービスが開発された。

問4　下線部D中国についての説明として適切でないものを，次のア～エから1つ選び，記号で答えなさい。

ア　東京の上野動物園では中国からおくられたパンダが飼育されている。

イ　人口は約14億人と世界一で，50以上の民族が暮らしている。

ウ　税金や貿易などで優遇されている経済特区には外国の企業が多く進出している。

エ　儒教の教えを大切にし，漢字だけでなく独自の文字ハングルを使用している。

問5　空欄Xに当てはまる政党を，次のア～エから1つ選び，記号で答えなさい。

ア　共産党　　イ　共和党　　ウ　国民党　　エ　民主党

問6　空欄Yに当てはまる語を，漢字2字で答えなさい。

問7　下線部Eについての説明として適切でないものを，次のア～エから1つ選び，記号で答えなさい。

ア　2022年現在，イギリスは加盟していない。

イ　一部の加盟国を除き，パスポートの確認がなくても国境を通過できる。

ウ　加盟国の間で大きな経済格差がある。

エ　EUの機関の1つに，教育・科学・文化の発展を目的とするユネスコがある。

5　次の文章を読んで，あとの各問いに答えなさい。

2021年は，延期となっていた東京オリンピックが開催された年でした。清真学園が位置する鹿嶋市もサッカー競技の会場となり，外国から選手や関係者がたくさんおとずれました。オリンピックをきっかけに外国について関心を持った清子さんと真太郎さんは，鹿嶋市で試合を行った国の中から1つずつ選んで調べ，簡単にまとめてみました。

○清子さんが調べた国：カナダ

この国は，A国土がとても広い国ですが，Bその大半はタイガと呼ばれる針葉樹林《しんようじゅりん》が広がる地域と北極海沿岸の気温が非常に低い地域です。また，Cイギリスやフランスなどのヨーロッパ系を中心に，アジア系や先住民なども暮らしている多民族国家です。このような背景から，多文化主義を提唱し，英語とフランス語の2つの公用語があります。鉄鉱石やD石油，天然ガスなどの資源大国で，農業では中部の平原で生産される（　X　）が世界的に有名です。

○真太郎さんが調べた国：大韓民国（韓国）

E国土面積は日本よりせまいですが，F人口密度は日本よりも上で世界有数の人口密度の高さです。東部から中部にかけてはG山地が広がり，せまい平野が西部や南部に分布しています。

また，半島の西・南岸は典型的な（　Y　）海岸が続き，多くの島々があります。気候の大部分はH温帯ですが，南北間の温度差は大きいです。冬の寒さが厳しいため，オンドルと呼ばれる伝統的な床下暖房《ゆかしただんぼう》のある家もあります。農業については，I西部や南部の平野部で米づくりがさかんですが，野菜栽培《さいばい》も各地で行われています。南東部の海岸地帯やJ首都周辺を中心にK工業が発達しており，L1970年代の経済発展は「漢江《ハンガン》の奇跡」と呼ばれました。

問１　カナダの国旗を，次の**ア**～**エ**から１つ選び，記号で答えなさい。

ア

イ

ウ

エ

問２　カナダと同じ大陸にある国を，次の**ア**～**エ**から１つ選び記号で答えなさい。

ア　ドイツ　　**イ**　ネパール　　**ウ**　エジプト　　**エ**　メキシコ

問３　カナダは，日本などともに環太平洋パートナーシップ（TPP）協定を結んでいます。これにより「貿易の自由化」が進められましたが，「貿易の自由化」とはどういうことか説明しなさい。

問４　下線部Aについて，日本も含め各国の領域《りょういき》は領土・領海・領空から成り立っています。この領海の外側にある，水産資源などを自国だけで利用できる海岸線から200海里にあたる水域を何といいますか。「排他的○○○○」という形で，「○○○○」の部分を漢字４字で答えなさい。

問５　下線部Bに関連して，日本の自然や森林について述べた文として適切でないものを，次の**ア**～**エ**から１つ選び，記号で答えなさい。

ア　木材にするための木を育てる森林を，天然林という。

イ　現在の日本は，国産木材よりも輸入木材の方が多くなっている。

ウ　自然などを守るためのナショナルトラスト運動は，現在日本でも行われている。

エ　森林面積は，国土面積の半分以上を占めている。

問６　下線部Cについて，この国を通る経度０度の経線の名称を漢字５字で答えなさい。

問７　下線部Dについて，これらのような，植物やプランクトンの死がいが海の底などに溜《た》まった後に，長い期間をかけて変化してできた燃料《ねんりょう》を何といいますか。「○○燃料」という形で，「○○」の部分を漢字２字で答えなさい。

問８　空欄（X）について，右の表は（X）の日本の輸入先と輸入の割合（2018年）をまとめたものです。この空欄に当てはまるものを次の**ア**～**エ**から１つ選び，記号で答えなさい。

ア　大豆　　**イ**　とうもろこし

ウ　小麦　　**エ**　米

（　X　）の日本の輸入先（%）	
アメリカ	44.2
カナダ	35.1
オーストラリア	20.6

（日本国勢図会 2022/23）

問９　日本海上にある日本固有の領土であるが，韓国が不法占拠《ふほうせんきょ》している島の名前を答えなさい。

問10　下線部Eについて，日本の国土面積に最も近いものを次の**ア**～**オ**から１つ選び，記号で答えなさい。

ア　16万km^2　　**イ**　24万km^2　　**ウ**　38万km^2　　**エ**　42万km^2　　**オ**　60万km^2

問11　下線部Fについて，下の表は3カ国におけるおおよその人口（2021年）と面積（2020年）を示したものです。下の表のうち，最も人口密度の高い国を答えなさい。

国名	人口（万人）	面積（千km^2）
スリランカ	2,200	66
韓国	5,100	100
バングラデシュ	16,600	148

（日本国勢図会 2022/23）

問12　下線部Gについて，日本の山地や山脈のうち「日本アルプス」に含まれるものを，次の**ア**～**エ**から1つ選び，記号で答えなさい。

ア　白神山地　　**イ**　日高山脈　　**ウ**　赤石山脈　　**エ**　越後山脈

問13　下線部Hについて，温帯の雨温図を示したものを次の**ア**～**ウ**から1つ選び，記号で答えなさい。

ア　　　**イ**　　　**ウ**

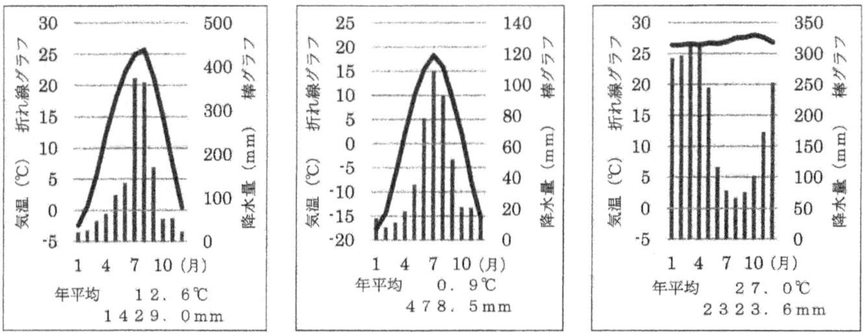

（理科年表 2021）

問14　下線部Iについて，日本でも米づくりはさかんですが，日本における銘柄米《めいがらまい》のうち，庄内平野で最もつくられている品種を，次の**ア**～**エ**から1つ選び，記号で答えなさい。

ア　はえぬき　　**イ**　ひとめぼれ　　**ウ**　こしひかり　　**エ**　あきたこまち

問15　下線部Jについて，韓国の首都をカタカナで答えなさい。

問16　下線部Kについて，日本の工業に関する次の文のうち，適切でないものを次の**ア**～**エ**から1つ選び，記号で答えなさい。

ア　日本の工業は，原材料を輸入して工業製品を輸出する加工貿易により発展した。

イ　1980年代には，アメリカやヨーロッパ諸国との間で貿易摩擦《ぼうえきまさつ》がおこった。

ウ　内陸部の工業地帯を結んだ，太平洋ベルトを中心に工業がさかんになった。

エ　1980年代に，日本企業が生産拠点を海外にうつす，産業の空洞化《くうどうか》が見られるようになった。

問17　下線部Lについて，この経済成長をきっかけに，韓国は新興工業経済地域《しんこうこうぎょうけいざいちいき》の1つに数えられるようになりました。この略称を**ア**～**エ**から1つ選び，記号で答えなさい。

ア　NATO　　**イ**　NIES　　**ウ**　UNICEF　　**エ**　OPEC

問18　空欄（Y）について，この地域には，日本の三陸海岸や若狭湾《わかさわん》などのように複雑で入り組んだ海岸地形が見られます。このような地形を何といいますか。「～海岸」という形になるようにカタカナ3字で答えなさい。

問19　清真学園のある茨城県の県庁所在地が水戸市であるように，府県名と県庁所在地名が異なる府県を，次の**ア**～**エ**から１つ選び，記号で答えなさい。

ア　京都府　　**イ**　長崎県　　**ウ**　長野県　　**エ**　香川県

問20　清子さんと真太郎さんは，今回の調べ学習で各国の情報についてインターネットを使って調べました。インターネットも含めた情報を伝える手段のことを何といいますか。カタカナで答えなさい。

6　次の資料と説明を読んで，あとの各問いに答えなさい。

問１　円安と円高に関する次の資料と説明を読み，次の問いに答えなさい。

【資料】

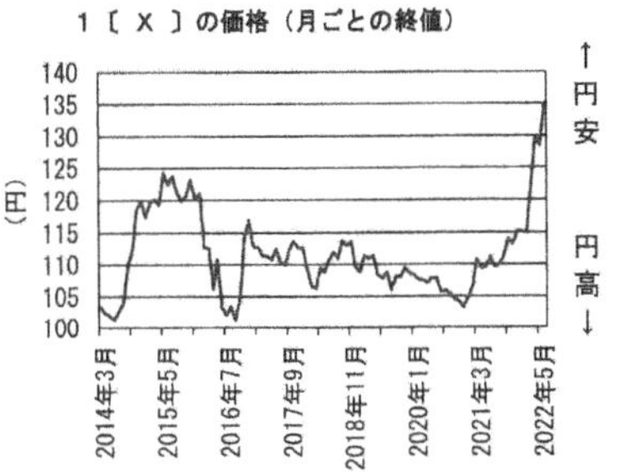

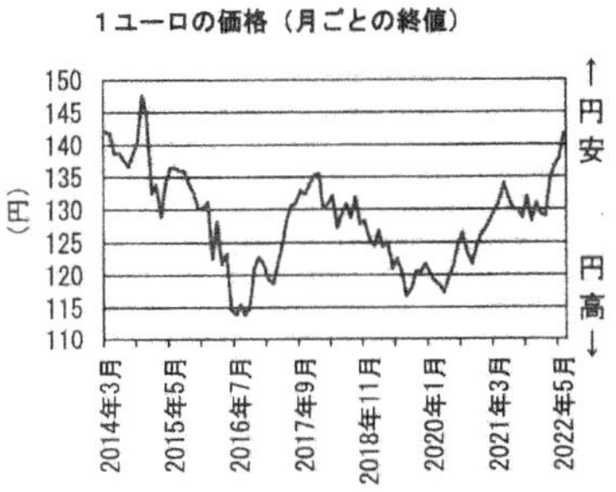

【説明】

異なる通貨《つうか》（お金）を交換することを外国為替《かわせ》といいます。モノやサービスを外国に売ったり，外国から買ったりする時には，通貨を交換する必要があります。

通貨の価値は常に変化しています。日本は「円」という通貨を使っていますが，アメリカでは「〔　X　〕」，ヨーロッパでは「ユーロ」という通貨がよく使われています。中でも「〔　X　〕」は国際通貨として貿易でよく利用されます。

テレビのニュースで，「円安」や「円高」という言葉は聞いたことがあると思います。資料の１ユーロの価格を見てください。2016年には１ユーロ115円になって「円高」が進みました。一方，2022年には１ユーロ140円台になり「円安」となりました。一見，逆のような気がしますが，ヨーロッパの人から見れば，１ユーロで115円しか交換してもらえないときと，１ユーロで140円ももらえるときでは，140円の方がお得です。このとき円の価値が下がりユーロの価値が上がっています。この状態を「円安」と言います。昨年は主な外国の通貨に対して「円安」が進みました。

【問題】

(1)　説明文中，空欄Xにあてはまる通貨をカタカナで答えなさい。

(2)　説明文中の下線部について次の中から「円安」で有利になる（もうかる）と考えられるものを次の**ア**～**エ**から２つ選び，記号で答えなさい。

ア　動画配信サービスを行うアメリカ企業の日本でのもうけ

イ　アメリカ産の牛肉を仕入れる日本国内の焼肉店のもうけ

ウ　日本国内で自動車を作って外国に輸出する会社のもうけ

エ　ドイツから日本に来た観光客がユーロを日本円に両替するとき

問２　(1)〜(3)の各問いに答えなさい。

(1)　昨年は食料の価格が上昇しました。その原因について次のＡ〜Ｄの資料を見て２行以内で答えなさい。いくつかの文に分けて書いてもよい。また次の語句を使ってもよい。

〈語句〉　紛争，制裁，輸出，輸入，輸送

【資料】

Ａ　小麦の輸出量と世界全体に占める割合（2019年）

国名	万トン	割合(%)
ロシア	3187	17.8
アメリカ	2707	15.1
カナダ	2281	12.7
フランス	1996	11.1
ウクライナ	1329	7.4

（FAOSTAT）

Ｂ　トウモロコシの輸出量と世界全体に占める割合（2019年）

国名	万トン	割合(%)
ブラジル	4275	23.3
アメリカ	4156	22.6
アルゼンチン	3608	19.6
ウクライナ	2446	13.3
ルーマニア	668	3.6

（FAOSTAT）

Ｃ　日本の食料自給率（2019年・カロリーベース）

品目	割合(%)
米	97
小麦	16
豆類	7
野菜類	79
果実類	38
肉類	52
魚介類	52
油脂類	13
砂糖類	34

（データブックオブザワールド2022）

Ｄ　原油価格の推移（1ℓあたりの金額）

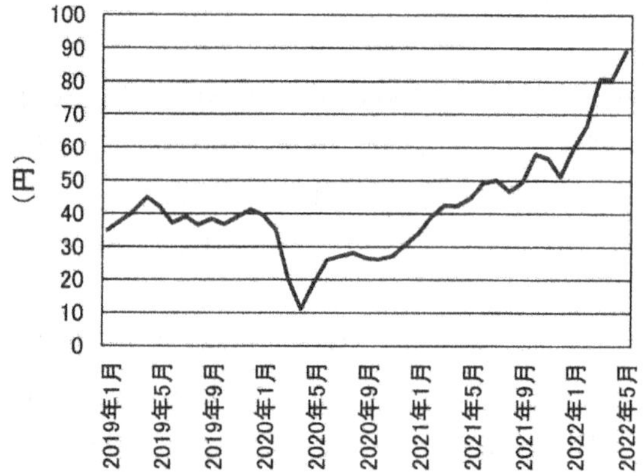

（WTI原油価格）

(2) 次の資料は日本とドイツの原油の輸入先を示したものです。日本とドイツの石油(原油)輸入には共通してどのような特徴や問題点がありますか。「地域」という語を使って1行で説明しなさい。

【資料】

日本の原油輸入先（2019年）

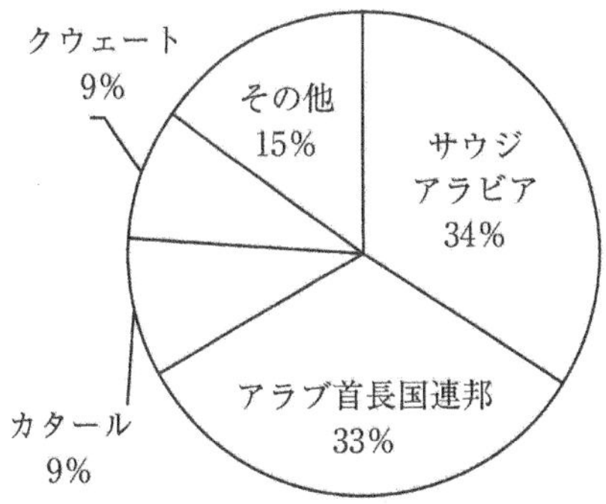

（経済産業省統計）

ドイツの原油輸入先（2019年）

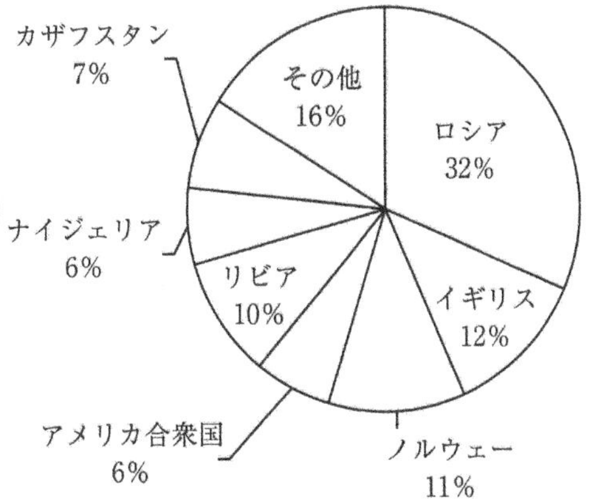

（ドイツ連邦経済・エネルギー省統計）

(3) 再生可能エネルギー（水力，太陽光，風力，地熱）について述べた次の説明を読み，水力にあてはまるものを1つ選び，**ア**～**エ**の記号で答えなさい。

ア　発電施設は山地や海沿いに建設するため自然の影響を受けて発電量が安定しない。

イ　発電所には巨大な建造物を作る必要があるので生態系を破壊する可能性がある。

ウ　発電する場所が限られており，発電の権利について地元と交渉する必要がある。

エ　家庭でも普及しているが発電に使う設備の価格が高く，発電量は安定しない。

問3　集落の立地と自然災害に関する(1)～(3)の各問いに答えなさい。

(1) 次のA～Cの地形図をよく見て，点線部の集落について調べた清子さん，真太郎さん，学さんのメモにあてはまる集落として，正しい組み合わせを1つ選び，あとの**ア**～**カ**の記号で答えなさい。

（『地理院地図 Vector』一部改変）

【地形図】

A

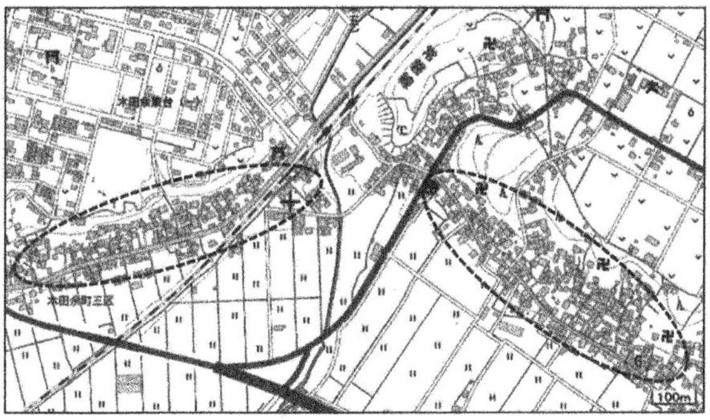

B

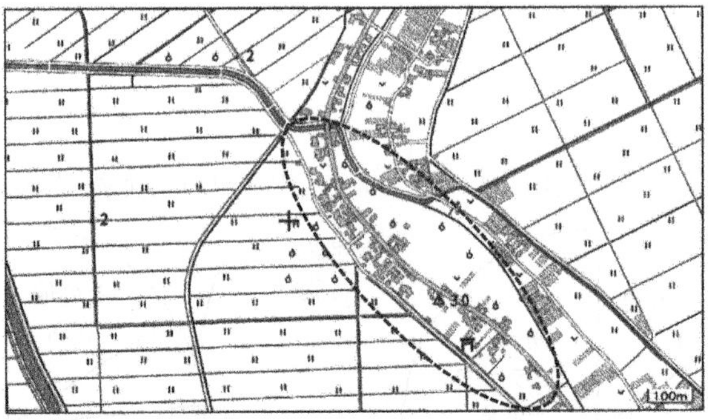

C

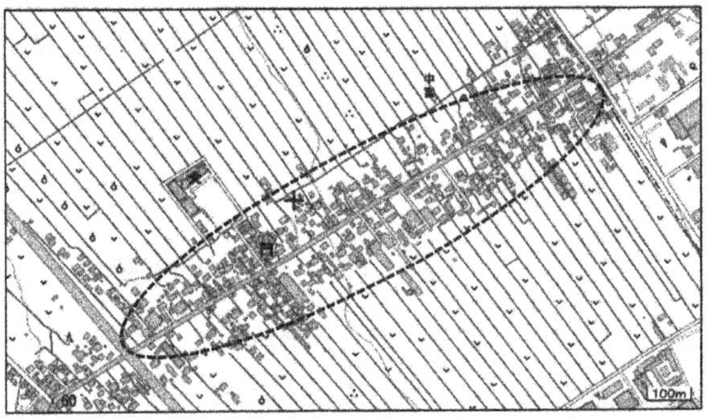

清子さん
台地と平地のちょうど境目に古い集落があります。台地の縁《ふち》は湧き水を得やすいそうです。台地上の集落は水道が引かれてからつくられたそうです。

真太郎さん
周囲の水田より1mほど高い所に集落が位置していることがわかります。昔の人は洪水を避けるために少しでも高い所を探したのかもしれません。

学さん
台地上に位置する集落で，道路沿いに集落，その後ろに畑や茶畑，果樹園が見られます。昔の人は森が広がっていたこの地を開拓して新しい畑を開いていったそうです。

	清子さん	真太郎さん	学さん
ア	A	B	C
イ	A	C	B
ウ	B	A	C
エ	B	C	A
オ	C	A	B
カ	C	B	A

(2) ある都市のハザードマップを見て，凡例X～Zの範囲で被害が大きくなる可能性がある災害として正しい組み合わせを１つ選び，**ア**～**カ**の記号で答えなさい。

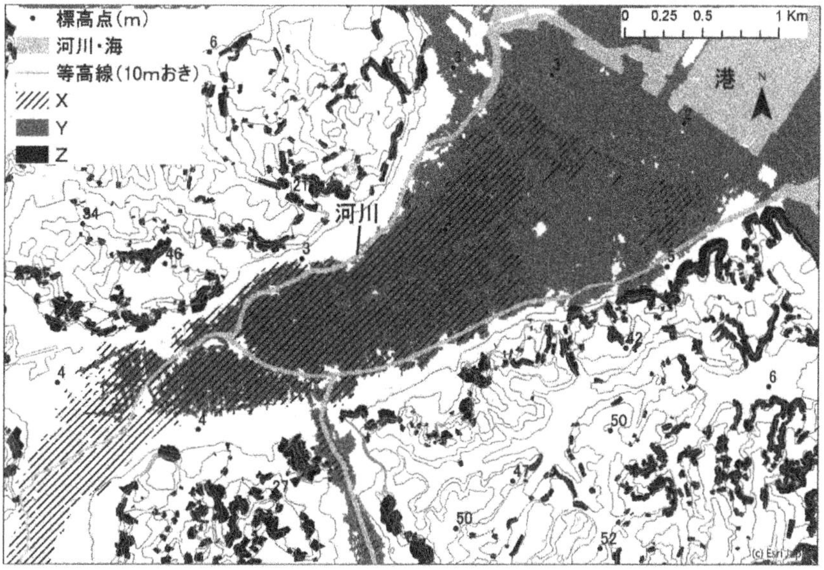

国土交通省『国土数値情報』より土砂災害危険箇所，洪水浸水想定区域，津波浸水想定データを利用。国土地理院『基盤地図情報』より等高線を抽出した。

	ア	イ	ウ	エ	オ	カ
洪水による浸水	X	X	Y	Y	Z	Z
津波による浸水	Y	Z	X	Z	X	Y
土砂災害	Z	Y	Z	X	Y	X

(3) 次の会話文はある家族が災害について話し合っているものである。災害への備えとして不十分な発言をしている人物を１人選び，**ア**～**エ**の記号で答えなさい。

ア （母） 災害といっても地震とか洪水とかいろいろあるから，避難場所はハザードマップで調べておこうと思う。

イ （父） 会社がある場所が港の近くだから大きな地震が起きた時は津波が心配。でもこの地域は平坦な場所が多いから頑丈なビルに避難するしかないと思う。

ウ （子） 家族の集合場所は分かりやすい方がいいから自宅にしようよ。それと何かあったらみんなお母さんのスマホに電話すればいいよね。

エ （祖母） 私はまだ歩けるけれど，となりのおばあちゃんは足が悪いから，安全なうちに早めに避難所に行くように言っておこう。

ア　私立中学校に行きたがっている俊介が、どうしたら負担の大きい受験をあきらめるかと考えている。

イ　サッカーと同様に勉強でも高い目標をかかげて挑戦《ちょうせん》しようとしている俊介を、頼もしく思っている。

ウ　家庭のことを気づかい、学費の安い国立の中学校を受験しようとする俊介に対して、感心している。

エ　叶いそうもない目標を立てた俊介を傷つけないように、その場をごまかして乗り切ろうと思っている。

問5　――線④「空気を切る力強さで話しかける」とありますが、

（Ⅰ）「空気を切る」とは、美音が何をしていることを表していますか。本文中から漢字二字で抜き出しなさい。

（Ⅱ）この時の美音の気持ちとして最も適当なものを、次のア～エの中から一つ選んで、記号で答えなさい。

ア　自分が学童保育に行かなくてはならないと知り、母親と離れ離れになることに強い不安を感じている。

イ　学童保育に行きたくない気持ちと、兄の受験を応援《おうえん》したい気持ちのどちらを優先すべきかなやんでいる。

ウ　兄が真剣に頼んでいるにもかかわらず、塾に行くことを決して認めない両親のことを残念に思っている。

エ　塾に通わせてほしいと泣きながら父に頼む兄を見て、自分も兄を後押ししようと必死になっている。

問6　――線⑤「涙を滲ませ」とありますが、この時の俊介の気持ちを、その気持ちになったいきさつもふくめて、七十字以内で説明しなさい。（、や。も一字とします）

「無理言ってごめん。浩一にはいつも感謝してる。あなたと結婚してから私、ずっと幸せだった……」

彼はファミリーレストランでアルバイトをしていた菜月を好きになってくれた人だ。仕事の帰りにほとんど毎日やって来て、メニューの中で一番安いナポリタンを食べていた。「ナポリタンお好きなんですね」と、ある夜、菜月がレジを打ちながら話しかけたら、「そうじゃなくて、あなたが好きなんです」と耳を真っ赤にして言ってくれた。

「なんだよ急に、子どもたちの前で……。それより俊介、入塾テストとやら、ちゃんと合格するんだぞ」

また泣き出した俊介が、俯《うつむ》いたままこくりと頷く。

浩一が俊介の頭をぽんぽんと軽く叩《たた》き、「じゃあおれ風呂《ふろ》入るよ。洗車したから体中ワックス臭《くさ》くてさ」とⓔ浴室へと歩いていく。時計を見るといつのまにか十時を過ぎていた。（藤岡陽子『金の角持つ子どもたち』）

注1　中退＝学校を卒業せずに、途中《とちゅう》でやめること。

注2　高卒認定試験＝高校を卒業していない人が、高校卒業と同等の資格を得るための試験。

注3　美談＝りっぱな話。すばらしい話。

注4　美音＝俊介の妹。幼稚園の年長。耳が不自由であり、相手の口の動きで言葉を判断したり、手話を使ったりして会話する。

注5　奨学金＝学費を支払うために借りるお金。

注6　ホップ＝俊介が学習のために受けている通信教育。

注7　大きい子どもの保育園＝小学校の学童保育施設《しせつ》のこと。美音は菜月と離《はな》れたくないため、そこに行くことを嫌《いや》がっていた。

注8　東駒＝東栄大学附属駒込中学校の略。

注9　プレゼン＝プレゼンテーションの略。意見や提案などを発表すること。

問1　〰〰線ⓐ～ⓔの漢字の読み方を、ひらがなで書きなさい。

問2　――線①「高校生だった私が犠牲になったこと」とありますが、これは具体的にどういうことを指していますか。十字以内で本文中から抜き出しなさい。

問3　――線②「夫婦の間に暗い色の大きな川が流れている」とありますが、これは菜月と浩一のどのような考えの違《ちが》いを表していますか。最も適当なものを、次のア～エの中から一つ選んで、記号で答えなさい。

ア　菜月は、私立の中学校に入らないと高校に進学するのは難しいと考えているが、浩一は、公立の中学校でも高校に進学できると考えている。

イ　菜月は、中学受験のために俊介にサッカーをやめさせようと考えているが、浩一は、受験勉強をしながらサッカーを続けさせようと考えている。

ウ　菜月は、俊介の希望通り中学受験をさせてあげたいと考えているが、浩一は、金銭的な理由から俊介の希望を叶えるのは無理だと考えている。

エ　菜月は、俊介が高校を卒業することを何より大切だと考えているが、浩一は、高校だけでなく大学まで卒業しないといけないと考えている。

問4　――線③「笑い出した」とありますが、この時の浩一はどのような気持ちだと考えられますか。最も適当なものを、次のア～エの中から一つ選んで、記号で答えなさい。

「お兄ちゃん、行きたい中学があるんだ」

俊介は泣き顔のまま美音に向かって口を動かす。美音はそんな兄の口元を食い入るように見つめている。

（じゃあ行ったらいいじゃん。お兄ちゃんの行きたい中学に、行ったらいいよ？）

「うん。いまお父さんに頼《たの》んでいるところなんだ。その中学に入るために、塾に行きたいって」

兄の言葉を一言も見逃《みのが》すまいと、美音が目を細めて俊介の顔を見つめていた。

美音は俊介の言葉に頷《うなず》くと、すぐに浩一のそばに近づいていきその腕《うで》をつかんだ。そして、

（お兄ちゃんを塾に行かせてあげて）

と④空気を切る力強さで話しかける。

「でもお兄ちゃんが塾に行くようになったら、美音は[注7]大きい子どもの保育園に行かないといけないんだぞ」

（どうして？）

「お兄ちゃんが塾に行くために、お母さんがお仕事しなきゃいけないんだよ」

俊介が声を押し殺して涙をこぼし続ける中で、浩一と美音の静かな会話が交わされる。美音はきつく唇を引き結び、（大丈夫《だいじょうぶ》）（美音、大きい子どもの保育園行く）（お母さんがお仕事してもいい）と小さな手を忙《いそが》しく動かし続ける。

浩一はしばらく子どもたちを交互《こうご》に見つめていたが、やがてパンフレットに視線を落とした。学費が記載《きさい》された箇所《かしょ》を凝視《ぎょうし》し、黙《だま》ったままなにかを考えこんでいる。

「なあ俊介、おまえはどうしてこの中学に行きたいんだ？」

パンフレットから視線を上げると、浩一が俊介に問いかけた。菜月も、俊介の横顔を見つめ答えを待つ。

「科学部に入りたいんだ。おれはこの学校で科学の勉強がしたい」

「科学部？　……ああこれか、『科学の甲子園』東京都大会優勝、全国大会の東京代表……かな。お父さんにはよくわからないけど、なんかすごそうだ」

「[注8]東駒の科学部は全国レベルだって倫太郎が言ってた」

「そうか。そういや俊介には夢があるんだよな」

「うん」

「どんな夢なんだ？　科学と関係あるのか」

「うん。でもいまは……言いたくない。夢が叶《かな》った時に話す」

「なんだそれ。それじゃ[注9]プレゼンにならないだろ」

言いながら、浩一は息を漏《も》らすように笑った。笑ってから覚悟《かくご》を決めたように小さく頷き、

「わかった。この東栄大学附属駒込中学なら受験してもいい。でももしここがだめだったら広綾中に行ってくれよ」

と俊介の肩に手を置く。大きな手のひらで肩をつかまれた俊介が、また⑤涙を滲《にじ》ませ、美音がその顔を心配そうにのぞきこむ。菜月はそんな家族の姿を目にしながら込《こ》み上げてくるものを必死に抑え、「浩一、ありがとう」と口にした。

「いや、そんな、改めて礼を言われることじゃないけど」

浩一が力の抜けた声で答える。

「何度も言ってるけど、受かったところで私立には行かせられないだろう?」
「うん……無理なのかもしれない」
でもね、と言った後、喉《のど》が詰《つ》まり菜月は唇《くちびる》を閉じた。感情を押《お》しとどめるために両目を固くつむり、浅い呼吸を繰《く》り返す。②夫婦の間に暗い色の大きな川が流れている。もう互《たが》いの声は届かない。そう思った時だった。
「お父さん」
よく通る明るい声が、ⓑ背後から聞こえてきた。自分の部屋にいた俊介が、いつのまにか扉《とびら》を開けて立っている。
「お父さん、これ見て」
真剣《しんけん》な表情で、俊介が手に持っていたⓒ冊子を浩一の前に差し出した。
「なんだこれ?」
「倫太郎が受験する中学校」
彼《かれ》に借りてきたのか、俊介が手にしていたのは中学校の入学案内パンフレットだった。光沢《こうたく》のある表紙には、レンガ造りの立派な校舎の写真が載《の》っている。
「東栄《とうえい》大学附属駒込《ふぞくこまごめ》中学校……。倫太郎くんはここ受けんのか」
「そう言ってた」
「難しいのか」
「うん、日本で一番難しいんだって。おれも、ここを目指したいんだ」
俊介が口元を引き締《し》めて真面目に答えると、浩一が「日本で一番難しいって、おまえ」と③笑い出した。嘲笑《あざわら》うのではなく、心底楽しそうな顔で大きく口を開けている。俊介がサッカーを始めてすぐの頃《ころ》に「ぼくは大人になったら日本代表選手になる」と宣言した時も、たしかこんな笑い方をしていたなと菜月は思い返す。
「お父さん、この学校は国立なんだ。だから学費がすごく安いんだ。倫太郎がそう言ってた」
俊介がパンフレットを指差し、浩一ににじり寄っていく。「国立」「学費が安い」と言われても、菜月にはピンとこなかった。たぶん浩一もそうだろう。
「倫太郎、この学校の入試問題っていうのを持っててさ、おれも見せてもらったんだ。むちゃくちゃ難しかった。なにが書いてあるのか、さっぱりわからなかった」
「だったらおまえ……」
「でもねお父さん、塾に行って一生懸命《けんめい》勉強すれば、その難しい問題も解けるようになるって倫太郎が言うんだ。学校やホップ[注6]では習えないことを、塾なら教えてくれるって」
お願いします、中学受験をさせてください、塾に行かせてください、おれはこの中学校しか受けない、それでだめだったら地元の広綾《こうりょう》中学に行くから、と俊介がⓓ切実な声を出し深く頭を下げる。
「なんだよ俊介、こんなことで男が頭下げるな」
浩一が俊介の肩《かた》に手を置き、丸めた背を起こそうとすると、裸足《はだし》の足先に涙のしずくがぽとりと落ちた。
「俊介……」
浩一が困ったように顔をしかめ、菜月のほうを見てくる。テレビの前で手話をしながら踊《おど》っていた美音が走り寄ってきて、(お兄ちゃんどうしたの?)と俊介の手を引っ張る。

問4　次の①～⑤の熟語の成り立ちとして最も適当なものを、後のア～オの中からそれぞれ一つずつ選んで、記号で答えなさい。

①　進退　②　再会　③　道路　④　町立　⑤　不安

ア　似た意味の漢字を組み合わせている。
イ　反対の意味の漢字を組み合わせている。
ウ　上の漢字が下の漢字の意味をくわしく説明している。
エ　上の漢字が下の漢字の意味を打ち消している。
オ　上の漢字が主語、下の漢字が述語になっている。

〔三〕　次の文章を読んで、後の各問いに答えなさい。

俊介《しゅんすけ》はサッカークラブに通う小学五年生である。地区の選抜《せんばつ》選手になるため練習に励《はげ》んでいた俊介だったが、選抜チームのメンバーに選ばれなかった。その後、俊介と同じようにメンバーに選ばれなかった同級生の倫太郎《りんたろう》が、中学受験をするためにクラブをやめて学習塾《じゅく》に入ることを知る。俊介もまた、サッカーをやめて中学受験をすることを決心し、両親に塾に行かせてくれるよう頼《たの》んだ。そこで、俊介の母親の菜月《なつき》は、俊介の受験について夫の浩一《こういち》と話し合いを始めた。

「私、これまでやりたいこと全部、諦《あきら》めてきたの。長女だから、弟がいるからって両親の言う通りにしてきた。それでも私、高校だけはやめたくなかった。いまになって高校を中退[注1]したことをすごく後悔《こうかい》してるの。やめた時はいつか高卒認定試験[注2]を受けようって思ってたけど、でも働き出したらそんなエネルギーどこにも残ってなくて……。私ね、自分が中学しか出てないってこと、浩一以外の人には言えてないの」

話しているうちに当時の悔《くや》しさが思い出され、両方の目から涙《なみだ》が溢《あふ》れた。「いまやめたら絶対に後悔します」そう言って何度も何度も自分の両親に頭を下げてくれた女性教師の横顔が、まぶたの裏に浮かぶ。

「菜月の過去のことは……おれにはどうにもしてやれないよ」

涙を見た浩一が、驚《おどろ》いた顔で呟《つぶや》く。この人にこんなことを言ってもしかたがない。そうは思っても、一度溢れ出した感情を抑《おさ》えることはできない。

「うちの親も弟たちも、私が……①高校生だった私が犠牲《ぎせい》になったこと、いまはすっかり忘れてるのよ。あの時のことはもうⓐ済んだこと、自分たちは家族で苦しい時代を乗り切ったんだって美談[注3]になってるの。でもね、私はいまも思ってる。どうしてあの時、私の両親は『自分たちのことはいいから』って言ってくれなかったのかなって。自分たちの暮らしより娘《むすめ》の未来を考えてくれなかったのかなって、そう思ってるの」

無理をしてほしかった。無理をしてでも私の未来を守ってほしかった。いま浩一と結婚《けっこん》して幸せな暮らしをしていて、でも時々、ほんのたまにだけれど、悔しくて泣きたくなることがあると菜月は打ち明けた。

自分たちの親世代ならともかく、いま自分の周りには中卒の人はほとんどいない。学歴差別をするつもりはないが、自分自身のこととして、学歴が中学で終わっていることを気にせずにはいられないのだと菜月は涙ながらに訴《うった》えた。

「菜月、なに言ってんの、おれは俊介が望むなら大学に行かせるつもりだよ。美音《みおん》[注4]も行きたいなら行けばいい。金が足りないなら奨学金《しょうがくきん》[注5]を借りて、学校を出てから本人たちが働いて返せばいいことだろ？　でも中学受験は無理だよ、やっぱ」

「無理？」

ウ　専門家たちが、全体のバランスを考えずに、自分の専門分野だけを発展させようとするおそれがあるから。

エ　ある知識だけを多く持っているということに満足できず、さまざまな分野に興味を持ち始めてしまうから。

問4　□に入れるのに最も適当な漢字二字の言葉を、本文中から抜き出しなさい。

問5　――線③「これが探究的な学びが高校までしっかり実施されなければならない理由です」とありますが、なぜ探究的な学びを高校までにしっかりと行う必要があるのですか。「探究的な学びをすることで、」という文頭に続けて、八十字以内で説明しなさい。（、や。も一字とします）

問6　次のア～オについて、本文の内容と合うものを二つ選んで、それぞれ記号で答えなさい。

ア　科学はそれぞれの分野に分かれて専門化していくものであり、科学によって成り立つ現代社会も専門性により分けられている。

イ　医師が建築についての知識を持ち、法律家が農業についての知識を持つことで、人々が助け合う社会を作っていくことができる。

ウ　医学部を受験しようとする生徒は、健康や生命や医療について考える前に、まずは受験に必要な科目を習得するべきである。

エ　科学は、断片的な知識を積み重ねていくことで、専門分野ごとに分けられた社会全体を調整するという役割を果たしている。

オ　大学受験のために勉強してきた人は、大学に入学した後、急に学ぶ意欲を失って挫折してしまったりするおそれがある。

〔二〕　次の各問いに答えなさい。

問1　次の①～⑤の文の――線部分の漢字はまちがっています。それぞれ正しい漢字に直しなさい。

①　祖父の心蔵の手術は無事に成功した。

②　中学生になったら行働範囲《はんい》が広がるだろう。

③　出板社の作文コンクールに応募《おうぼ》する。

④　祖母はテレビのフランス語構座で勉強している。

⑤　算数の成積が上がった。

問2　次のことわざや慣用句を含んだ①～⑤の文の□に入れるのに最も適当な言葉を、後のア～オの中からそれぞれ一つずつ選んで、記号で答えなさい。

①　部下の裏切りは飼い□に手をかまれるようなものだ。

②　同じサッカーチームの彼とは□が合う。

③　彼の人気は、飛ぶ□を落とす勢いだ。

④　渋滞《じゅうたい》のため、車の速度は□の歩みのようにゆっくりだ。

⑤　好きな映画の話になると、彼女は水を得た□のようだ。

ア　馬　イ　犬　ウ　牛　エ　鳥　オ　魚

問3　次の①～⑤の文の――線部分は、文法的にまちがった表現になっています。それぞれ（　）内の字数で文法的に正しく書き直しなさい。

①　私は、昨日、家族で動物園に出かける。（四字）

②　すばらしい音楽は、聴《き》く人々を感動する。（五字）

③　次の試合に勝つために決して部活動は休む。（四字）

④　来週はテストがあったので、家庭学習を頑張《がんば》って行った。（二字）

⑤　これは、宮沢賢治《みやざわけんじ》によって書いた大変有名な物語だ。（四字）

「生命とは何か」「医療《いりょう》は人にとってどういう意味を持つのか」といったことを考えさせ、レポート[注5]させているといいます。これは、受験用の知識だけを学ばせるのではなく、医学とは何かを広い視野から考え直させるためのものです。

なぜ、こういう授業をⓓモウけているかというと、難関の医学部に入ったのはいいけれど、入学後に医学を学ぶ意欲がわかずに、途中《とちゅう》で目的を見失ったり、挫折《ざせつ》してしまったりする人がかなりの数出てしまうからです。医学部に限らず、受験を目標として学んできた人は、大学に入学してから、突然《とつぜん》に学ぶ意欲を失いがちなのです。

学ぶことにおいて最も重要なのは、学ぶ意欲と動機をずっと持ち続けることです。学ぶことが、自分の人生に結びつき、社会のなかに位置づけられ、意味づけられることによって、はじめて人は学ぶ意欲を持てます。探究型の学習を高校ではもちろん、小中学校でも実施《じっし》すべきなのは、探究では、知識の全体性が見失われることなく学ぶことができるからです。科目・教科は、バラバラに学んだ後に総合されるべきではなく、最初から全体のなかに位置づけられながら学ばれるべきなのです。

大学での学びは、専門性を追求すると同時に、その分野の知識と他の分野の知識との結びつき、そして知識と社会との結びつきがとてもジュウシされます。大学での学びは、専門的であるとともに、横断的[注6]・総合的です。高校までで、その学びのための準備をしておいていただきたいのです。高校生で自分の将来像を明確にもてなくてもかまいませんし、職業についてⓔマヨいがあってもいいのです。ただ、探究的な学びをすることで自分の関心や興味の方向性、好きなことと苦手なことが見えてきます。これが大切なのです。

進学せずに、高校卒業後に就職を選ぶ人も多いでしょう。そうした人は、探究の時間がなかったら、知識の全体像が描《えが》けないままに社会に出ることになります。これは非常に心配な状態です。というのは、専門的な知識がどのように自分の人生に関わってくるのか理解しないままに人生を送ることになり、それを活用することもできなくなるからです。

③これが探究的な学びが高校までしっかり実施されなければならない理由です。

（河野哲也『問う方法・考える方法「探究型の学習」のために』）

注1　探究＝物事の本質などを研究し、見きわめようとすること。

注2　アンバランス＝つり合いがとれていないこと。

注3　エゴ＝「エゴイズム」の略。自分の利益だけを追求する考え方。

注4　倫理＝人間としての生き方や道徳を学ぶ科目。

注5　レポート＝調査・研究などの成果を報告すること。

注6　横断的＝分野のちがいを越《こ》えてつながっている様子。

問1　〰〰線ⓐ～ⓔのカタカナを漢字に直しなさい。

問2　――線①「この学びの順序」とは、どのような順序のことですか。解答らんに合うように本文中から六十字で抜《ぬ》き出し、最初と最後の四字をそれぞれ書きなさい。（、や。も一字とします）

問3　――線②「これは危険な断片化です」とありますが、専門化が進みすぎるとなぜ危険なのですか。その理由として最も適当ではないものを、次のア～エの中から一つ選んで、記号で答えなさい。

ア　ある知識をどれだけ持っているかという基準によって、専門家と素人の間に序列が生まれてしまうから。

イ　専門家たちが、自分の専門ではない分野については、まったくわからないという状態になってしまうから。

【国　語】〈五〇分〉〈満点：一〇〇点〉

〔一〕 **次の文章を読んで、後の各問いに答えなさい。**

なぜ、探究[注1]的・総合的な学びを小学校から始める必要があるのでしょうか。

これまでの学校での勉強の仕方には、ある「前提」がありました。それは、教科別に学ぶことからはじめて、そのそれぞれの分野を後で総合することで、自分の人生や社会での生活に知識や技術を活《い》かしていくという学びの順序です。別々の教科から学んで、総合する。別々の教科を学んだ人が、あとで共同することがⓐソウテイされています。しかし①この学びの順序は正しいでしょうか。

現代社会は、科学によって成り立っている社会です。科学は、「科目」、すなわち分野に分かれた知識ですから、専門化していきます。この専門化こそが科学を正確で厳密な知識にしているのですが、他方で、この傾《けい》向《こう》には大きな問題点もあります。それは、専門化が進みすぎてしまい、分野間で相互《そうご》に理解できなくなることです。

②これは危険な断片化《だんぺんか》です。世界の一部の断片だけをよく知っていても、全体が見失われてしまうならば、どれほどの意味があるでしょう。身体の腸の働きの一部がよくわかっても、健康とは何なのか、身体をいたわるとは何なのかを考えなければ、そこで得た知識はどれほど重要でしょうか。科学がそれぞれの分野でバラバラに進んでしまうと、専門家たちも他の分野がまったくわからなくなってしまいます。科学者も自分の専門以外は、まったくの素人《しろうと》です。医者は建築については何も知らず、法律家は農作物のⓑヒリョウの効果についてはまったく知りません。

科学の専門化に対応するように、私たちの社会も専門性によって分けられています。分けられても誰《だれ》かが全体を調整できればいいのですが、その役割はどの学問が担当するのでしょうか。いったいだれが担当するのでしょうか。

さらに、ある分野の知識をどれだけ獲得《かくとく》したかで、専門家と素人の序列が生じてきて、素人は専門家に従うしかなくなります。専門性がⓒジュウシされる社会では、専門家が優位になり、自分の分野を発展させようとします。しかし、全体が見えないままに自分たちの分野だけの発展を望めば、社会に大きなアンバランス[注2]が生まれてしまいます。場合によっては、社会の利益を犠牲《ぎせい》にして、自分たちのグループだけの繁栄《はんえい》を願う分野エゴ[注3]、組織エゴに陥《おちい》る場合さえあります。

全体が見失われると、社会が分断されるだけではありません。教育を受ける児童・生徒の立場に立てば、それぞれの科目が何の役に立つのか、これを学んでおくことが自分の人生とどうつながるかがわからないままに学年が進むことになります。そうすると、その科目を学ぶ意欲が失われていっても不思議ではありません。最終的には勉強する目的も、受験以外にはなくなっていくでしょう。

中学生になるとよく生徒が「これを勉強すると何のためになるのか」という疑問をしばしば持つようになりますが、それは、知識と社会の関わりについての□像がないままに学び続けることへの抗議《こうぎ》なのです。

ある高校では、医学部受験を志望する生徒に、受験に必要な科目だけではなく、倫理《りんり》[注4]や社会などの時間を使って、「健康とはどういうことか」

MEMO

大切なことはメモしておこうネ！

T·G

2023年度

解　答　と　解　説

《2023年度の配点は解答欄に掲載してあります。》

＜算数解答＞

1　(1)　95　　(2)　$\frac{23}{24}$　　(3)　8　　(4)　37人　　(5)　45ページ
　(6)　面⑥　　(7)　75度　　(8)　112cm^2

2　(1)　分速80m　　(2)　9時15分　　(3)　2000m
　(4)　ウ　9時45分　　エ　3600m　　(求め方)　解説参照

3　(1)　17cm　　(2)　151cm　　(3)　158.5cm　　(求め方)　解説参照
　(4)　①　141cm　　②　151cm，156cm　　(求め方)　解説参照

4　(1)　81個　　(2)　16個　　(3)　150個

○配点○

1　各5点×8　　2　(4)ウ・エ　各2点×2　　他　各4点×4
3　(3)・(4)②　各6点×2　　他　各4点×3
4　(3)　6点　　他　各5点×2　　　計100点

＜算数解説＞

基本 1　**(四則計算，数列，割合，展開図，角度，表面積)**

(1)　120－25＝95

(2)　$\frac{21}{24}+\frac{20}{24}-\frac{18}{24}=\frac{23}{24}$

(3)　$\frac{20}{11}$＝20÷11＝1.81818…　だから，小数第5位の数は8である。

(4)　1番から72番までの72人のうち，A室に入室した35人を除けばよいから，B室に入室した人は72－35＝37(人)である。

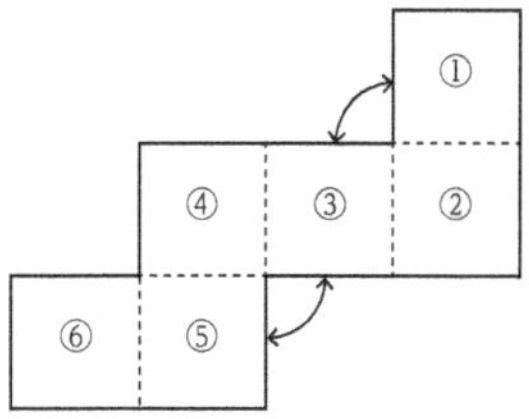

(5)　1日目に読み終わった後の残りは$120\times\left(1-\frac{3}{8}\right)$＝75(ページ)だから，2日目に読み終わった後の残りは$75\times\left(1-\frac{2}{5}\right)$＝45(ページ)である。

(6)　展開図を組み立てたとき，面③の辺と重なる辺は右のようになるから，向かい合う面は，面⑥である。

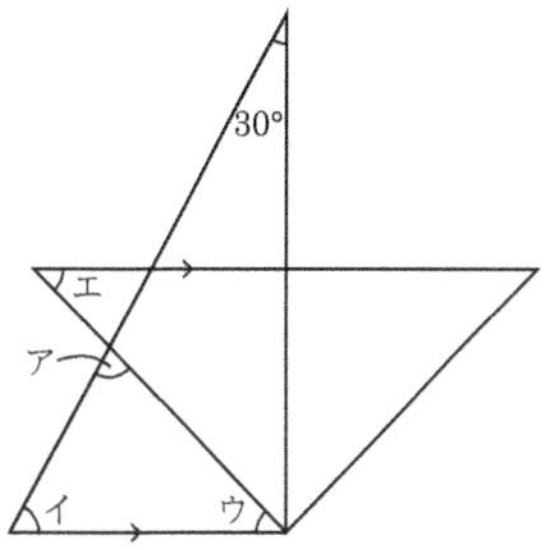

(7)　右の図のように，角度をイ，ウ，エとする。イ＝60度　ウとエは平行線のさっ角だから，ウ＝エ＝45度　よって，アの角度は180－(60＋45)＝75(度)である。

(8)　上下から見える面の面積は4×4×2＝32(cm^2)　前後，左右から見える面の面積は(2×2＋4×4)×4＝80(cm^2)　よっ

て，表面積全体は32＋80＝112(cm²)である。

2 (速さ，旅人算，グラフ)

(1) 10分で800m進んでいるから，速さは分速800÷10＝80(m)である。

重要 (2) 姉が家に戻るのにかかった時間は800÷160＝5(分)だから，アは9時10分＋5分＝9時15分である。

重要 (3) 弟が25分間に進んだ距離だから，80×25＝2000(m)である。

やや難 (4) 9時25分には姉と弟は2000mはなれている。姉が家を出発すると，2人の間の距離は1分間に180－80＝100(m)ずつ縮まっていくから，2000÷100＝20(分)後に姉は弟に追いつく。よって，ウは9時25分＋20分＝9時45分である。弟は家から図書館まで行くのに，分速80mで45分歩いたことになるから，エは80×45＝3600(m)である。

3 (平均算)

(1) BさんとCさんとの差だから，160－143＝17(cm)である。

(2) (149＋160＋143＋152)÷4＝151(cm)

重要 (3) Aさん，Bさん，Cさん，Dさん，Eさん5人の身長の合計は152.5×5＝762.5(cm)　Aさん，Bさん，Cさん，Dさん4人の身長の合計は149＋160＋143＋152＝604(cm)よって，Eさんの身長は762.5－604＝158.5(cm)である。

重要 (4) ① Aさん，Bさん，Cさん，Dさん，Fさん5人の身長の合計は149×5＝745(cm)　Aさん，Bさん，Cさん，Dさん4人の身長の合計は604cmだから，Fさんの身長は745－604＝141(cm)である。

やや難 ② 3番目がAさんでない場合の5人の身長の順位は右の(ア)(イ)(ウ)が考えられる。(ア)の場合，Fさんの身長はAさん，Bさん，Cさん，Dさん4人の身長の平均と等しいから，151cmである。(イ)(ウ)の場合，5人の身長の合計は152×5＝760(cm)　Aさん，Bさん，Cさん，Dさん4人の身長の合計は604cmだから，Fさんの身長は760－604＝156(cm)である。(ア)と(イ)(ウ)どちらの場合も5人の身長はすべて異なるから，Fさんの身長は151cmと156cmが考えられる。

	(ア)	(イ)	(ウ)
1番	B	B	Ⓕ
2番	D	Ⓕ	B
(平均)3番	Ⓕ	D	D
4番	A	A	A
5番	C	C	C

→ ウ(100%)

4 (規則性)

(1) 白い三角形の個数は，③の操作を行うと3倍になる。よって，4番目の図では27×3＝81(個)になる。

(2) 【手順】①でかいた三角形の1辺に並ぶ白い三角形の個数は，③の操作を行うと2倍になる。よって，4番目の図では8×2＝16(個)になる。

やや難 (3) (1)より，5番目の図における白い三角形の個数は81×3＝243(個)　(2)より，「1」が書かれた三角形の個数は3個，【手順】①でかいた三角形の1辺に並ぶ白い三角形の個数は16×2＝32(個)だから，「2」が書かれた三角形の個数は(32－2)×3＝90(個)　よって，「3」が書かれた三角形の個数は243－(3＋90)＝150(個)である。

★ワンポイントアドバイス★

2では問題文を何度も読み返すことがないよう，情報をすべてグラフに書きこもう。また，自ら求めた数値も書き加えて，すべての情報を使って考えられるようにしよう。

＜理科解答＞

1 (1) A イ　B オ　C ア　D エ　E ウ　(2) ① 当たらない
② 低い　③ 左側　④ に近づけて　⑤ 遠ざける　⑥ 15　⑦ 40
(3) ⑧ 600　(4) キ ミカヅキモ　ク ミジンコ　ケ ゾウリムシ
コ ミドリムシ　(5) ク　(6) キ，コ　(7) d　(8) バイオマス

2 (1) ウ　(2) イ，エ
(3) 右図　(4) 空気
(5) ア　(6) ウ
(7) 過酸化水素水
(8) ① はげしく燃える
② 減る

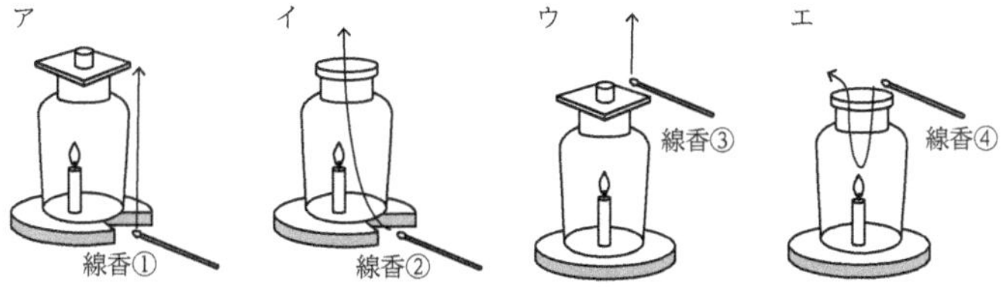

3 (1) ① カ　② エ　③ ア　(2) a イ　b ア　c ウ
(3) ① ア　② イ　(4) ③ クレーター　(5) d→a→c→b　(6) イ
(7) (新月) G　(満月) C　(8) (時刻) ウ　(月の形) エ

4 (1) ウ　(2) 光　(3) ① 1320　② 21　(4) 大きくなる　(5) 57
(6) イ　(7) エ

○配点○

1 (1)・(2)・(4) 各1点×16　他 各2点×6　2 各2点×12((2)完答)
3 (1)・(2) 各1点×6　他 各2点×9　4 各3点×8　計100点

＜理科解説＞

1 (生物総合)

基本 (1) Aはステージを上下する「調節ねじ」，Bは対物レンズを切り替える「レボルバー」，Cは「対物レンズ」，Dはプレパラートを置く「ステージ」，Eは光を集めて視野を明るくする「反射鏡」である。

(2) 直射日光では光が強すぎるので，直射日光が「当たらない」明るい場所に置き，低倍率の接眼レンズを使う。反射鏡の向きを調節して視野の明るさを調節する。顕微鏡で見える像は上下左右反対なので中央に移動したい場合は反対向きの左側にプレパラートに移動する。ピントを合わせるときは対物レンズをプレパラートに近づけてから，遠ざけながらピントを合わせる。高倍率で観察するには接眼レンズと対物レンズともに高倍率のレンズを使用する。

重要 (3) 倍率は接眼レンズの倍率と対物レンズの倍率の積になるので，15×40＝600(倍)となる。

基本 (4) キはミカヅキモ，クは多細胞生物のミジンコ，ケは単細胞生物のゾウリムシ，コは光合成をすることができるミドリムシである。

(5) クのミジンコは甲殻類で1mm程度の大きさである。

(6) 光合成をおこなうことができるのはミカヅキモと植物と動物の両方の性質を持つミドリムシである。ミジンコとゾウリムシは動物プランクトンで光合成はできない。

(7) 植物プランクトン→動物プランクトン，小型の動物プランクトン→大型の動物プランクトンの関係になるので，ミドリムシ→ミジンコのdが正解となる。

(8) トウモロコシやミドリムシなどの生物資源からつくる燃料をバイオマス燃料という。

2 （物質と変化－燃焼）

基本 (1)　空気の流れのないウが最も早く消える。

(2)　蓋をしているとろうそくの炎によってあたためられた空気が上昇できず，新しい空気が入ってこないので，アとウは消えてしまう。

やや難 (3)　アとウはふたをしているので空気の流れがない。イはビンの底から空気が入る流れがあり，エはろうそくのある中央に上昇気流ができ，その周りに下降気流ができるので，右図のようになる。

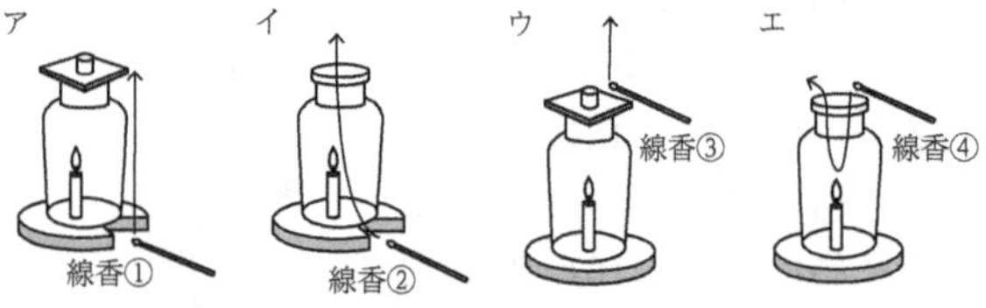

(4)　物が燃え続けるためには新しい空気が必要なので，空気の流れが必要である。

(5)　まきによってあたためられた空気は上昇するので，かんの下からの空気の流れが必要なのでアである。

(6)　新しい空気が入るようにするためなのでウである。

基本 (7)　二酸化マンガンを触媒として「過酸化水素水」を分解すると酸素が発生する。

やや難 (8)　①　酸素の多い空気の中で物を燃やすと激しく燃える。　②　スチールウール(鉄)＋酸素→酸化鉄という反応のためびんの中の酸素が減少する分水面の位置が上がる。

3 （天体・気象・地形－星と星座）

基本 (1)　夏の大三角形の①ははくちょう座のデネブ，②はこと座のベガ，③はわし座のアルタイルである。

(2)　南の方角を向いた時の星座の動きは右図のように，東からのぼり，南を通り，西に沈む。

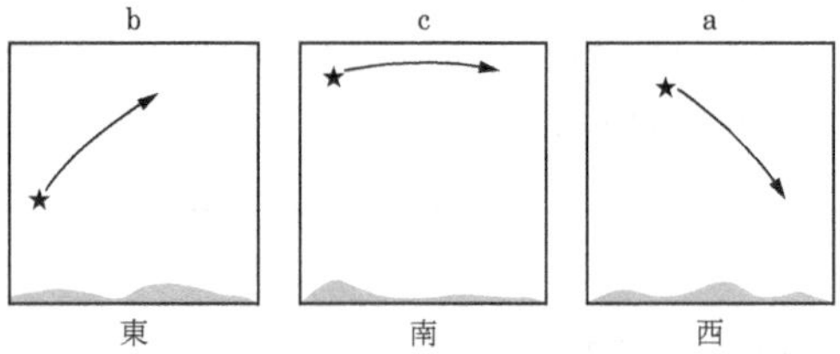

(3)　月の日周運動も(2)の星座の日周運動と同様で，東からのぼり西に沈む。

基本 (4)　月のくぼみは，クレーターである。

(5)　円が一番上にあるbが最も新しく，一番下にあるdが最も古い。

基本 (6)　月は太陽の光を反射して光って見える。

重要 (7)　月が太陽側にあるGのときに新月，月が地球をはさんで太陽との反対側にあるCが満月である。

(8)　日が西にあることから時刻は夕方で，月が太陽と反対の東にあるので満月である。

4 （熱・光・音－光の性質・音の性質）

基本 (1)　光の速さは秒速約30万km，音の速さは秒速約340mなので，稲妻の光はすぐ届き，音は遅れて聞こえる。

(2)　伝わる速さが速いのは光である。

(3)　①　22×60＝1320(秒)である。　②　2億7600万÷1320＝20.9より，秒速21万kmである。

(4)　同じ時間に進む距離が大きくなるので大きくなる。

(5)　17.2÷30万＝0.0000573…となり，およそ100万分の57秒となる。

やや難 (6)　実験が失敗した理由は，「光の速さが速すぎる」ため，時間を正確に測れないことが原因である。

(7)　距離が大きければ，時間も大きくなるので光の速さがより正確に測定できると考えた。

★ワンポイントアドバイス★

時間は50分あるので，落ち着いて問題文を読んで考えることができる。典型的な問題が多いが，記述問題や問題文から考える問題もある。長文の記述はないので，基本的な問題をしっかり正解しよう。

＜社会解答＞

[1] 問1 エ　問2 中大兄皇子　問3 (1) 大陸の進んだ政治のしくみや文化を学ぶため。
(2) 国分寺　問4 ア　問5 ア　問6 御家人　問7 北条時宗　問8 書院造
問9 (1) ウ　(2) キリスト教　問10 イ　問11 (1) イ　(2) エ
問12 ア

[2] 問1 イ　問2 ウ　問3 五箇条の御誓文　問4 ア　問5 エ　問6 ウ
問7 エ　問8 全国水平社　問9 ウ　問10 イ　問11 (1) 配給制
(2) 8月15日　問12 11月3日　問13 9(年間)　問14 安全保障
問15 所得倍増　問16 ア　問17 エ　問18 ⑩

[3] 問1 18　問2 ア・ウ　問3 エ　問4 (1) ウ　(2) ウ　問5 非核三原則
問6 ウ・オ　問7 違憲審査権　問8 ウ

[4] 問1 エ　問2 エ　問3 ウ　問4 エ　問5 ア　問6 連合　問7 エ

[5] 問1 ウ　問2 エ　問3 関税[規制]をなくし，貿易を活発にすること。
問4 排他的経済水域　問5 ア　問6 本初子午線　問7 化石(燃料)　問8 ウ
問9 竹島　問10 ウ　問11 バングラデシュ　問12 ウ　問13 ア　問14 ア
問15 ソウル　問16 ウ　問17 イ　問18 リアス(海岸)　問19 エ
問20 メディア[マス・メディア]

[6] 問1 (1) ドル　(2) ウ・エ　問2 (1) 紛争中のウクライナや経済制裁を受けているロシアからの食料が届かないから。[日本は食料自給率が低く，輸入に頼っているから。／原油価格が高くなり，食料の輸送費用が上がったから。] (2) (サウジアラビアやロシアなど)特定の地域からの輸入量が多い。 (3) イ　問3 (1) ア　(2) ア　(3) ウ

○推定配点○

[1] 問3(1)・問4・問6・問10・問12　各2点×5　他　各1点×10
[2] 問18　2点　他　各1点×18　[3] 各1点×11
[4] 問4・問7　各2点×2　他　各1点×5　[5] 問3・問4　各2点×2　他　各1点×18
[6] 各2点×9　計100点

＜社会解説＞

[1] **(日本の歴史ー古代から近世までの戦乱史)**

基本　問1　青森県にある三内丸山遺跡(縄文時代)，静岡県にある登呂遺跡(弥生時代)，奈良県にある唐古遺跡(弥生時代)も併せておさえておきたい。

問2　中大兄皇子はのちの天智天皇である。

重要 問3 (1) 遣唐使の使節団は，大使・副使・判官・録事から構成され，留学生や留学僧を伴って，多い時には500人程度の規模にもなった。 (2) 国分寺の建立は，留学僧の玄昉の進言によってなされ，中国の制度を模範とした。

問4 菅原道真の進言によって遣唐使が廃止された(894年)が，国風文化はその後に栄えていった。

問5 平治の乱で，平清盛率いる平氏側が源義朝率いる源氏側に勝利し，その後，平氏の全盛期を迎えた。

問6 主君から所領や役職が与えられるなどの「御恩」を受けた御家人は，主君に対して「奉公」をもって報いる義務があった。

基本 問7 北条時宗は8代執権である。

問8 書院造は寝殿造から発展したものである。

問9 (1) 長篠の戦いの2年前の1573年に，織田信長は15代将軍の足利義昭を追放し，室町幕府は滅亡していた。 (2) フランシスコ＝ザビエルは日本に初めてキリスト教を伝えたイスパニア人で，イエズス会の宣教師であり，1549年に鹿児島に来航した。

問10 太閤検地により，一地一作人の原則が確立し，従来の荘園制が廃止された。

問11 (1) 朝廷に対しては，禁中並公家諸法度を制定した。 (2) アは日本地図を作成した測量家，イは反乱を起こした陽明学者で，ウは「解体新書」の訳者の蘭学者である。

問12 ア 「中国との貿易が禁じられた」が誤りである。

2 (日本の歴史ー幕末から現代までの総合問題)

問1 浦賀は神奈川県横須賀市にあり，三浦半島の東端に位置している。

基本 問2 アは5代将軍，イは8代将軍，エは江戸時代前期の水戸藩主である。

問3 同じく1868年に，民衆統制の基本方針を示した五榜の掲示も発布された。

問4 イは1873年に，エは1871年に制定された。ウは近代化に向けたスローガンである。

問5 自由党と並ぶ明治前期の政党である立憲改進党は大隈重信らによって結成された。

問6 幕末に欧米列強と締結した不平等条約の改正は明治政府の課題であったが，1894年に領事裁判権が撤廃され，1911年に関税自主権が回復した。

重要 問7 遼東半島については三国干渉によって中国に返還された。

問8 全国水平社は西光万吉や阪本清一郎らを中心に設立された。

問9 婦人参政権は第二次世界大戦後に認められた。

問10 日本は溥儀を執政として満州国を樹立したが，国際的に認められずに国際連盟を脱退した。その後日本は孤立を深めて，第二次世界大戦につながっていった。

問11 (1) 配給制は，物資の供給を政府など公的機関が一元的に行う制度である。 (2) ポツダム宣言受諾の直前の1945年8月6日に広島に，8月9日に長崎に原爆が投下された。

基本 問12 11月3日は現在の「文化の日」である。

問13 小学校6年間，中学校3年間の計9年間となり，現在まで続いている。

問14 日米安全保障条約は1960年に岸信介内閣のもとで，改定された。

問15 国民所得倍増計画は池田隼人内閣によって出された。

問16 ラグビーのワールドカップは2019年に日本で開催された。

重要 問17 日本はロシアとの間で北方四島，韓国との間で竹島についての領土問題をかかえている。

問18 昭和時代は「1926年～1989年」である。

3 (政治ー日本の政治のしくみ)

重要 問1 いわゆる「若者の政治離れ」の是正も背景の一つにある。

重要 問2 飲酒・喫煙は20歳からである。また選挙に立候補する権利のことを「被選挙権」という。

問3　小選挙区制では，いわゆる「死票」が多く発生する傾向があり，大きな政党に有利となる。
問4　(1)　最高裁判所長官は天皇が任命し，その他の裁判官は内閣が任命する。　(2)　弾劾裁判権を持っているのは国会である。
問5　非核三原則は佐藤栄作によって提唱された。
問6　基本的人権は公共の福祉に反しない限りにおいて認められているものであり，無制限に認められているものではない。
問7　裁判所の違憲審査権については日本国憲法81条で明記されている。
問8　ア　猫太は正しい判断ができるか不安に思っている。　イ　「何事もうまくいく」が不適。エ　「自分が一番だと思っている」が不適。

4　(政治ー国際分野)

基本　問1　バイデン政権は民主党政権である。
問2　エ　ケベック州はカナダに位置する。
問3　ウ　イスラム教の女性の説明となっているが，アメリカ合衆国のイスラム教徒の割合は2%程度である。
基本　問4　エ　ハングルを使用しているのは韓国・北朝鮮であるので不適。
問5　中華人民共和国は毛沢東による建国時以来，共産党による一党支配体制となっている。
問6　EUはECが発展した組織である。
問7　エ　ユネスコは国際連合の機関である。

5　(地理ー世界と日本の地形・産業)

問1　アはブラジル，イはスペイン，エはサウジアラビアの国旗である。
基本　問2　カナダとメキシコは北米大陸にある。
重要　問3　アメリカはTPPから離脱している。
問4　領海は基本的に海岸線から12海里とされている。
問5　ア　天然林ではなく人工林である。
問6　本初子午線は，ロンドンの旧グリニッジ天文台を通っている。
重要　問7　石炭・石油・天然ガス等の化石燃料は国際的な「脱炭素」の風潮のなかで，削減が求めれれている。
問8　小麦・米・とうもろこしは，「世界三大作物」といわれている。
問9　竹島は島根県の隠岐諸島北西にある日本海の孤島である。
問10　日本の国土面積の約3分の2が森林となっている。
重要　問11　人口密度は人口÷面積で求まる。
問12　日本アルプスは，飛騨山脈・木曽山脈・赤石山脈からなる。
問13　イは冷帯，ウは熱帯の雨温図である。
問14　イは宮城県，ウは新潟県，エは秋田県の銘柄米である。
問15　ソウルは漢江の約60km上流にある水陸交通の要であり，古来より栄えていた。
問16　ウ　「内陸部」ではなく「沿岸部」である。
問17　アは北大西洋条約機構，ウは国連児童基金，エは石油輸出国機構の略称である。
問18　三重県志摩半島の英虞湾もリアス海岸で有名である。
基本　問19　エ　香川県の県庁所在地は高松市である。
問20　昨今の情報化社会において，各種メディアからの情報を適切に処理する「メディアリテラシー」が求められている。

6 **(総合問題―為替・食料・エネルギー・地形図)**

問1　(1)　中国の「人民元」も国際的に台頭してきている。　(2)　日本は円安の時に輸出が有利となり，円高の時に輸入が有利となる。

重要　問2　(1)　2023年3月現在で，ロシアによるウクライナ侵攻から1年が過ぎているが，終息の道筋は見えていない状況である。　(2)　日本とドイツは，原油の輸入先をより分散させることが望ましい。　(3)　アは風力発電，ウは地熱発電，エは太陽光発電の説明となる。

問3　(1)　「畑」「果樹園」の地図記号に注目して，解答を判別したい。　(2)　「洪水」は河川の流域，「津波」は沿岸部でより警戒する必要がある。　(3)　集合場所を「わかりやすい」という理由で自宅にしたり，母親のスマホへの電話に連絡手段を集中してしまっている点が不十分である。

★ワンポイントアドバイス★

本校の問題は設問数が多く，記述問題も出題されるので，時間配分を意識した実践トレーニングをしっかりするようにしよう。

＜国語解答＞

〔一〕　問1　ⓐ　想定　ⓑ　肥料　ⓒ　重視　ⓓ　設　ⓔ　迷
問2　教科別に(～)していく　問3　エ　問4　全体
問5　(例)　自分の関心や興味の方向性などを知ることができ，また，専門的な知識がどのように自分の人生に関わってくるのかを理解し，それを活用することができるようになるから。(78字)　問6　ア・オ

〔二〕　問1　①　臓　②　動　③　版　④　講　⑤　績
問2　①　イ　②　ア　③　エ　④　ウ　⑤　オ
問3　①　出かけた　②　感動させる　③　休まない　④　ある　⑤　書かれた
問4　①　イ　②　ウ　③　ア　④　オ　⑤　エ

〔三〕　問1　ⓐ　す　ⓑ　はいご　ⓒ　さっし　ⓓ　せつじつ　ⓔ　よくしつ
問2　高校を中退したこと　問3　ウ　問4　イ　問5　Ⅰ　手話　Ⅱ　エ
問6　(例)　俊介が中学を受験することに賛成していなかった父が，俊介の思いを理解し，受験することを許してくれたため，安心するとともにうれしく思っている。(69字)

○配点○
〔一〕　問3・問4・問6　各5点×4　問5　8点　他　各2点×7　〔二〕　各1点×20
〔三〕　問1　各1点×5　問6　8点　他　各5点×5　計100点

＜国語解説＞

〔一〕　(論説文―漢字の書き，接続語，内容理解，空欄補充，要旨)

基本　問1　ⓐ　「想定」は，ある一定の状況や条件を仮に想い描くこと。　ⓑ　「肥」の「巴」の部分の

形に注意。　ⓒ「重視」は，ある事柄を，重大なこととして重く見ること。　ⓓ「設ける」は，設置する，という意味。　ⓔ「迷」には「メイ」という音読みもある。熟語に「迷惑・低迷」など。

問2　どのような「順序」か，指示語の指している内容を前からとらえる。

問3　――線①を含む段落とそのあとの二つの段落から，「断片化」の弊害をとらえる。エの内容は述べられていない。

問4　直前の段落の「全体像が見失われると，……教育を受ける児童・生徒の立場に立てば，……どうつながるかがわからないままに学年が進むことになります」という内容に合う言葉を考える。

やや難　問5　「探求」「探求的な学び」という言葉が出てくる部分に注目して，解答をまとめる。最後から二つめの段落の「探求的な学びをすることで自分の関心や興味の方向性，好きなことと苦手なことが見えてきます。これが大切なのです」や，最後の段落の「探求の時間がなかったら，……心配な状態です。というのは，専門的な知識……理解しないままに人生を送ることになり，それを活用することもできなくなるからです」という内容に注目。

重要　問6　アは，文章中の第二段落の「現代社会は，科学によって成り立っている社会です。……専門家していきます」という内容に合致している。オは，終わりから四つめの段落の「受験を目標として学んできた人は，大学に入学してから，突然に学ぶ意欲を失いがちなのです」という内容に合致している。

〔二〕（似た漢字，慣用句，言葉の用法，二字熟語の構成）

基本　問1　①「心臓・臓器」の「臓」と，「蔵書・貯蔵」の「蔵」を区別する。　②「行動・動作」の「動」と，「労働」の「働」を区別する。　③「出版・版画」の「版」と，「黒板・鉄板」の「板」を区別する。　④「講座・講堂」の「講」と，「構造・構内」の「構」を区別する。　⑤「成績・業績」の「績」と，「面積・積雪」の「積」を区別する。

問2　①「飼い犬に手をかまれる」は，恩を与えた者から思いがけず害を受けること。　②「馬が合う」は，気が合う，という意味。　③「飛ぶ鳥を落とす勢い」は，威勢の盛んな様子。　④「牛の歩み」は，進みの遅いことのたとえ。　⑤「水を得た魚のよう」は，自由に活動できる場を得ていきいきとしている様子。

問3　①　文に「昨日」とあるので，「出かける」を「出かけた」にする。　②「音楽は――感動させる」というつながりにする。　③「決して――ない」というつながりにする。　④　文に「来週は」とあるので，「あった」を「ある」にする。　⑤　文に「宮沢賢治によって」とあるので，受け身の言い方にする。

問4　①「進む」と「退く」は反対の意味。　②　再び会う，という意味。　③「道」と「路」はどちらも「みち」を表している。　④　町が立てる，という意味。　⑤「安」の意味を「不」が打ち消している。

〔三〕（小説―漢字の読み，内容理解，心情理解，主題）

問1　ⓐ「済」には「サイ」という音読みもある。熟語に「決済・経済」など。　ⓑ「背後」は，うしろ，という意味。　ⓒ「冊子」は，書いたものや印刷したものをとじたもの。　ⓓ「切実」は，身に直接さし迫って来ること。　ⓔ「浴室」は，ふろばのこと。

問2　文章の冒頭の菜月の会話文から，菜月が言う「犠牲」の内容をとらえる。

重要　問3　俊介に中学受験をさせたい菜月に対して，浩一は経済的な理由から，「中学受験は無理だよ」「受かったところで私立には行かせられないだろう？」と言っている。

問4　直後の二つの文に注目。俊介の「日本で一番難しい」中学を受験したいという言葉には，俊介がサッカーを始めた頃に「日本代表選手になる」と言ったのと同じ，高い目標をかかげる気持ちが表れている。この気持ちに浩一は好感をもっているのである。

問5　Ⅰ　前に「テレビの前で手話をしながら踊っていた美音が……」とあることに注目。

Ⅱ　俊介の様子を「食い入るように見つめていた」美音は，兄の気持ちと周囲の状況を理解し，兄の願いがかなえられるよう，必死の思いになっている。

やや難　問6　問3で考えたように，浩一は初め，俊介の中学受験に賛成していなかった。しかしその後，浩一は俊介の気持ちを理解し，中学受験を許した。このいきさつをとらえ，俊介の「涙」に表れたうれしさや，安心の気持ちをとらえる。

★ワンポイントアドバイス★

読解では記述問題が複数出題されており，内容をしっかりおさえたうえで，自分の言葉で説明する力が求められる。知識を正確に身につけ，文章を要約する力を蓄えよう。慣用句などの語句や熟語の知識を問う問題も出題されている。

2022年度

★★★★★★★★★★★★★★★★★★★★★★★

入　試　問　題

2022年度

清真学園中学校入試問題

【算　数】（50分）〈満点：100点〉

1　次の□にあてはまる数を答えなさい。ただし，円周率は3.14とします。

(1)　$11\times5-10\div2\times5=$□

(2)　$2022\div$□$=505$ あまり 2

(3)　$4\frac{1}{2}\times\frac{2}{5}+\frac{3}{5}-\frac{3}{4}=$□

(4)　$2\frac{1}{4}\div\frac{3}{8}-1.6\times3.75=$□

(5)　赤玉と白玉があわせて33個あります。赤玉が白玉より13個少ないとき，白玉の個数は□個です。

(6)　10円玉が4枚，50円玉が1枚，100円玉が3枚あります。これら8枚の中から1枚以上を使って，ちょうど支払うことのできる金額は□通りあります。

(7)　下の図は，1辺の長さが等しい正三角形と正方形を組み合わせたものです。角アの大きさは□度です。

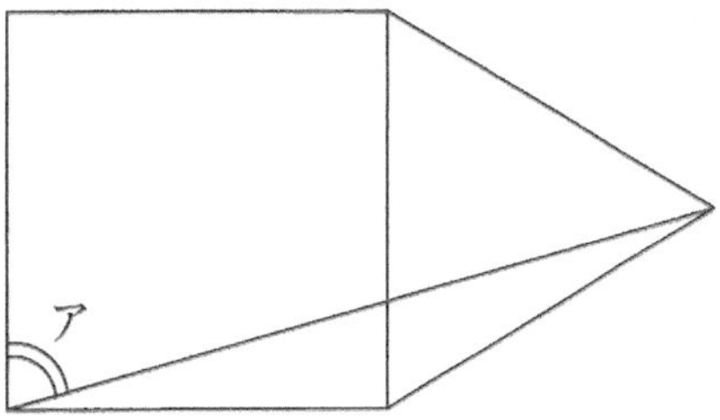

(8)　下の図は，立方体を組み合わせた立体です。この立体の表面積は□ cm^2，体積は□ cm^3 です。

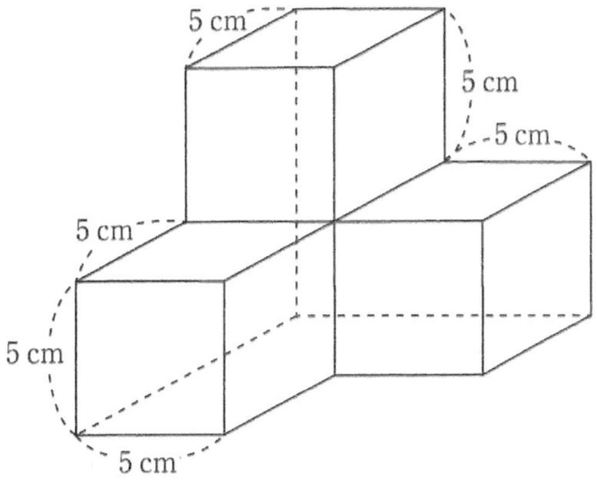

2　長針と短針がそれぞれなめらかに動く時計があります。図1は0時を表し，図2は1時を表しています。

図1

図2

このとき，次の問いに答えなさい。

(1)　図1から図2までの1時間で，長針と短針はそれぞれ何度動いたか答えなさい。

(2)　0時20分を表すとき，長針と短針でつくられる角は，何度であるか答えなさい。ただし，長針と短針でつくられる角は，180度よりも小さいものとします。

(3)　図1から図2までの1時間で，長針と短針でつくられる角が180度になるのは，何分から何分の間ですか。次のア～オから1つ選び記号で答えなさい。ただし，求めた過程も書きなさい。

ア　30分から31分の間　　イ　31分から32分の間　　ウ　32分から33分の間
エ　33分から34分の間　　オ　34分から35分の間

3　庭の中にある杭《くい》に犬がロープでつながれています。この犬の動ける範囲を考えます。このとき，以下の条件で次の問いに答えなさい。

条件　・円周率は，3.14とします。
　　　・杭《くい》や犬の大きさは無視して考えてよいとします。

(1)　広い庭の中にある杭《くい》に長さ10 mのロープで犬がつながれています。この犬が動くことのできる範囲の面積を求めなさい。

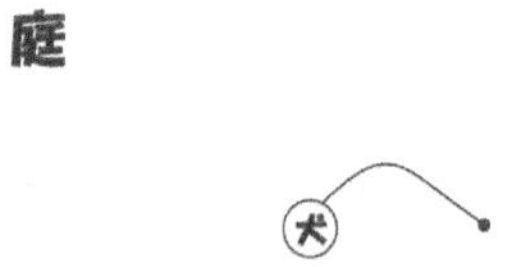

(2)　1辺が10 mの正方形の家があります。その角《かど》Aにある杭《くい》に長さ10 mのロープで犬がつながれています。この犬は家の中には入れませんが，庭を動きまわることができます。犬が動くことのできる範囲の面積を求めなさい。

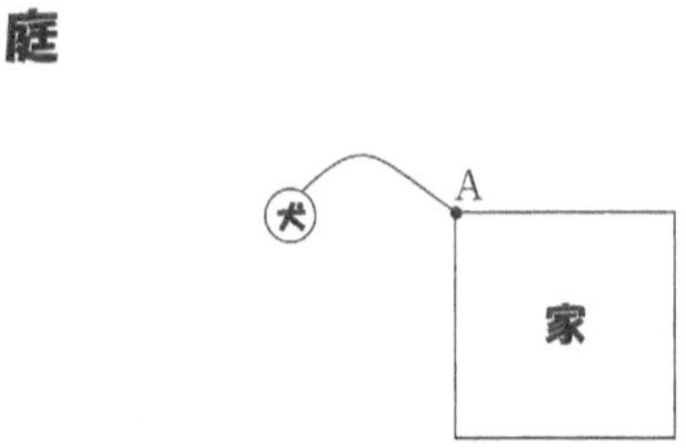

(3)　1辺が10 mの正方形の家があります。その角《かど》AとBの真ん中にある杭《くい》に長さ10 mのロープで犬がつながれています。この犬は家の中には入れませんが，庭を動きまわることができます。犬

が動くことのできる範囲の面積を求めなさい。

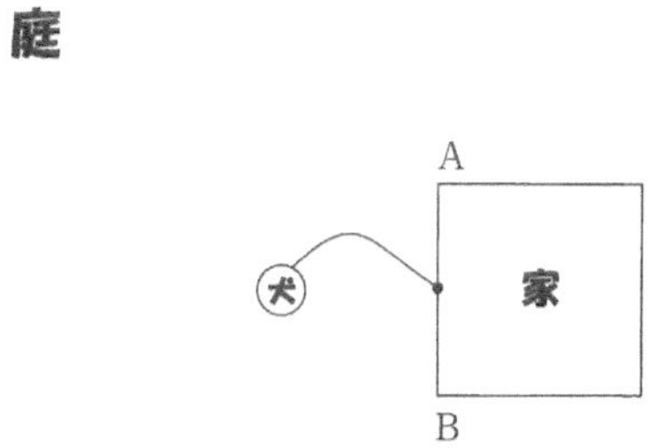

(4)　1辺が10 mの正方形の家があります。その角《かど》AとBからともに10 mのところに杭《くい》Cを庭に打ち，その杭《くい》Cに10 mのロープで犬をつなぎます。この犬は家の中には入れませんが，庭を動きまわることができます。このとき，杭《くい》Cの位置と，犬が動くことのできる範囲を定規とコンパスを用いて解答用紙に書き入れなさい。

ただし，犬が動くことのできる範囲は，斜線《しゃせん》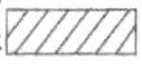を書いて表しなさい。また，斜線《しゃせん》部分については，手書きでもよいとします。

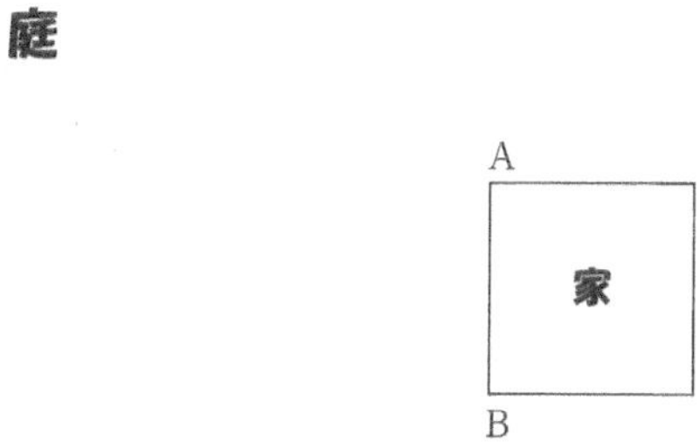

4　春にたねをまくと発芽して，夏に花が咲《さ》き，秋にたねがとれ，冬に枯《か》れる植物について，次の問いに答えなさい。ただし，すべて同じ環境でこの植物を育てることとします。

(1)　この植物のたねを70個まいたところ，41本の芽が出ました。このとき発芽する割合は何％ですか。小数第1位を四捨五入して答えなさい。

(2)　以下の条件のとき，次の①，②に答えなさい。

条件　・発芽したものは途中で枯《か》れることなく，花が咲《さ》き，たねがとれます。
　　　・1本の植物が育つと，200個のたねがとれます。
　　　・とれたたねはすべて次の年にまきます。
　　　・まいたたねの発芽する割合は60％とします。

①　今年1本の植物が育つと，来年の春に出る芽の数は何本であると考えられますか。式を書いて，答えを求めなさい。

②　今年1本の植物が育つと，再来年の秋にとれるたねの数は何個になると考えられますか。求める式で最も適切なものを次のア～カから1つ選び記号で答えなさい。

ア　$200 \times 200 \times 200 \times 0.6 \times 0.6 \times 0.6$　　イ　$200 \times 200 \times 200 \times 0.6 \times 0.6$

ウ　$200 \times 200 \times 200 \times 60 \times 60 \times 60$　　エ　$200 \times 200 \times 200 \times 60 \times 60$

オ　$200 \times 3 \times 0.6 \times 3$　　カ　$200 \times 3 \times 0.6 \times 2$

(3)　たくさんのたねをすべて数えなくても，おおよその数を求めるにはどんな方法が考えられますか。あなたの考えを書きなさい。

【理　科】（50分）〈満点：100点〉

1　次の**図1**は発芽したインゲンマメの，**図2**はインゲンマメの種子を２つに割ったもののスケッチです。これについて以下の(1)〜(4)の問いに答えなさい。

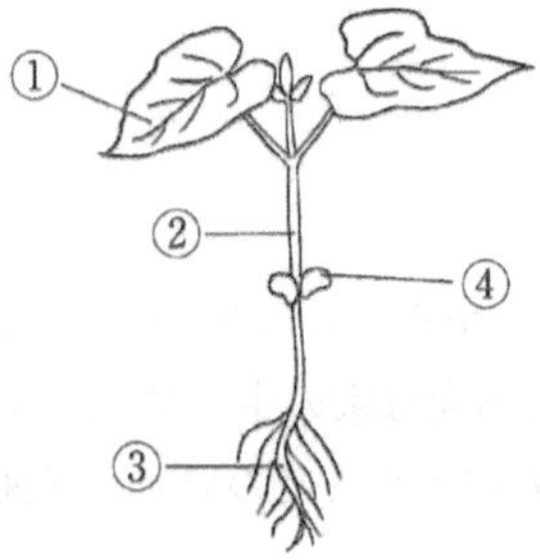

図1

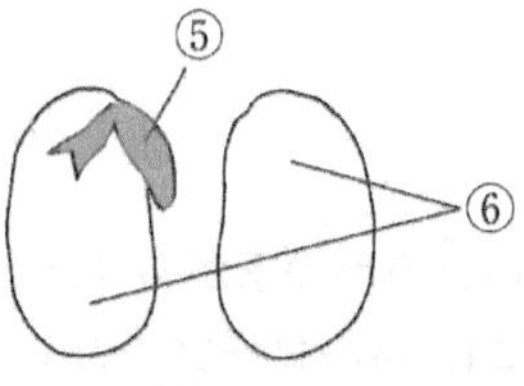

図2

(1)　**図1**の①〜④の名前を，次の**ア〜カ**から<u>それぞれ１つずつ</u>選び，記号で答えなさい。

ア　根　　**イ**　くき　　**ウ**　葉　　**エ**　種子　　**オ**　子葉　　**カ**　芽

(2)　**図2**の⑤（　　　の部分）の説明として正しいものを，次の**ア〜オ**から１つ選び，記号で答えなさい。

ア　図１の①になるが，②と③と④にはならない。
イ　図１の①と②になるが，③と④にはならない。
ウ　図１の①と②と③になるが，④にはならない。
エ　図１の③になるが，①と②と④にはならない。
オ　図１の④になるが，①と②と③にはならない。

(3)　インゲンマメと同じマメ科の植物を，次の**ア〜オ**から<u>２つ</u>選び，記号で答えなさい。

ア　アサガオ　　**イ**　ダイズ　　**ウ**　トウモロコシ
エ　イネ　　**オ**　エンドウ

(4)　**図2**の⑥にヨウ素液をかけると，青むらさき色になるでしょうか。「なる」か，「ならない」かを答えなさい。また，そう答えた理由を説明しなさい。

インゲンマメの種子と，だっしめんを入れたコップを用意し，**実験1〜実験3**の条件で，インゲンマメが発芽するか確認しました。これらの実験について，以下の(5)〜(9)の問いに答えなさい。

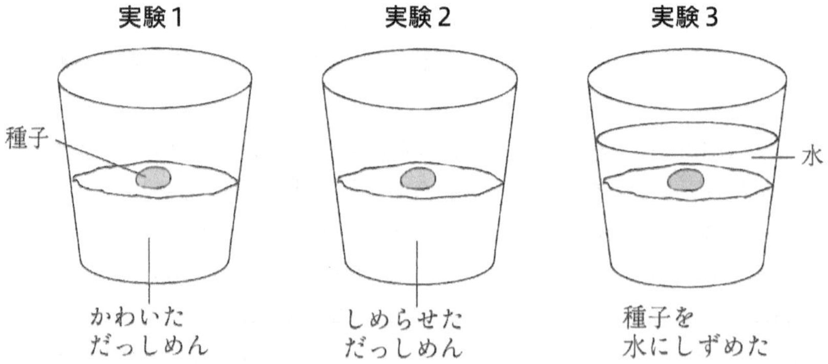

⑸　発芽に水が必要か確認するには，どの２つの実験を比かくすればよいですか。次の**ア**～**ウ**から正しいものを１つ選び，記号で答えなさい。

ア　**実験1**と**実験2**　　**イ**　**実験1**と**実験3**　　**ウ**　**実験2**と**実験3**

⑹　発芽に空気が必要か確認するには，どの２つの実験を比かくすればよいですか。次の**ア**～**ウ**から正しいものを１つ選び，記号で答えなさい。

ア　**実験1**と**実験2**　　**イ**　**実験1**と**実験3**　　**ウ**　**実験2**と**実験3**

発芽の条件として，適切な温度が必要かどうか調べるために，**実験2**の条件のコップを冷蔵庫に入れて実験しました。これを**実験4**とします。**実験2**では発芽したのに対し，**実験4**では発芽しないという結果でした。これについて，シンジさんとセイコさんが，次のような会話をしました。

シンジ：室温は20℃で，冷蔵庫内は５℃だね。これで発芽の条件として，適切な温度が必要だということがわかったね。

セイコ：ちょっと待って。比かくの実験では，条件は ① つだけ変えることを教わったでしょう。**実験2**と**実験4**では，温度のほかに， ② の条件がちがうから， ③ つの条件が変わっているんじゃないかしら。

シンジ：そうか！　じゃあ，変える条件が ④ つだけになるように，その他の条件をそろえる必要があるね。何かアイディアはあるかな。

セイコ： ⑤ のコップに，箱をかぶせて実験したらどうかしら。

シンジ：そうか，それで発芽が ⑥ ら，適切な温度が必要だといって良いね。

⑺　会話文中の ① ， ③ ， ④ に適した数値を次の**ア**～**エ**からそれぞれ１つずつ選び，記号で答えなさい。

ア　1　　**イ**　2　　**ウ**　3　　**エ**　4

⑻　会話文中の ② ， ⑥ に適した言葉を次の**ア**～**カ**からそれぞれ１つずつ選び，記号で答えなさい。

ア　温度　　**イ**　光　　**ウ**　空気　　**エ**　水

オ　見られた　　**カ**　見られなかった

⑼　会話文中の ⑤ に適した言葉を，次の**ア**～**エ**から１つ選び，記号で答えなさい。

ア　**実験1**　　**イ**　**実験2**　　**ウ**　**実験3**　　**エ**　**実験4**

[2]　6種類の粉末物質**A～F**があります。**A～F**はそれぞれ次の**ア～カ**のいずれかです。**A～F**を見分けるために，**実験1～実験3**を行いました。以下の(1)～(7)の問いに答えなさい。

ア　食塩　　**イ**　ミョウバン　　**ウ**　鉄
エ　銅　　**オ**　石灰石　　**カ**　アルミニウム

実験1　**A～F**の粉末を，**図1**のような手順で分けました。

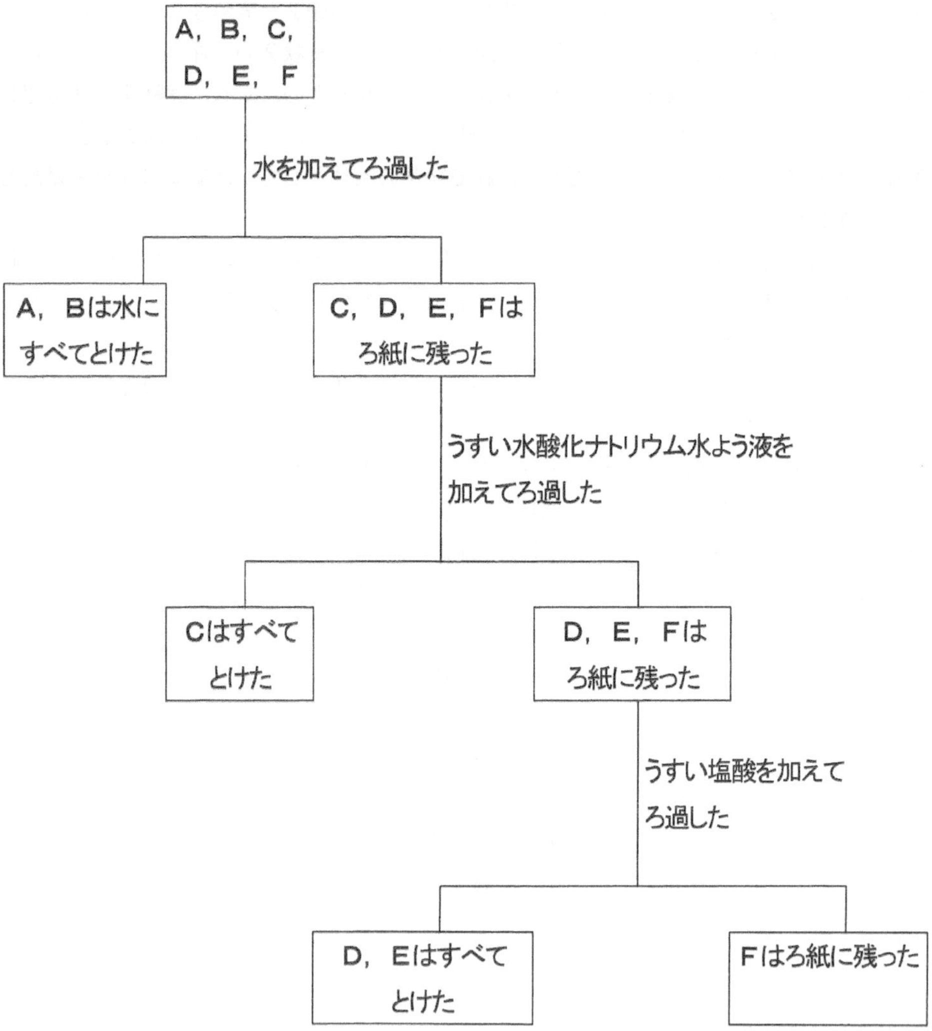

図1

実験2　うすい水酸化ナトリウム水よう液に**C**を加えると**気体a**が発生しました。その**気体a**に，火のついたマッチを近づけたところ，ポンと音がして気体が燃えました。

実験3　うすい塩酸に**D**を加えると**気体b**が発生しました。その**気体b**を，石灰水に通したところ白くにごりました。

(1)　**気体a**，**b**は何ですか。それぞれの気体の名前を答えなさい。

(2)　実験に使用した水よう液は，次の**キ～ケ**の3つです。これらの水よう液の性質は何ですか。**酸性**，**中性**，**アルカリ性**の中から選び，次の**キ～ケ**それぞれについて答えなさい。

キ　うすい塩酸　　**ク**　うすい水酸化ナトリウム水よう液　　**ケ**　石灰水

(3)　実験に使用した水よう液のうち，においのあるものを１つ選び，(2)の**キ～ケ**の記号で答えなさい。

(4)　水よう液のにおいはどのようにかぎますか。簡単に書きなさい。

(5)　食塩とミョウバンの結しょうを，次の①～④からそれぞれ選び，記号で答えなさい。

①　②　③　④

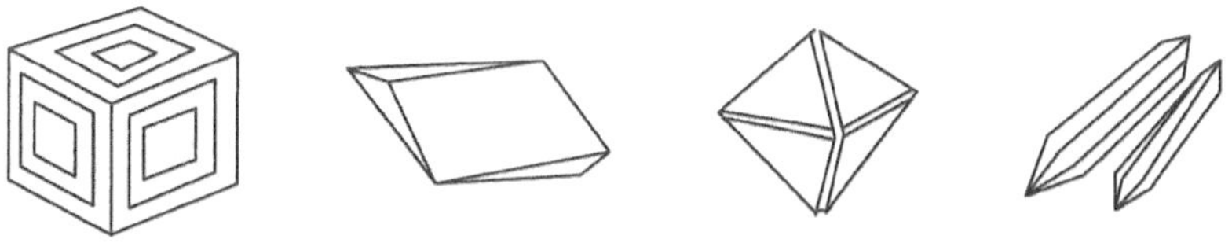

(6)　**A～F**は，それぞれ**ア～カ**のどれですか。記号で答えなさい。ただし，**実験１～実験３**の結果から，1つに決まらない場合は×と書きなさい。

(7)　次の**図２**の方法でろ過をすると，誤っていることが**図２**の中に２つあります。正しくろ過をするには，誤っていることをどのように変えればよいですか。その方法を説明しなさい。

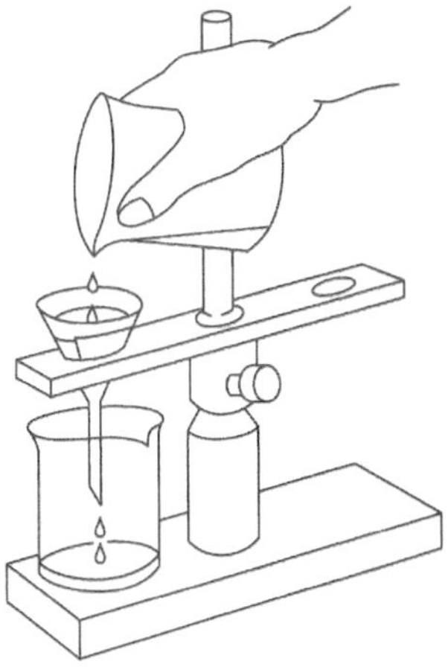

図２

3　次の文**A～C**を読み，以下の(1)～(7)の問いに答えなさい。

A　砂糖を水に入れガラス棒でかき混ぜると，砂糖のつぶが見えなくなります。つぶの形が水の中で見えなくなり，液体全体に広がることを「とける」といいます。つぶが水にとけた液体のことを水よう液といいます。

砂糖がとけた水に，くり返し砂糖を加えて，かき混ぜながらとけるかどうか調べました。しばらくすると，砂糖が水にとけなくなり，とけ残った砂糖が見られるようになりました。このことから，水にとける砂糖の量にはかぎりがあることがわかりました。

つぎに，水の温度を変えてみました。水の温度が［　①　］と，とけ残っていた砂糖がとけて，砂糖のつぶが見えなくなりました。このことから，水にとけることができる砂糖の量は，水の温度に関係していることがわかりました。

(1)　上の文**A**中の下線部のように，とけ残った砂糖は，かき混ぜるのを止めてしばらく経つと，どのようになりますか。正しいものを次の**ア**，**イ**から１つ選び，記号で答えなさい。

ア　ういている　　　**イ**　しずんでいる

(2) 上の文**A**中の ① に適した言葉を次の**ア**，**イ**から１つ選び，記号で答えなさい。

ア 上がる　　**イ** 下がる

B 水と空気の関係についても考えてみましょう。ビーカーに入った水を観察すると，水の量は時間が経つにつれて，少しずつ減っていきました。これは，水がすがたを変えて空気中に出ていくからです。この現象を ② といいます。水は ② するとき目には見えない水じょう気に変わって，空気全体に広がり「とけている」のです。

(3) 上の文**B**中の ② に適した言葉を答えなさい。

(4) 水じょう気のすがたは何ですか，次の**ア**～**ウ**から１つ選び，記号で答えなさい。

ア 気体　　**イ** 液体　　**ウ** 固体

C 夏の暑い日，冷たい水を入れたペットボトルを置いておくと，ペットボトルの外側に水てきがついていました。このペットボトルのまわりについた水てきがどこからきたのかを確かめるために，次の**実験**をして**結果**を**表**にまとめました。

実験 部屋と同じ温度の水と，冷たい水が入った，２つのペットボトルを用意しました。２つのペットボトルは同じもので，中の水の重さも同じでした。ブタを開けずにはかりの上にのせて重さの変化を観察しました。同時にペットボトルの外側についても観察しました。

結果

表

	部屋と同じ温度の水が入ったペットボトル	冷たい水が入ったペットボトル
水てき	つかなかった	ついた
重さの変化	X	Y

実験と**結果**からペットボトルに水てきがつく理由を次のようにまとめました。

「ペットボトルは水を通さないので，空気中の ③ が，冷たい水の入ったペットボトルによって ④ て， ⑤ に変わったから。」

(5) **表**の「重さの変化」の**X**・**Y**のうち，重くなったのはどちらですか。**X**または**Y**のいずれかで答えなさい。

(6) 上の文**C**中の ③ ～ ⑤ に適した言葉を次の**ア**～**ク**から１つ選び，記号で答えなさい。

ア ちっ素　　**イ** 酸素　　**ウ** 二酸化炭素　　**エ** 水じょう気

オ あたためられ　　**カ** 冷やされ　　**キ** 液体の水　　**ク** 固体の水

(7) 上の文**C**中の下線部の現象と異なるものを次の**ア**～**オ**から１つ選び，記号で答えなさい。

ア 寒い日に息が白く見える。　　**イ** 夏の早朝にきりが発生する。

ウ 木を燃やした時に黒いけむりが出る。　　**エ** 寒い日に窓の内側がくもる。

オ 雨が降っていないのに早朝に鉄棒がぬれている。

[4] 次の文A～Cを読み，以下の(1)～(6)の問いに答えなさい。

A　人類はいろいろな基準で，時間を計る単位を決めてきました。冬至から次の冬至までの時間を1年，日の出から次の日の出までの時間を1日というように太陽の動きを基準にした単位や，新月から次の新月までの時間を1[①]というように[①]の動きを基準とした単位があります。

科学の世界では，光の速さなどから決めた1秒という単位を時間の基本的な単位として使うことが決められています。では，秒と他の時間の単位がどのような関係にあるか，考えましょう。

まず1秒の60倍を1[②]，1[②]の60倍を1時間とします。したがって1時間は[③]秒となります。次に1日を24時間と決めます。このように決めると，1年が何秒になるのかを式で表すことができ，1年が365日の年では

1年＝〔[③]×24×365〕秒

となります。

しかし実際の1年は上の式よりもわずかに長いため，より正確に表すために人類はいろいろな工夫を考えてきました。

(1)　上の文A中の[①]，[②]に入る漢字一文字を次の中から選び，それぞれ答えなさい。

秒　　分　　日　　週　　月　　年

(2)　上の文A中の[③]に入る数を整数で答えなさい。

B　1年の長さをより正確に表すため，人類は1年を366日とする「うるう年」を考えました。

西暦《れき》2020年のように，西暦が4で割り切れる年は「うるう年」とします。この場合「うるう年」は4年に一度です。したがって，西暦2020年からの4年間の平均を考えて，1年が何秒になるのかを式で表すと

1年＝〔[③]×24×365.25〕秒

となります。さらに，より正確に表すために，西暦が4で割り切れる年であっても，西暦1900年のように，西暦が100の倍数の年は「うるう年」としません。このため，「うるう年」は，西暦1900年から西暦1999年の100年間に[④]回となります。したがって，この100年間の平均を考えて1年が何秒になるのかを式で表すと

1年＝〔[③]×24×365.[⑤]〕秒

となります。

(3)　上の文B中の[④]に入る数を整数で答えなさい。

(4)　上の文B中の[⑤]に入る小数点以下の数値を答えなさい。

C　1年が何秒になるのかを，さらに正確に表すために，西暦が100の倍数の年であっても，西暦2000年のように西暦が400の倍数の年は「うるう年」とします。このため，「うるう年」は，西暦1900年から西暦2299年の400年間に[⑥]回となります。したがって，この400年間の平均を考えて1年が何秒になるのかを式で表すと

1年＝〔[③]×24×365.[⑦]〕秒

となり，ますます正確に表すことができました。

(5)　上の文C中の[⑥]に入る数を整数で答えなさい。

(6)　上の文C中の[⑦]に入る小数点以下の数値を答えなさい。

【社　会】（50分）〈満点：100点〉
【注意】 答えを直すときは，きれいに消してから，新しい答えを書きなさい。

1　次の文章を読んで，あとの各問いに答えなさい。

日本国憲法は国の基本的なあり方を定めており，（　X　）年11月3日に公布され，翌年の5月3日に施行されました。日本国憲法には，「$_A$国民主権」「$_B$基本的人権の尊重」「（　Y　）」の三つの大きな原則があり，憲法の内容を改める場合，$_C$国会での議決に加えて国民による投票が必要になります。また日本国憲法には，（　Z　）義務など国民が果たさなければならない義務についても定められています。

すべての法律や条例は日本国憲法にもとづいてつくられています。法律には，罪を犯した人を裁くだけでなく，$_D$社会的に立場の弱い人たちを守る役割もあります。$_E$条例とは，市町村などの地方公共団体において，地方議会によって定められる法規則のことを指します。法律・条例のいずれも憲法に違反することはできず，違反しているかどうかを調べる権限が$_F$裁判所にあります。

問1　空らん（　X　）に入る適切な年を，次の**ア**～**エ**から一つ選び，記号で答えなさい。

ア　1880　　**イ**　1925　　**ウ**　1946　　**エ**　1989

問2　下線部Aの国民主権とは，「国民が政治のあり方を決定する権利を持つ」という原理をあらわします。この例として適切でないものを，次の**ア**～**エ**から一つ選び，記号で答えなさい。

ア　最高裁判所の裁判官が適しているかどうか判断するために国民審査を行う。
イ　選挙によって国会や地方議会の議員を決める。
ウ　都道府県知事や市長をやめさせる請求を行う。
エ　外国の大使を迎えてもてなすなど国事行為を行う。

問3　下線部Bの基本的人権の中には，個人が自由に生活できる権利が定められています。この説明として適切でないものを，次の**ア**～**エ**から一つ選び，記号で答えなさい。

ア　鹿島アントラーズの選手になるという夢を持つことは個人の自由だ。
イ　工作の材料用に，公園の木を切って持ち帰ることは個人の自由だ。
ウ　町内会の集まりに行き，みんなの前で自分の考えを話すことは個人の自由だ。
エ　東京にある大学に進学して，医療を研究することは個人の自由だ。

問4　下線部Cの国会についての説明として適切なものを，次の**ア**～**エ**から一つ選び，記号で答えなさい。

ア　衆議院と参議院があり，衆議院の議員には男性だけがなることができる。
イ　法律をつくったり，国の予算を決めたりする権限を持っている。
ウ　日本で国会が初めてつくられたのは江戸時代である。
エ　国の政治を決める時は，議員全員の意見がそろわなければならない。

問5　下線部Dに関して，日本では様々なところで障がい者が暮らしやすい環境を作るための取り組みがなされています。このことについて，各問いに答えなさい。

(1)「障がいのある人とそうでない人が特別に区別されることなく，社会生活を共にすることが理想である」という考え方を何と言いますか。次の**ア**～**エ**から一つ選び，記号で答えなさい。

ア　スマートコミュニティ　　**イ**　ノーマライゼーション
ウ　パブリックコメント　　**エ**　ナショナルトラスト

(2) 障がい者が暮らしやすい町づくりのための取り組みの例として，適切でないものを，次の**ア**～**エ**から一つ選び，記号で答えなさい。

ア　障がい者が自立した生活を送れるよう，仕事を探す手助けをする施設を開設する。

イ　車いすを使用する障がい者が歩行しやすいよう，階段にスロープを設置する。

ウ　障がい者に合った学校教育を提供するため，特別支援学校への入学を義務付ける。

エ　視覚に障がいを持つ人のため，施設に音声で案内するエレベーターを設置する。

問６　下線部Ｅの条例について，例えば以下の図のような「ずく丸Ｔシャツ」を市の事業として販売しようとしたときに，それについての条例を定めるまでの流れを考えます。条例が制定されるまでの流れを説明した以下の文を，正しく並びかえて，４番目になるものを一つ選び，記号で答えなさい。

ア　市議会で，出された要望の実現について話し合いが始まった。

イ　市民から「ずく丸Ｔシャツ販売事業」の提案が市役所に出された。

ウ　市議会で議決され，具体的に販売事業がスタートした。

エ　市役所から，議会に販売事業の提案が出された。

オ　市議会に，その事業に詳しい人が招かれて，色々な意見を話した。

（計画案）

300円で販売して、市の財源にする。

問７　下線部Ｆの裁判所に関する説明のうち，適切でないものを，次の**ア**～**エ**から一つ選び，記号で答えなさい。

ア　誰でも裁判を受ける権利を持っている。

イ　判決の内容に不満がある場合は，同じ事件について原則３回まで裁判を受けられる。

ウ　全ての裁判で裁判員制度が実施されている。

エ　日本で唯一《ゆいいつ》の最高裁判所は東京にある。

問８　空らん（　Ｙ　）に入る適切な語句を，漢字４字で答えなさい。

問９　空らん（　Ｚ　）に入る語句として適切でないものを，次の**ア**～**エ**から一つ選び，記号で答えなさい。

ア　子どもに教育を受けさせる　　**イ**　仕事について働く

ウ　税金を納める　　**エ**　健康で文化的な生活を営む

2 写真A・写真B・写真Cを見て，あとの各問いに答えなさい。

【写真A】

【写真B】

【写真C】

問1 写真Aに写っているのは，2000年まで国際連合で仕事を行っていた緒方貞子さんです。これに関連して，国際貢献や国際連合などについての各問いに答えなさい。

(1) 緒方貞子さんは，「政治や宗教などの理由によって迫害《はくがい》を受け，国外へ逃れている人たち」を保護する活動を行っていました。このような人たちを何といいますか。漢字2字で答えなさい。

(2) 日本がこれまで行ってきた開発途上国への支援を説明する文として適切でないものを，次の**ア**～**エ**から一つ選び，記号で答えなさい。

ア 紛争が起きたイラクに自衛隊を派遣して，道路の補修工事を行った。

イ ユニセフへの募金活動を通して，貧しい国の子どもへ食料や医療品を支援した。

ウ 毎年，国連加盟国の中で最も多く分担金を納めることで，財政的に支援をしている。

エ 政府開発援助の一つとして，東南アジアの国々に青年海外協力隊を派遣した。

(3) 国際連合について述べた文のうち，適切でないものを，次の**ア**～**エ**から一つ選び，記号で答えなさい。

ア 国際連合は，世界の平和と安全を守る目的で作られた。

イ 国際連合は，世界の全ての国が加盟している組織である。

ウ 国際連合の機関であるユネスコは，世界遺産の選定も行なっている。

エ 国際連合は，紛争の後の復興支援も行っている。

問2 写真Bに写っているのは，韓国の首都ソウルの街並みです。これに関連して，韓国についての各問いに答えなさい。

(1) 韓国の正式な国名を，漢字4字で答えなさい。

(2) 韓国の政治・文化・生活について述べた文のうち，適切なものを2つ選んで，**ア**～**カ**の記号で答えなさい。

ア　シェンチェンなど経済特区と呼ばれる地区に，日本の企業が進出している。

イ　イスラム教を信仰する人が多く，コーランにもとづいて国の法律が定められている。

ウ　独自の文字ハングルを使用する一方で，儒教《じゅきょう》の教えを大切にするなど，中国の影響も受けている。

エ　百万人以上の日系人が住んでおり，代表的な農産物はコーヒー豆である。

オ　造船業が盛んで，中国・日本と共に世界の大半の生産量を占めている。

カ　2020年に北朝鮮との間で南北統一が果たされ，一つの国家となった。

問３　写真Ｃに写っているのは，東日本大震災で事故が起こり，有害な放射性物質が放出された福島第一原子力発電所です。東日本大震災が起きたのは，2011年の何月何日か，答えなさい。

3　次の資料をふまえて，あとの各問いに答えなさい。

【写真１】

【写真２】

【写真３】

【写真４】

【写真５】

【写真６】

【写真７】

【写真８】

【写真９】

【写真10】

問１　写真１の法隆寺《ほうりゅうじ》は聖徳太子《しょうとくたいし》が建てた寺です。聖徳太子が607年に遣隋使《けんずいし》として派遣《はけん》した人物を漢字４字で答えなさい。

問２　写真２は東大寺の大仏殿《だいぶつでん》です。大仏造りを命じた天皇は誰ですか，漢字で答えなさい。

問３　写真３は唐招提寺《とうしょうだいじ》です。この寺は唐から戒律《かいりつ》を伝えた僧によって建てられました。唐招提寺を建てた僧の名を漢字２字で答えなさい。

問４　写真４は比叡山延暦寺《ひえいざんえんりゃくじ》です。ここを焼打ちにした人物を，次の**ア**～**エ**から一つ選び，記号で答えなさい。

ア　武田信玄《たけだしんげん》　　**イ**　上杉謙信《うえすぎけんしん》　　**ウ**　織田信長《おだのぶなが》　　**エ**　豊臣秀吉《とよとみひでよし》

問５　写真５は平等院鳳凰堂《ほうおうどう》です。平等院は父の別荘を藤原頼通《ふじわらのよりみち》が建てかえたものです。藤原頼通の父はだれですか。漢字４字で答えなさい。

問６　写真６は中尊寺金色堂《こんじきどう》をおおっている建物です。世界遺産にもなっている中尊寺がある都道府県を，次の**ア**～**エ**から一つ選び，記号で答えなさい。

ア　岩手県　　**イ**　福島県　　**ウ**　茨城県　　**エ**　福井県

問７　写真７は厳島《いつくしま》神社です。厳島神社は平氏の信仰《しんこう》があつかった神社として有名です。これについて以下の各問いに答えなさい。

(1)　武士として初めて太政大臣《だいじょうだいじん》の地位につき，宋《そう》との貿易にも力を入れた平氏の人物はだれですか，漢字で答えなさい。

(2)　平氏が源頼朝《みなもとのよりとも》を中心とする源氏によって滅ぼされた戦いを何といいますか。「○○○の戦い」の「○○○」に入る語句を３字で答えなさい。

問８　写真８の金閣を建てた足利義満《あしかがよしみつ》が，観阿弥《かんあみ》・世阿弥《ぜあみ》親子を保護したことで大成した伝統芸能として正しいものを，次の**ア**～**エ**から一つ選び，記号で答えなさい。

ア　能《のう》　　**イ**　歌舞伎《かぶき》　　**ウ**　相撲《すもう》　　**エ**　俳句《はいく》

問９　写真９について以下の各問いに答えなさい。

(1)　写真９の銀閣を建てた室町幕府の将軍は誰ですか。漢字で答えなさい。

(2)　室町幕府最後の将軍を京都から追放した人物は織田信長です。織田信長が行ったこととして適切でないものを，次の**ア**～**エ**から一つ選び，記号で答えなさい。

ア　安土《あづち》に城を築き，天下統一の拠点とした。

イ　城下町に楽市の命令を出した。

ウ　商業都市であった堺を直接支配した。

エ　石見《いわみ》銀山を開発し，銀を大量産出した。

問10　写真 10 は江戸幕府を開いた徳川家康《とくがわいえやす》をまつっている日光東照宮です。これについて以下の各問いに答えなさい。

(1)　徳川家康が勝利した，1600 年の「天下分け目の戦い」と言われた戦いは何ですか。「○○○の戦い」の「○○○」に入る語句を３字で答えなさい。

(2)　鎖国が完成したときの江戸幕府将軍は誰ですか。漢字で答えなさい。

(3)　江戸幕府による政治について述べた文として適切でないものを，次の**ア**～**エ**から一つ選び，記号で答えなさい。

ア　全国に一国一城令を出して，大名が住む城以外は破壊させた。

イ　街道《かいどう》の重要な場所に関所を設け，「入り鉄砲に出女」を取り締まった。

ウ　大老は老中の上に置かれた最高職で，外様大名の中から任命された。

エ　幕府の財政に関することを扱う職として，勘定奉行《かんじょうぶぎょう》が置かれた。

(4)　江戸時代，全国各地から年貢《ねんぐ》米や特産物が集まり，「天下の台所」と呼ばれた都市はどこですか。次の**ア**～**エ**から一つ選び，記号で答えなさい。

ア　江戸　　**イ**　大阪　　**ウ**　京都　　**エ**　長崎

(5)　江戸時代の文化について述べた文として適切でないものを，次の**ア**～**エ**から一つ選び，記号で答えなさい。

ア　近松門左衛門《ちかまつもんざえもん》は「曽根崎心中《そねざきしんじゅう》」など，歌舞伎や人形浄瑠璃《じょうるり》の脚本《きゃくほん》を書いた。

イ　人気の浮世絵師であった葛飾北斎《かつしかほくさい》の代表作に「東海道五十三次」がある。

ウ　町人や百姓たちが有名な寺や神社の参拝を目的とする旅に出るようになった。

エ　国学を学ぶ人々は「古事記」や「万葉集」から日本人の心を研究した。

4　次の文章は，土佐《とさ》国（現在の高知県）出身の二人の人物について説明したものです。この文章を読んで，あとの各問いに答えなさい。

板 垣 退 助

牧野富太郎

板垣退助《いたがきたいすけ》は，$_{\rm A}$1837年に土佐藩士《はんし》の家に生まれました。戊辰《ぼしん》戦争で功績《こうせき》をあげ明治新政府では参議《さんぎ》となりました。1873 年に$_{\rm B}$西郷隆盛《さいごうたかもり》らとともに征韓論《せいかんろん》を主張したものの，$_{\rm C}$使節団から帰国した，$_{\rm D}$大久保利通《おおくぼとしみち》らの強い反対にあって否決されました。翌年の 1874 年には高知に帰り，民撰議院《みんせんぎいん》設立の建白書《けんぱくしょ》を政府に提出して$_{\rm E}$自由民権運動を展開しました。1889 年に$_{\rm F}$大日本帝国憲法が発布され，国会が開設されると政治家として活躍し，$_{\rm G}$伊藤博文《いとうひろぶみ》内閣や大隈重信《おおくましげのぶ》内閣で内務《ないむ》大臣を務めましたが，1900 年に政界《せいかい》を引退《いんたい》して 1919 年に 83 歳で死去しました。

牧野富太郎《まきのとみたろう》は，1862 年に商家《しょうか》の家に生まれました。幼いころから植物に興味を持ち，独学で植物の知識を身につけていきました。

1884年にはH東京大学理学部植物学教室への出入りを許され，植物分類《ぶんるい》学の研究を進めました。1889年には新種のヤマトグサを発表し，日本人として国内で初めて新種に学名《がくめい》をつけました。その後もI日本各地で植物採集を続けましたが，1945年に山梨県にJ疎開しています。K1957年に94歳で亡くなるまでに，新種や新品種の植物，約1500種類以上を命名《めいめい》しました。

問1　下線部Aについて，1837年にききんで生活に苦しむ人々を救おうと大阪で反乱を起こした人物はだれですか。次の**ア**～**エ**から一つ選び，記号で答えなさい。

ア　本居宣長《もとおりのりなが》　　**イ**　伊能忠敬《いのうただたか》　　**ウ**　大塩平八郎《おおしおへいはちろう》　　**エ**　水野忠邦《みずのただくに》

問2　下線部Bについて，1877年，西郷隆盛を中心に，生活に不満を持つ士族《しぞく》が反乱を起こしました。これを何といいますか。漢字4字で答えなさい。

問3　下線部Cの使節団の目的の一つに，不平等条約《ふびょうどうじょうやく》の改正がありました。不平等条約について，以下の各問いに答えなさい。

(1)　1853年に浦賀《うらが》（神奈川県）に現《あらわ》れ，アメリカ大統領の手紙を幕府にわたして開国を求めた人物はだれですか。人物名を答えなさい。

(2)　1858年，外国との貿易が始まると日本国内ではどのようなことがおこりましたか。説明として適切なものを，次の**ア**～**エ**から一つ選び，記号で答えなさい。

ア　国内産の生糸《きいと》などが輸出された影響で，国内のものの値段が上がり，生活が苦しくなった人々があらわれた。

イ　条約によって横浜《よこはま》（神奈川県）や舞鶴《まいづる》（京都府）など五つの港《みなと》を開くことになった。

ウ　長州《ちょうしゅう》藩や土佐藩が外国との貿易に反対し，イギリスなどと戦った。

エ　条約では日本に関税自主権《かんぜいじしゅけん》が認められたため，日本の製品《せいひん》が売れなくなり，国内産業がおとろえた。

(3)　外務大臣の陸奥宗光《むつむねみつ》は1894年，条約の一部を改正して領事裁判権《りょうじさいばんけん》をなくすことに成功しました。このとき，陸奥宗光が条約改正の交渉《こうしょう》をした国はどこですか。次の**ア**～**エ**から一つ選び，記号で答えなさい。

ア　ドイツ　　**イ**　アメリカ　　**ウ**　イギリス　　**エ**　フランス

問4　下線部Dについて，大久保利通らがひきいる明治新政府は，近代的な工業を始めるために官《かん》営富岡製糸場《えいとみおかせいしじょう》をつくり，全国各地で女子の労働者を募集しましたが，官営富岡製糸場はどこにありましたか。次の**ア**～**エ**から一つ選び，記号で答えなさい。

ア　神奈川県　　**イ**　群馬県　　**ウ**　大阪府　　**エ**　佐賀県

問5　下線部Eについて，自由民権運動の結果，1881年に政府は，どのようなことを約束しましたか。簡単に説明しなさい。

問6　下線部Fについて，大日本帝国憲法の説明として適切でないものを，次の**ア**～**エ**から一つ選び，記号で答えなさい。

ア　国民が天皇にあたえるという形で発布された。

イ　軍隊を率《ひき》いたり，条約を結んだりするのは天皇の権限《けんげん》とされた。

ウ　日本は，永久に続く同じ家系《かけい》の天皇が治めるとされた。

エ　国民の権利は，法律の範囲の中で認められた。

問７　下線部Ｇについて，第２次伊藤博文内閣のときに，日清戦争《にっしんせんそう》がおきました。次の図はその直前の状況を絵にしたものです。日本と中国が魚をねらっていますが，ここにかかれている魚は何を表していますか。次の**ア**～**エ**から一つ選び，記号で答えなさい。

ア　満州《まんしゅう》　　**イ**　樺太《からふと》
ウ　台湾《たいわん》　　**エ**　朝鮮《ちょうせん》

問８　下線部Ｈの東京大学について，以下の各問いに答えなさい。

(1)　東京大学の卒業生に，右の写真の人物がいます。この人物は小説家《しょうせつか》として，社会の変化の中でなやみ苦しむ人々のすがたを，ありのままに表現しました。代表作は『坊っちゃん』『こゝろ』などです。この人物はだれですか。人物名を漢字で答えなさい。

(2)　1925年，東京大学に地震《じしん》研究所が設立されました。２年前の1923年９月１日に発生し，東京，横浜を中心に大きな被害をおよぼした地震がきっかけとなってつくられましたが，この地震を何といいますか。漢字５字で答えなさい。

問９　下線部Ｉについて，牧野が日本各地で植物採集を続けている間，日本は戦争に突入しました。日本における戦争について，以下の各問いに答えなさい。

(1)　次の**ア**～**エ**の文は，満州事変から終戦までの15年間のできごとを述べたものです。**ア**～**エ**の文を，年代の古い順に並べかえたものとして適切なものを，下の①～④から一つ選び，記号で答えなさい。

ア　日本が国際連盟《こくさいれんめい》を脱退《だったい》する。　　**イ**　太平洋戦争《たいへいようせんそう》が始まる。
ウ　広島に原子爆弾《げんしばくだん》が落とされる。　　**エ**　米軍《べいぐん》が沖縄島に上陸した。

①　**ア→イ→ウ→エ**　　②　**イ→ア→ウ→エ**
③　**ア→イ→エ→ウ**　　④　**イ→ア→エ→ウ**

(2)　長崎に原爆《げんばく》が投下《とうか》されたのは，1945年の何月何日か，答えなさい。

問10　下線部Ｊについて，「疎開」の読み方を，ひらがなで答えなさい。

問11　下線部Ｋの1957年ころから，「三種の神器《じんぎ》」とよばれる電化製品が家庭に広まりました。次の**ア**～**エ**のうち，「三種の神器」ではないものを一つ選び，記号で答えなさい。

ア　電気洗濯機《せんたくき》　　**イ**　自家用車　　**ウ**　白黒テレビ　　**エ**　電気冷蔵庫《れいぞうこ》

5　次の文章は，以下の三つの県についてまとめたものです。この文章を読んで，あとの各問いに答えなさい。

○石川県

この県は$_{A}$中部地方に位置しており，北部が$_{B}$日本海に面する県です。日本海側に突き出ている（　X　）半島には，$_{C}$伝統工芸品である輪島塗《わじまぬり》で有名な輪島市《わじまし》があります。県庁所在地である金沢市は，かつて加賀藩《かがはん》のおひざもととして栄えた城下町であり，$_{D}$「日本三名園」に数えられる兼《けん》六園《ろくえん》をはじめ，昔ながらの町並みが残る茶屋街が見られます。近年は$_{E}$東京と金沢を結ぶ新幹線が開通し，都心からの交通がより便利になりました。

○滋賀県

この県は$_{F}$近畿地方の$_{G}$海に面していない内陸県です。日本最大の湖である（　Y　）があり，総面積のおよそ6分の1を占めています。また，中央部には$_{H}$盆地が広がり，山地の割合も大きい自然豊かな地形です。古くは近江《おうみ》と呼ばれた滋賀県には歴史的に有名な場所が多く，安土城址《あづちじょうし》をはじめ，延暦寺《えんりゃくじ》などの有名な寺社，忍者の里として有名な甲賀市《こうかし》などがあります。

○広島県

この県は$_{I}$中国地方に位置する県で，北部には中国山地が広がり，南部は$_{J}$瀬戸内海に面しています。県庁所在地である広島市は，人口100万人をこえる大都市であり，$_{K}$政令指定都市にも指定されています。$_{L}$水産業においては，（　Z　）の養しょくが全国第1位で各地に出荷しています。工業については，自動車産業や造船業がさかんです。また，県内には$_{M}$世界文化遺産に登録されている原爆ドームや厳島神社《いつくしまじんじゃ》があり，多くの観光客が訪れます。

問1　滋賀県の県庁所在地を，漢字で答えなさい。

問2　空らん（　X　）～（　Z　）について，以下の各問いに答えなさい。

(1)　空らん（　X　）に当てはまる語句として適切なものを，次のア～エから一つ選び，記号で答えなさい。

ア　男鹿《おが》　　**イ**　三浦　　**ウ**　知多　　**エ**　能登《のと》

(2)　空らん（　Y　）に当てはまる語句として適切なものを，次のア～エから一つ選び，記号で答えなさい。

ア　琵琶湖《びわこ》　　**イ**　霞ヶ浦　　**ウ**　サロマ湖　　**エ**　猪苗代湖《いなわしろこ》

(3)　空らん（　Z　）に当てはまる語句として適切なものを，次のア～エから一つ選び，記号で答えなさい。

ア　タコ　　**イ**　カキ　　**ウ**　ホタテ　　**エ**　エビ

問3　下線部Aについて，以下の各問いに答えなさい。

(1)　中部地方に位置する県として適切でないものを，次のア～エから一つ選び，記号で答えなさい。

ア　長野県　　**イ**　福井県　　**ウ**　愛知県　　**エ**　岡山県

(2)　富山県の神通川《じんずうがわ》流域で発生した公害病として適切なものを，次のア～エから一つ選び，記号で答えなさい。

ア　イタイイタイ病　　**イ**　水俣病　　**ウ**　四日市ぜんそく　　**エ**　第二水俣病

(3)　新潟県では米づくりがさかんに行われているが，日本の米づくりについて述べた文として適切なものを，次のア～エから一つ選び，記号で答えなさい。

ア　北海道は地形や気候の条件が米づくりに適していないため，他の都道府県と比べて収穫量が少ない。

イ　品種改良は安全性に問題があるため，現在では行われていない。

ウ　農業協同組合（JA）は，農業の技術指導や資金の貸し出しなどを行っている。

エ　日本で米づくりを行う農家は，ほとんどが専業農家である。

問４　下線部Ｂについて，日本海側を流れる暖流を漢字４字で答えなさい。

問５　下線部Ｃについて，日本各地には様々な伝統工芸品が見られるが，東北地方の伝統工芸品として適切なものを，次の**ア**～**エ**から一つ選び，記号で答えなさい。

ア　九谷焼《くたにやき》　　**イ**　南部鉄器《なんぶてっき》　　**ウ**　博多織《はかたおり》　　**エ**　美濃和紙《みのわし》

問６　下線部Ｄについて，同じく日本三名園の一つに数えられる，当時の水戸藩主徳川斉昭《とくがわなりあき》が水戸に開いた庭園を，ひらがなで答えなさい。

問７　下線部Ｅについて，この新幹線の名称を「○○新幹線」という形で，「○○」の部分を漢字２字で答えなさい。

問８　下線部Ｆについて，大阪府や兵庫県を中心とした，機械工業や金属工業のさかんな工業地帯を，「○○工業地帯」という形で，「○○」の部分を漢字２字で答えなさい。

問９　下線部Ｇについて，海に面していない日本の都道府県を，漢字で２つ答えなさい（滋賀県を除く）。

問10　下線部Ｈについて，日本の盆地のうち，ぶどうやももの生産がさかんな山梨県の盆地の名前を，漢字で答えなさい。

問11　下線部Ｉについて，砂丘や境港《さかいみなと》などで有名な中国地方の県を漢字で答えなさい。

問12　下線部Ｊについて，瀬戸内の気候の特徴を次の【　　　】内の語句を使って１行以内で説明しなさい。【 降水量・季節風 】

問13　下線部Ｋについて，次の政令指定都市の説明文の空らん（　Ｖ　）・（　Ｗ　）に入る語句・数字の適切な組み合わせを，次の**ア**～**エ**から一つ選び，記号で答えなさい。

〈政令指定都市の説明文〉

（　Ｖ　）の命令により特別に指定された，人口（　Ｗ　）万人以上の都市

ア　Ｖ－内閣　Ｗ－50　　**イ**　Ｖ－内閣　Ｗ－100

ウ　Ｖ－国会　Ｗ－50　　**エ**　Ｖ－国会　Ｗ－100

問14　下線部Ｌについて，日本の水産業について述べた文として適切なものを，次の**ア**～**エ**から一つ選び，記号で答えなさい。

ア　日本有数の漁港として，銚子港《ちょうしこう》や焼津港《やいづこう》が挙げられる。

イ　沿岸漁業とは，複数の船で数十日～数ヶ月，世界の海で漁をする漁業のことである。

ウ　水産資源に恵まれた日本の漁業生産量は，ピークを迎えた1984年以降においては徐々に減少しつつも，世界最大の漁業生産量を維持している。

エ　魚の水あげ量が減少する中，「育てる漁業」にかわって「とる漁業」が注目されるようになった。

問15　下線部Ｍについて，北海道地方に位置する世界遺産として適切なものを，次の**ア**～**エ**から一つ選び，記号で答えなさい。

ア　小笠原諸島　　**イ**　屋久島　　**ウ**　知床半島　　**エ**　沖ノ島

6 グループ発表の準備のため，生徒と先生がタブレット端末を持ち合って打合せをしています。この会話について，あとの各問いに答えなさい。

生徒X　インターネットで調べていたら，人が排出する温室効果ガスにはいくつか種類があって，排出量の4分の3は二酸化炭素だということがわかりました。

温室効果ガス総排出量に占める二酸化炭素の割合（2010年）

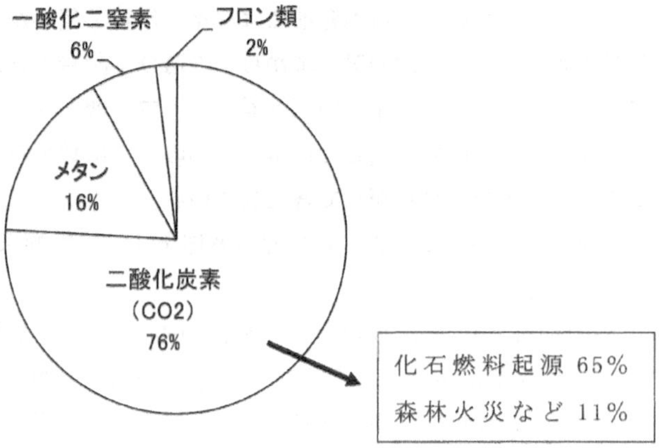

（JCCCA資料により作成）

生徒Y　65%を占めている「化石燃料起源」とは何ですか。

先生　化石燃料とは石油や石炭などをさします。次の資料も見てください。18世紀に蒸気機関が発明されてから，人間は化石燃料をたくさん使うようになりました。

化石燃料などからの二酸化炭素排出量と二酸化炭素濃度の推移

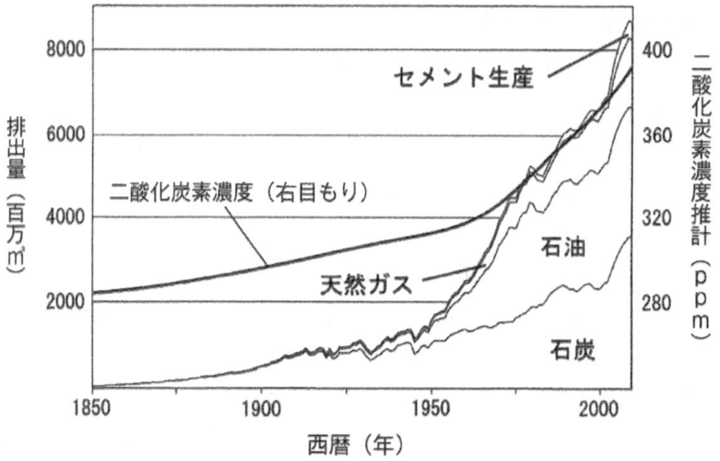

（USGCRP，NOAA資料より作成）

生徒X　その時代から，二酸化炭素の濃度も急に上がっています。

生徒Y　地球の平均気温はどう変化したのか，調べてみました。少しずつ上昇していることがわかりました。

世界の年平均気温の変化

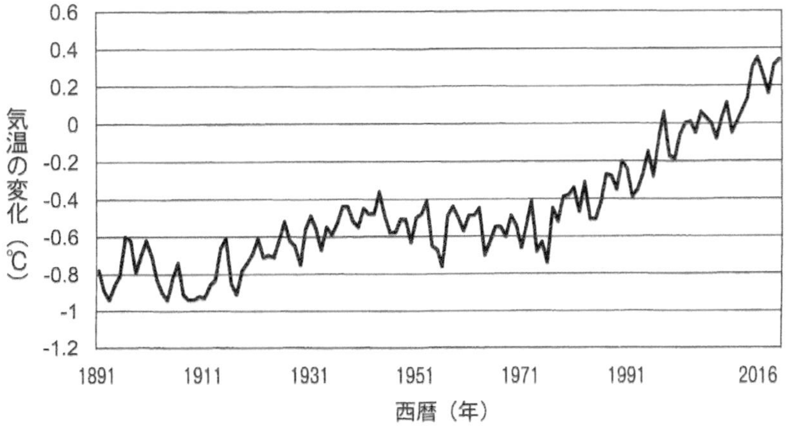

※「気温の変化」は，1991年～2020年の30年間の平均気温と，観測年の平均気温の差を示す。

（気象庁ホームページより作成）

先生　その少しの上昇が，（　Z　）などを引き起こしていると考えられています。

先生　EU（ヨーロッパ連合）や日本は，2050年までに地球温暖化を引き起こす二酸化炭素の排出量を，「実質ゼロ」にしようとしています。

生徒X　「実質ゼロ」とはどういう意味ですか。

先生　A二酸化炭素の排出量を減らして，森林などが光合成で吸収する量と同じにすることです。「Bカーボンニュートラル」とも呼ばれています。

生徒Y　今のままでは難しいと思います。みんなが協力しないと。

先生　そうですね。次の資料を見てください。日本の二酸化炭素排出量を部門別に見ると，C発電を意味するエネルギー転換部門や産業・運輸部門が多くを占めています。したがって企業の協力が絶対に必要です。

日本の部門別二酸化炭素排出量の割合（2018年度）

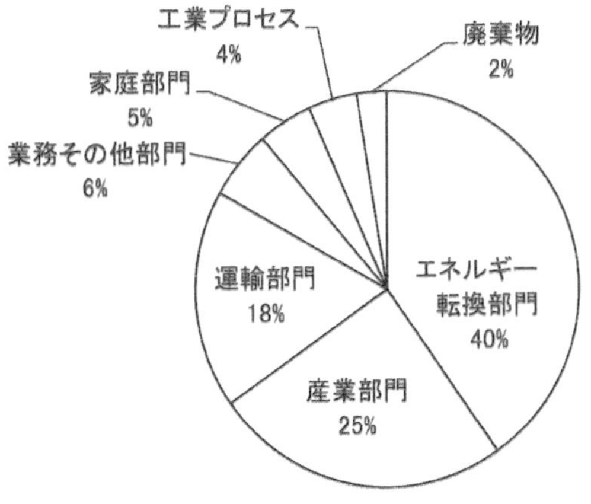

（JCCCA資料より作成）

生徒X　企業は環境対策をしてこなかったのでしょうか。

生徒Y　高度経済成長のころには，公害問題がありました。

先生　これまではそうだったかもしれませんが，今回は違います。D各国の政府が明確な目標を定めており，世界の企業は環境技術で優位に立とうとして必死です。

温暖化対策は，E国連のかかげた17の目標の中にもあります。

問１　空欄Ｚにあてはまる語句として適切でないものを，次の**ア**～**エ**から一つ選び，記号で答えなさい。

ア　異常気象　　**イ**　海面上昇　　**ウ**　オゾン層の破壊　　**エ**　生態系の変化

問２　下線部Ａについて，大気への二酸化炭素の排出量を減らす方法として，適切でないものを，次の**ア**～**エ**から一つ選び，記号で答えなさい。

ア　電気自動車を普及させる。　　**イ**　工場から出た二酸化炭素を回収する。

ウ　原子力発電所を廃止する。　　**エ**　熱帯林の伐採を禁止する。

問３　下線部Ｂについて，光合成を行う植物由来の燃料を燃やしても二酸化炭素の排出量は変わらないという考えから，ガソリンの代わりとなる燃料として，サトウキビやトウモロコシからつくったバイオエタノールなど「バイオ燃料」を利用している地域もあります。

バイオ燃料には，次の３つの資料からどのような問題点があるか，１行で書きなさい。

バイオエタノールの生産量

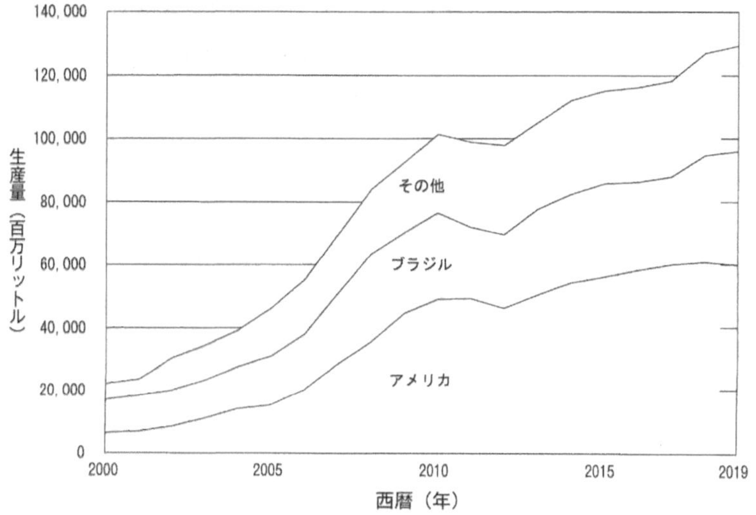

（OECD − FAO　Agricultural Outlook より作成）

砂糖（グラニュー糖）とトウモロコシの国際価格

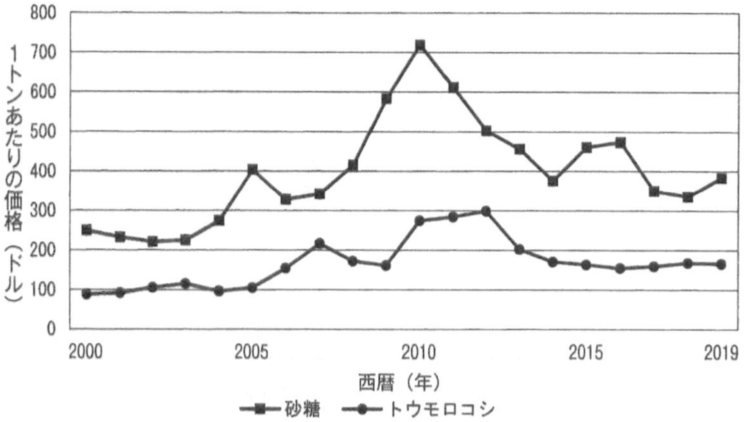

（OECD − FAO　Agricultural Outlook より作成）

世界全体におけるトウモロコシの生産量と利用方法

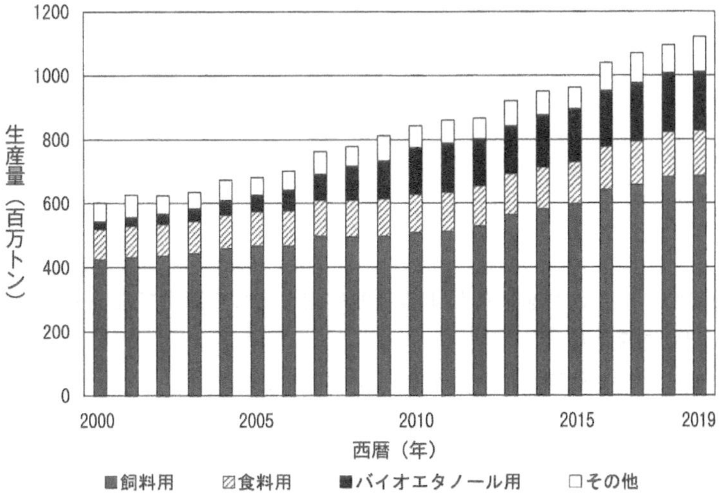

（OECD − FAO　Agricultural Outlook より作成）
※「飼料用」は家畜のエサになる。

問４　下線部Ｃについて，次の資料は現在の日本の発電方法について示したものです。各年のグラフの「1」「2」「3」の発電方法は何ですか。発電方法の組み合わせとして適切なものを，次の**ア**～**カ**から一つ選び記号で答えなさい。

発電方法別年間発電量

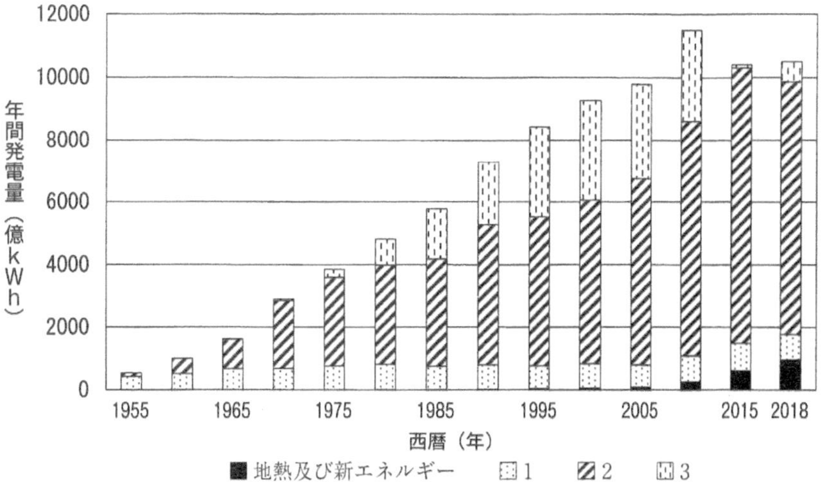

（電気事業連合会ホームページより転載）

	火力	水力	原子力
ア	1	2	3
イ	1	3	2
ウ	2	1	3
エ	2	3	1
オ	3	1	2
カ	3	2	1

問５　下線部Ｄについて，これを後押しする制度や政策として適切でないものを，次の**ア**～**エ**から一つ選び，記号で答えなさい。

ア　銀行が環境対策を積極的に行っている企業にお金を貸す。

イ　政府が企業や大学の研究者に補助金を出す。

ウ　自家用車の利用を避け航空機や鉄道の利用を促進する。

エ　ガソリンにかかる税を上げて電気自動車の普及を促進する。

問６　下線部Ｅについて，国連は「持続可能な開発目標」をかかげています。これは何と呼ばれているか，アルファベット４文字以内で答えなさい。

問6　――線④「美緒ちゃんはもう一人で洗える？　汚毛？」とありますが、裕子がこのような質問をしたのは、美緒にどういうことを知ってほしかったからですか。本文中から十字以内で抜《ぬ》き出しなさい。

問7　――線⑤「ぽたりと、糸に涙が落ちた」とありますが、美緒が泣いた理由として最も適当ではないものを、次のア～エの中から一つ選んで、記号で答えなさい。

ア　自分のせいで太一が裕子に厳しく叱られていることが申し訳なかったから。

イ　羊毛を無駄《むだ》使いしたことを、裕子が意地悪く責めることが辛《つら》かったから。

ウ　夢中で糸紡ぎをして、極上《ごくじょう》の羊毛を台無しにした自分が情けなかったから。

エ　思ったことを上手に言葉で説明できない自分がもどかしくて嫌《いや》だったから。

注1　糸を紡いで＝繊維《せんい》を引き出し、よりをかけて糸にして。
注2　ショール＝肩にかける防寒用、または装飾《そうしょく》用の布。
注3　染織＝羊毛を紡いで糸にして、その糸を染めたり織ったりすること。
注4　汚毛＝まだ洗われていない、汚《よご》れがついた状態の羊毛。
注5　太一＝裕子の息子。現在大学生で、裕子の仕事の手伝いもしている。
注6　常居＝染織工場内にある、天井《てんじょう》が吹《ふ》き抜《ぬ》けになった部屋。

問1　〜〜線ⓐ〜ⓔの漢字の読み方をひらがなで書きなさい。

問2　═線A「なだめるように」、═線B「やみくもに」の、本文中の意味として最も適当なものを、次のア〜エの中からそれぞれ一つずつ選んで、記号で答えなさい。

A「なだめるように」
ア　気持ちをおちつかせるように
イ　気持ちをおさえこむように
ウ　気持ちをくみとるように
エ　気持ちをさえぎるように

B「やみくもに」
ア　よそ見もせずに
イ　暗闇《くらやみ》の中を
ウ　やけになって
エ　むやみやたらに

問3　——線①「戸惑った顔で」とありますが、裕子が戸惑った理由として最も適当なものを、次のア〜エの中から一つ選んで、記号で答えなさい。
ア　美緒が、上質な羊毛をほとんど紡いでしまったため、自分の紡ぐ分がなくなってしまったから。
イ　まだまだ未熟だと思っていた美緒の糸を紡ぐ速さや技術が、いつの間にか向上していたから。
ウ　美緒が、最上級の羊毛を、練習用にたくさん紡いで使い物にならないようにしてしまったから。
エ　羊毛を取り込むことも忘れて美緒は糸を紡いでいたのに、その糸の出来が良くなかったから。

問4　——線②「手にした膨大な糸に美緒は目を落とす」とありますが、この時の美緒の気持ちとして最も適当なものを、次のア〜エの中から一つ選んで、記号で答えなさい。
ア　自分が紡いだ糸の使い道がないということは分かってはいたが、あらためてそのことを裕子に言われて、悲しい気持ちでいっぱいになっている。
イ　最上級の羊毛を紡いで作った糸なのだから、記念にとっておいたり捨てたりということは絶対にせず、いつか必ず布にしようと決意を固めている。
ウ　しっかりと仕上がりを確認することもなく、自分の紡いだ糸をゴミのように扱《あつか》った裕子に対して、あきれると同時に、強い怒《いか》りを抱《いだ》いている。
エ　自分が紡いだ糸が、このあと織られて布になると考えていたのに、使い道がないゴミ同然のとらえ方を裕子にされ、驚くとともに戸惑《とまど》いを覚えている。

問5　——線③「手にした糸が軽いのに重い」とありますが、この時の美緒の気持ちを七十五字以内で説明しなさい。
（、や。もふくみます）

「あんたね、美緒ちゃんにちゃんと教えた？　羊毛を取り込むのも忘れて。ずっと上にひきこもっていたんでしょ」

　やばい、と太一が頭をかいた。

「忘れてたよ。ごめん、取り込んでくる」

　太一が作業場に行こうとした。その手を裕子はつかむ。

「もう、やった。あんたね、美緒ちゃんをきちんと指導しなさいよ。妹だと思って、ちゃんと面倒《めんどう》を見て」

「いや、妹だと急に言われてもさ」

「責任を持って教えて。軽い気持ちで、うちの仕事をされては困るのよ」

　自分のせいで太一が叱《しか》られている。

　手にした糸を見ると、わくわくしながら糸紡ぎをした時間を思い出した。でもその結果、極上の羊毛を台無しにしてしまった。

⑤ぽたりと、糸に涙《なみだ》が落ちた。涙は止まらず、ぽたぽたと糸の上に落ち続ける。あわてて手でぬぐうと、裕子が振《ふ》り返った。

「な、なんで泣いてるの？　美緒ちゃん。私、そんなきついことを言った？」

「違います……違うんです、そうじゃなく」

　太一が首のうしろを軽く掻《か》いた。

「親子げんかにビックリしたんじゃないの？　もしくはね、また言ったんでしょ、古臭いこと。見習いは言われなくても、上の人が来る三十分前に来いとか。前にも言ったじゃん。それなら最初っから三十分前の時間を言ってやりなよ」

「時間のことを言っているんじゃないの。職人としての心構えを言っているの」

「そんなことを突然《とつぜん》言われてもびっくりするよ。それからね、仕事は身体で覚えろ、見て覚えろと言われても困る。前から言ってるけど、マニュアルみたいなものを作ろうよ」

　マニュアル？　と裕子が大きな声を上げる。

「紙に書かれた手順通りやればできるってものじゃないのよ！」

「だけど新しい人が続かないってのは、結局、そこのところがさ……」

「あの」

　必死の思いで、美緒は太一の言葉をさえぎる。

　裕子と太一の視線が集まった。

「先生のせいじゃないんです、あの」

　どうして泣いているのか説明したい。でも自分でも理由がわからない。

「すみません……失礼します」

　糸とバッグを抱《かか》え、美緒は裏口へ駆け出す。

「あっ、美緒ちゃん！」

　裕子の声が聞こえたが、自転車を引き出し、駅に向かってBやみくもに走った。

　涙が止まらない。どんなにからかわれても、人前で泣いたことなどなかったのに。

　開運橋のまんなかで自転車を止め、服の袖《そで》で顔をこする。

　自分のことがよくわからない。心の動きに付いていけない言葉がもどかしい。それに、また逃げてしまった。

　涙を拭《ふ》き、肩《かた》で息をつく。山の向こうに夕闇《ゆうやみ》が広がり始めていた。

（伊吹有喜《いぶきゆき》『雲を紡ぐ』）

「値段はピンからキリまで」

「私が駄目にしてしまったこの羊毛、おいくらなんですか。ごめんなさい」

　裕子が糸車を座敷の奥《おく》にある物入れに片付けた。

「いいよ、気にしなくて。本物と真剣《しんけん》勝負で向き合ったほうが必死になるし、上達も早い。そういうⓓ方針だから、そんなの最初から織り込み済み。ただ、下働きってのは遊びではないから」

　はい、と答えたら、裕子が腕《うで》を組んだ。

「わかってる？　④美緒ちゃんはもう一人で洗える？　汚毛？」

「えっ、無理。絶対無理です」

「一回聞いただけでは忘れちゃうでしょう。今日はメモやノートをまったく取ってなかったけど、覚えてる？」

　たしかに何も書かずに作業をしていた。これがもし学校の授業で、テストに出ると聞いたら、真剣にノートを取っていたのに。

「すみません、うっかり」

「真剣に覚えてくれるなら、私もできるだけのことをするけど。言われたことって、記録につけないと忘れるものでしょ、違う？　学校の授業じゃないから何度も言わないよ。それから、うちに限らず新入りは十時と言われたら、十時に来るんじゃなく、三十分前には来るもの。掃除《そうじ》や準備があるからね」

「十時って聞いたから……」

　わかってる、と裕子がうなずいた。

「九時半って言えば、ちゃんと来るコだったってのはわかってるよ。今日も十分前にきちんと来ていたからね。でも学生ならそれでいいけど、職人は十分前じゃだめなの。上の人が時間を言ったら、何も言われなくても三十分前に来て、支度《したく》をしておく心構えがなければ。これは職人に限らず、どこの職場でも新人は同じこと」

「はい……」

「なんで笑ってるの、美緒ちゃん。何が面白《おもしろ》いの？」

　裕子の言葉に、美緒は顔に手をやる。

「えっ、嘘《うそ》……笑ってました？」

　裕子がため息をついた。

「薄笑《うすわら》いをね。今の若い人ってみんなそう。こっちが本気でものを言っても、何を熱くなってんのって感じでふわっとかわされる」

「そんなつもりじゃなくて。癖《くせ》、なんです」

　ⓔ小声で言ったら、「癖？」と裕子がたずねた。

「私の癖……直したいんだけど」

　その先を言おうとしたが、うまく言えない。でもなんとか気持ちを伝えたくて、裕子を見る。

　わかった、と裕子がAなだめるように言った。

「疲《つか》れたでしょ、今日はお疲れ様。もう帰っていいよ。さて、もう一人、言ってきかせなきゃいけないコがいるな」

　太一、と裕子が二階に声をかけた。

「降りてきなさい」

「その声、怒《おこ》ってる？　何かあった？」

「あったから呼んでるの！」

　のっそりと太一が階段を降りてきた。迎《むか》え撃《う》つように、裕子が階段の下に歩いていく。

すっごくいい」

　つぶやいた自分に笑い、今度は羊毛を両頬に当てる。ほんのりと洗《せん》剤《ざい》の甘い香りがして、幸せな気持ちがわき上がってきた。

　羊の毛は、なんてやさしいものなのだろうか。

　晴々した気持ちで、三つのザルを座敷《ざしき》に運び、裕子に声をかけた。

「裕子先生、取り込みました」

「ありがとう。注5太一《たいち》に頼《たの》んでおいたのに、何をしてたんだろうね」

　裕子が乾《かわ》いた羊毛を手にした。

「まあ、いいか。ああ、これはいい毛だ」

　羊毛をつまんだ裕子が満足そうに笑っている。

「あの、いい毛じゃないときもあるんですか？」

「思ったより固かったりすることはある。人と一緒《いっしょ》で、羊も体つきや気性《きしょう》がそれぞれ違《ちが》うから、毛にも個体差が出るのよ」

　裕子が注6常居《じょい》に行くと、羊毛が入っていたビニール袋《ぶくろ》を手にした。

「あれ、美緒ちゃん、ずいぶん紡《つむ》いだね……」

　大きな袋には、もうひとつかみしか毛は残っていない。①戸惑《とまど》った顔で裕子は袋を見ている。

「すみません、そこからどんどん出して使ったんですけど。もしかして、そんなに出しては駄目《だめ》だった、とか？」

　うーん、と裕子がつぶやいた。

「いいよ。私がちゃんと言わなかったから。……糸はどんな感じ？」

「うまく紡げなくて。太さがまちまち」

　裕子が、糸車から紡いだ糸が巻きとられた部品をはずした。

「最初はみんなこんなもの。はい、どうぞ」

「これ、次はどうしたら、布になるんですか？」

　うーん、と裕子がⓒ困った顔になった。

「紘治郎先生ならいいアイディアが浮《う》かぶかも知れないけど、今回は記念にとっておくか、邪魔《じゃま》になるなら捨てるか」

　②手にした膨大《ぼうだい》な糸に美緒は目を落とす。

「えっ……捨てる？　ゴミ？　ゴミ扱《あつか》い？」

「ごめん、ゴミっていうのには語弊《ごへい》があるけど、商品としての使い道はないの」

「ほぐして、また糸紡ぎの練習に使えるとか……」

「できない」

　きっぱり言うと、裕子が羊毛が入った袋の口を閉めた。

「この仕事は紡ぎも染めも、すべて一発勝負。織りは少しならやり直しがきくけど」

　ビニール袋に入った白い羊毛を美緒は眺《なが》める。夢中になって糸を紡いでしまったが、これも元はあの臭《くさ》い毛だったのだ。

「この羊毛、裕子先生が洗ったものですよね。さっきみたいに少しずつ」

「そうだよ」

　裕子が糸車を片付け始めた。

「何に使う予定のもの？　練習用とかじゃなく……」

「ここにある羊毛は全部、服地やショールに使う最上級の羊毛。練習用はない。すべてが本物」

　そんな貴重な羊毛を全部、出来損《そこ》ないの糸にしてしまったのか。

　③手にした糸が軽いのに重い。

「羊毛って、高い、ですよね。こんなに量あるし」

(3) 彼女《かのじょ》の自分勝手な態度は、［③］が立つものだった。

(4) このところ、自分でお弁当を作っていたので、料理の［④］が上がった。

(5) 父は兄の話にまったく［⑤］を貸さなかった。

(6) ［⑥］から［⑦］が出るほど、新作のゲームが欲しい。

ア 目　イ 鼻　ウ 喉《のど》

エ 耳　オ 手　カ 腹

キ 頭　ク 腕《うで》　ケ 足

コ 胸

問3 次の(1)、(2)それぞれについて、①～③の四字熟語の□に共通して入る漢字一字を答えなさい。また①～③の四字熟語の意味を、後のア～ウの中からそれぞれ一つずつ選んで、記号で答えなさい。

(1) ① 一心同□　② 絶□絶命　③ 表裏一□

ア どうしても逃《のが》れられない困難な場面のこと。

イ 反対の性質を持つ二つのものが、切りはなせない関係にあること。

ウ 他人どうしの心身が一つになったかのように動く様子のこと。

(2) ① 品行方□　② □真□銘《めい》　③ 公明□大

ア 行動やふるまいがきちんとしていること。

イ かくし事がなく、かたよった判断をしない様子のこと。

ウ まったくうそのない本物であること。

〔三〕 **次の文章を読んで、後の問いに答えなさい。**

高校一年生の山崎美緒《やまざきみお》は、部活動での人間関係に悩《なや》み、学校へ行かず家に引きこもっていた。美緒の宝物は、祖父母が羊毛から[注1]糸を紡《つむ》いで織ってくれた赤い[注2]ショールであり、そのショールにくるまると安心できた。ある日美緒の母親は、美緒の甘《あま》えた気持ちを直そうと思い、そのショールを取り上げた。大切なものを奪《うば》われたと感じた美緒は家出することを決意し、岩手県で[注3]染織工場を営む祖父（山崎紘治郎《やまざきこうじろう》）のもとへ向かった。そして祖父と一緒《いっしょ》に暮らしながら、祖父の弟子《でし》であり親戚《しんせき》である裕子《ゆうこ》に染織の仕事を教わることになった。

「美緒ちゃん、ⓐ今朝洗った毛は取り込《こ》んだ？」

「あ、まだです」

「もう、いいよ。急いで取り込んで」

はい、と答えて、美緒は手を止め、作業場に走る。

干してあった羊毛のザルに駆《か》け寄ると、思わず声が出た。

「うわ、ふわふわ、わあ、真っ白」

ザルのなかには、ⓑ純白の羊毛がこんもりと入っていた。朝見たときは、濡《ぬ》れてぺったりとしていたのに、太陽の熱をたっぷりと含《ふく》み、綿《わた》菓子《がし》のように盛りあがっている。

手にのせると、そのやわらかさに思わず右頬《ほお》に当てていた。

ああ、と思わず声がもれた。真っ白なホイップクリームのような毛の感触《かんしょく》に、頬がとろけそうになる。

世の中にこんなに柔《やわ》らかく、温かいものがあるなんて。

[注4]「汚毛《おもう》、好きかも。汚毛、いいかも。こんなに柔らかくなるなら、

問3 ――線①「穴のあいたバケツで水をくむような対策」とありますが、その説明として最も適当なものを、次のア～オの中から一つ選んで、記号で答えなさい。

ア いつの間にか効果が現れている対策のこと。
イ 長時間にわたり取り組み続ける対策のこと。
ウ 周囲と協力しながら行っていく対策のこと。
エ 苦労をして行っても効果のない対策のこと。
オ 純粋《じゅんすい》な気持ちで取り組んでいく対策のこと。

問4 ――線②「人が持続可能に、人らしく生きていく」とありますが、「人が持続可能に、人らしく生きていく」ために必要なことを、筆者は本文中でいくつか述べています。その中から三つをあげ、それぞれ二十字以内で答えなさい。（、や。もふくみます）

問5 ――線③「それが世界大戦の引き金をひいた」とありますが、「それ」はどういうことを指していますか。百字以内で説明しなさい。（、や。もふくみます）

問6 本文全体の内容をふまえ、筆者の主張として正しいものを、次のア～オの中から一つ選んで、記号で答えなさい。

ア 今の世の中にはフェミニストがあふれており、社会において男女の差をなくす動きが活発である。
イ 自分を大切にする生き方が人間らしい働き方につながり、さらには社会全体の幸福につながる。
ウ 人をうらやんだり意地悪したくなったりする気持ちはだれにでもあり、仕方のないことである。
エ 「ディーセント・ワーク」を行うことができれば、世界中の貧困問題を解決することができる。
オ 自己肯定感が高くなると、多様なライフスタイルから正しい選択をすることができなくなる。

〔二〕 次の各問いに答えなさい。

問1 次の①～⑤の熟語と同じ成り立ちの熟語を、ア～エの中からそれぞれ一つずつ選んで、記号で答えなさい。

① 寒冷　ア 新聞　イ 救助　ウ 公私　エ 水泳
② 善悪　ア 読書　イ 連続　ウ 下校　エ 新旧
③ 新年　ア 温泉　イ 消毒　ウ 戦争　エ 辞退
④ 育児　ア 日照　イ 強風　ウ 決心　エ 教育
⑤ 県立　ア 帰国　イ 古典　ウ 市営　エ 昨晩

問2 次の［①］～［⑦］に入れるのに最も適当な言葉を、後のア～コの中からそれぞれ一つずつ選んで、記号で答えなさい。ただし、同じ記号は一度しか使えません。

(1) 彼《かれ》は甘《あま》いものに［①］がない。
(2) けがをした兄の無事を聞き、ほっと［②］をなでおろした。

しい人との交流がないと、自分が存在していないかのような感覚になってしまいます。

もちろん、自分の体を保つための家事や入浴、子どもを育てるという次世代の育成の時間も、持続可能な生き方には欠かせません。

一九〇八年三月八日、前年に始まった米国発の国際的な[注7]恐慌《きょうこう》の中、ニューヨークで一万五〇〇〇人の女性が労働時間の短縮、賃上げ、選挙権、育児労働の廃止《はいし》を訴《うった》えてⓓデモコウシンしました。そのときのスローガンは「パン（安定した生活を送れるための働く条件）とバラ（食べるだけでなく、人が人らしく生きられる生活の質の向上）」でした。一日八時間労働を基準とする考え方は、こうした考え方からⓔミチビき出されています。「一日八時間」が一九世紀以来、労働運動の主要なスローガンとなり、ＩＬＯ条約が第１号でこれを規定しているのは、それが人間らしく生きるための最低限の権利と言ってもいいからです。

これらの働くルールは、二つの世界大戦で、日本も含《ふく》め世界中の人々が殺し合い、大量の死者を出したことへの真剣《しんけん》な反省からきています。人間が、人間らしい幸せを感じられる働き方ができず、食べるためだけに二四時間働き続けるしかなく、低賃金で貧困化していくと、人は他人の幸せを素直に喜ぶことができなくなります。嫉妬《しっと》したり、他人を[注8]貶《おとし》めたりすることで自分を引き上げようとしたりして、セルフ・エスティームを失ってしまうのです。

それが高じると、[注9]捨《す》て鉢《ばち》になって「自分はこんなに不幸なんだから人も不幸にしてやりたい、戦争で殺されることくらいなんだ」という気分が社会を覆《おお》っていきます。③それが世界大戦の引き金をひいたという見方もあります。大戦後には、これらへの反省から、みながまともに働けて幸せになれる社会をつくろうという気運が高まり、第一次大戦後に生まれたＩＬＯ憲章の前文は、そうした決意があふれたものになりました。

（竹信《たけのぶ》三恵子《みえこ》『10代から考える生き方選び』）

注1　フェミニスト＝男女の不平等をなくしたいと主張する人々のこと。
注2　自尊心＝自分の人格を大切にし、品格を保とうとする気持ち。プライド。
注3　傲慢＝おごりたかぶって人を見下すこと。
注4　ＩＬＯ＝国際労働機関。国際的規模での労働条件の改善などを目的とした国際連合の専門機関。
注5　ジェンダー＝歴史的・社会的に作られた男女の違《ちが》いに対する考え方。
注6　蔓延＝好ましくないものがはびこって広がること。
注7　恐慌＝好景気から極端《きょくたん》な不景気になる際に起こる経済の混乱。
注8　貶めたりする＝劣《おと》ったものとして見下すこと。
注9　捨て鉢＝自信や希望をなくし、やけになること。やけくそ。

問1　～～線ⓐ～ⓔのカタカナを漢字に直しなさい。

問2　［　　］に入れるのに最も適当な内容を、次のア～オの中から一つ選んで、記号で答えなさい。

ア　自分は存在するだけで価値がある
イ　自分は何よりもえらいのだ
ウ　自分の存在する理由を探すのだ
エ　自分は他のことができるのだ
オ　自分一人で生きているわけではない

れるようになると、他人との比較《ひかく》でなく、自分なりの成長が楽しくなり、他人の異なる意見にも耳を傾《かたむ》けることができるようになります。そして自分を軸《じく》に物事のⓑユウセン順位を付けられるようになり、その結果、自分で決められるようになります。

　人はいろいろ言うけれど、かけがえのない自分が考えたユウセン順位を大切にして、それをもとに物事を判断していいんだ、と感じられるようになるのです。

　人をうらやんだり、自分にないものをやたらに欲しがったり、意地悪したくなったり、という気持ちはだれにでもあります。セルフ・エスティームに立ち返ると、そうした気持ちを吹《ふ》っ切ることができます。そのうえで、いま自分が持っているプラスのものを並べてみましょう。それをどう組み合わせて、生き抜《ぬ》いていけるか。セルフ・エスティームが自分の中にあれば、やってくる困難を乗り切れるはずです。

　こうしたセルフ・エスティームを土台にした働き方が、「ディーセント・ワーク」です。ディーセントは「まともな」「ちゃんとした」「気の利《き》いた」という意味の英語です。つまり、人間らしい働き方のことなんですね。

　この言葉は、一九九九年のＩＬＯ[注4]総会に提出されたファン・ソマビア事務局長（当時）の報告で初めて用いられ、次のように説明されています。

　ディーセント・ワークとは、権利が保障され、十分な収入を生み出し、適切な社会的保護が与《あた》えられる生産的な仕事を意味します。それはまた、全ての人が収入を得るのに十分な仕事があることです。

（ＩＬＯ駐日《ちゅうにち》事務所ホームページから）

　まずは仕事があること、その仕事は、権利・社会保障・社会対話が確保されていて、自由と平等が保障され、働く人々の生活が安定するものを目指すべきだ、というわけです。加えて、これらの目標すべてを貫く目標として、「ジェンダー平等」[注5]がうたわれています。

　不安定で低賃金のⓒ非セイキ労働の蔓延《まんえん》[注6]が貧困《ひんこん》を招く、ということは理解されてきましたが、日本でも、その七割近くは女性です。「男女平等」はこうした貧困を解決する一つの重要なカギなのです。これまでは、そうした「男女平等」の部分が置き去りにされ、①穴のあいたバケツで水をくむような対策になってしまっていたことに、やっと人々が気づき始めたということでしょう。

　世界の話はここまでにして、私たちの身近な生活に戻《もど》りましょう。

　一日はだれにとっても二四時間です。最近は五時間くらいしか眠《ねむ》らないと自慢する人も見かけますが、健康な体を維持《いじ》するには六〜八時間は眠る必要があると言われています。また、よい睡眠《すいみん》は、「さあ、寝よう」といって寝ればとれるわけではありません。八時間は、家庭や社会での私的な活動にあてることで、働いて疲《つか》れた肉体の興奮を落ちつかせ、よく眠れる条件をつくることが必要なのです。

　また、②人が持続可能に、人らしく生きていくには、家族や友人、地域の人々と付き合う時間も欠かせません。家族や友人との会話の時間は、体調をよくします。それ以上に、人間は社会の中での交流を通じて自分を自分だと認識できる存在（つまり社会的な存在）なので、親

【国語】〈五〇分〉〈満点：一〇〇点〉

〔一〕 次の文章は、十代の読者が将来の生き方を選択《せんたく》するにあたって、準備しておくことや理解しておくべきことについて、筆者が八つのコースに分けて説明したもののうちの、最終章（八コース目）です。これを読んで、後の問いに答えなさい。

これまで、さまざまなライフスタイルの特性や選び方について説明してきました。最終コースは、これらをタテに貫《つらぬ》く重要なカギについて考えていきましょう。それは「他人の思惑《おもわく》に振《ふ》り回されない」ということです。

その土台となるのが、「セルフ・エスティーム」です。米国のフェミニスト[注1]、グロリア・スタイネムが一九九〇年代に広めた考え方ですが、セルフ・エスティームを日本語に直訳すれば「自尊心[注2]」「自分を尊重すること」でしょう。こうした言葉は、日本社会では単なる自己中心主義や傲慢《ごうまん》[注3]と混同されがちです。ただ最近はスタイネムの使い方に沿って自己肯定《こうてい》感とか、自尊感情とか表現されて、日本でもⓐテイチャクしています。みなさんが多様なライフスタイルの中からどれを選ぼうと、この考え方を基本にしていれば、なんとかやっていけるはずです。

スタイネムは、自尊心には、二種類あると言っています。一つは、自分はこれができる、といった能力にかかわるものです。もう一つは、何かができなくても、［　　　　］、と思えることです。重要なのは、後の方の自尊心で、セルフ・エスティームとは主に、こちらを指していると言えます。

障がい者が大量に犠牲《ぎせい》になった二〇一六年の「津久井《つくい》やまゆり園事件」で、被告《ひこく》は、「しゃべれるかどうか」を確認し、しゃべれない人は生きている価値がないとして殺す、という選択をしていたと報じられています。「何かができる」ことだけを基準にしていると、こうした事態が起きます。遺族の方々が話しているように、「その子がいるだけでよかった」という人間観が、私たちを幸せにしてくれるのです。

セルフ・エスティームを高めるには、まず自分を大切にすることです。「私って本当にダメな人間だな」と思うことはだれでもあります。でも、そんな私でも、生きていていいんだ、価値があるんだ、と思えるようになることです。フェミニストの田中美津《たなかみつ》さんの著書『かけがえのない、大したことのない私』（インパクト出版会、二〇〇五年）のタイトルは、まさにそのことを表しています。

こうして、自分を大切にできるようになると、他人についても「大したことない」かもしれない、「でもかけがえのない人」と、思えるようになります。

私は、人はみな「希少絶滅危惧種《ぜつめつきぐしゅ》」だと感じています。本来は環境《かんきょう》の変化などによって絶滅のおそれのある動物のことですが、人もまた、その人だけが持つ体験や記憶《きおく》や能力を抱《かか》えて生きています。でも、死んでしまえば、そうした貴重なものはみな消滅します。人間は必ずいつかは死ぬ、つまり絶滅してしまう運命です。そうした意味で、一人ひとりは希少な絶滅危惧種であり、だからこそ、生きている間に大切にし合わなければいけないと思うのです。

そんな風に思うと、目の前にいる人が、いとおしくなりませんか。

こうして、「大したことないけど、かけがえのない自分」を考えら

2022年度

解答と解説

《2022年度の配点は解答欄に掲載してあります。》

＜算数解答＞

1　(1)　30　(2)　4　(3)　$1\frac{13}{20}$　(4)　0　(5)　23個

(6)　39通り　(7)　75度　(8)　表面積　450cm^2　体積　500cm^3

2　(1)　長針　360度　短針　30度　(2)　110度　(3)　ウ，解説参照

3　(1)　314m^2　(2)　235.5m^2　(3)　196.25m^2　(4)　解説参照

4　(1)　59%　(2)　①　式　200×0.6　答え　120本　②　イ　(3)　解説参照

○配点○

1　(1)～(4)　各4点×4　他　各5点×5　2　(1)　各3点×2　(2)　5点　(3)　6点

3　(4)　6点　他　各5点×3　4　(3)　6点　他　各5点×3　計100点

＜算数解説＞

基本　1　(四則計算，逆算，和差算，場合の数，角度，表面積，体積)

(1)　55－25＝30

(2)　□×505＋2＝2022　□×505＝2022－2＝2020　□＝2020÷505＝4

(3)　$\frac{9}{2}\times\frac{2}{5}+\frac{3}{5}-\frac{3}{4}=\frac{12}{5}-\frac{3}{4}=\frac{48}{20}-\frac{15}{20}=\frac{33}{20}=1\frac{13}{20}$

(4)　$\frac{9}{4}\times\frac{8}{3}-\frac{16}{10}\times\frac{15}{4}=6-6=0$

(5)　白玉の個数の2倍が33＋13＝46(個)だから，白玉の個数は46÷2＝23(個)

(6)　10円玉の使い方は4＋1＝5(通り)　50円玉の使い方は1＋1＝2(通り)　100円玉の使い方は3＋1＝4(通り)だから，作れる金額は5×2×4＝40(通り)ある。0円の場合を除くから，支払うことのできる金額は40－1＝39(通り)である。

(7)　角ABC＝90＋60＝150(度)　三角形ABCは二等辺三角形だから，角CAB＝(180－150)÷2＝15(度)　よって，角ア＝90－15＝75(度)である。

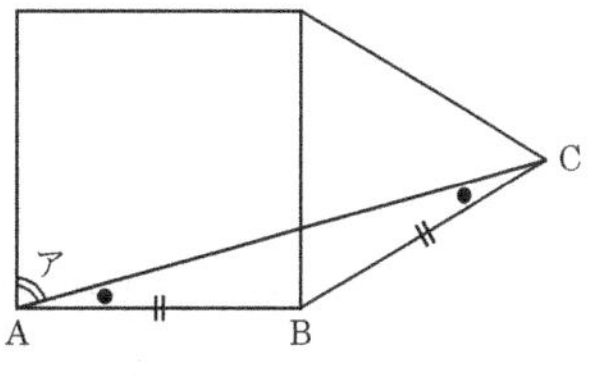

(8)　前後，左右，上下の6つの方向から見える面の面積はすべて5×5×3＝75(cm^2)だから，表面積は75×6＝450(cm^2)である。この立体は立方体4個を組み合わせてできているから，体積は5×5×5×4＝500(cm^3)

2 (時計算)

(1) 長針は1周したから360度，短針は$\frac{1}{12}$周したから$360\times\frac{1}{12}=30$(度)動いた。

重要 (2) 1分間に長針は$360\div60=6$(度)　短針は$30\div60=0.5$(度)動く。したがって，長針と短針は1分間に$6-0.5=5.5$(度)ずつはなれていくから，0時20分には$5.5\times20=110$(度)はなれることになる。

重要 (3) (2)より，長針と短針は1分間に5.5度ずつはなれていくから，180度はなれるのは$180\div5.5=180\div\frac{11}{2}=32\frac{8}{11}$(分)後　よって，32分から33分の間である。

3 (面積，図形や点の移動)

(1) 半径10mの円になるから，面積は$10\times10\times3.14=314$(m^2)である。

重要 (2) 右の図(ア)の斜線部分になる。よって，面積は$10\times10\times3.14\times\frac{3}{4}=235.5$(m^2)である。

重要 (3) 右の図(イ)の斜線部分になる。よって，面積は$10\times10\times3.14\times\frac{1}{2}+5\times5\times3.14\times\frac{1}{2}=(100+25)\times3.14\times\frac{1}{2}=196.25$(m^2)である。

図(ア)

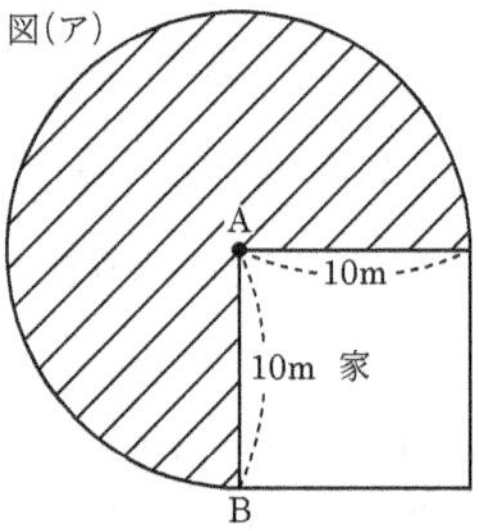

図(イ)

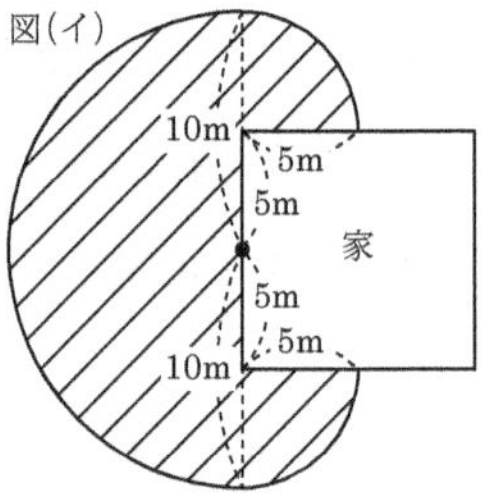

やや難 (4) 右の図(ウ)のようになる。コンパスを辺ABの幅に開き，点A，Bそれぞれを中心として円をかき，その交点をCとする。点Cを中心として円をかき，円が家と重なっていない部分に斜線をかけばよい。

図(ウ)

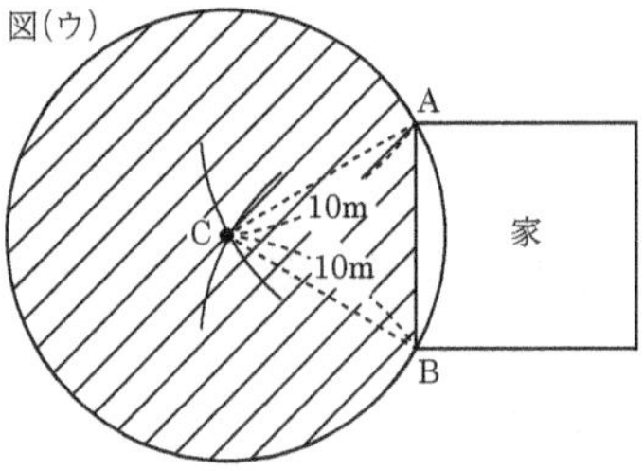

4 (割合)

(1) $41\div70\times100=58.5\cdots$　より，59％

(2) ① 今年1本の植物が育つと，200個のたねがとれて，来年は200個のたねをまくから，発芽するのは$200\times0.6=120$(本)

やや難 ② ①より，来年の秋にとれるたねは$200\times200\times0.6$だから，再来年の春に出る芽は$200\times200\times0.6\times0.6$　よって，再来年の秋にとれるたねは$200\times200\times200\times0.6\times0.6$と求めることができる。

やや難 (3) すべてのたねの重さを測り①とする。このうち20個を取り出して重さを測り②とする。このとき，おおよそのたねの個数は$20\times\frac{①}{②}$と求めることができる。

★ワンポイントアドバイス★

時計算では，長針，短針それぞれが1分間に動く角度，長針と短針が1分間にはなれる角度を覚えておくとよいだろう。記述の出題に対応できるように，なぜそのようになったのか説明する練習もしておこう。

＜理科解答＞

1　(1)　①　ウ　②　イ　③　ア　④　オ　(2)　ウ　(3)　イ，オ
(3)　答え　なる。　理由　デンプンが含まれるため。　(5)　ア　(6)　ウ
(7)　①　ア　③　イ　④　ア　(8)　②　イ　⑥　オ　(9)　⑤　イ

2　(1)　a　水素　b　二酸化炭素　(2)　キ　酸性　ク　アルカリ性　ケ　アルカリ性
(3)　キ　(4)　手であおぐようにしてかぐ。　(5)　食塩　①　ミョウバン　③
(6)　A　×　B　×　C　カ　D　オ　E　ウ　F　エ
(7)　1つ目　ガラス棒に液体を伝わらせて，ろうとにそそぐ。
2つ目　ろうとの足をビーカーの内側につけて，ビーカーの内側の面に液体を伝わらせる。

3　(1)　イ　(2)　①　ア　(3)　②　じょう発　(4)　ア　(5)　Y
(6)　③　エ　④　カ　⑤　キ　(7)　ウ

4　(1)　①　月　②　分　(2)　③　3600　(3)　④　24　(4)　⑤　24
(5)　⑥　97　(6)　⑦　2425

○配点○

1　各2点×17　2　各2点×17　3　各2点×9　4　各2点×7　計100点

＜理科解説＞

1　(生物－植物)

基本　(1)　インゲンマメは双子葉類で，根・茎・葉の区別がある。①が葉，②が茎，③が根である。④は，発芽で養分を使い終わった子葉である。

重要　(2)　⑤は幼芽・胚じく・幼根で⑥の子葉と合わせて胚《はい》である。

(3)　ダイズとエンドウがマメ科で，アサガオはヒルガオ科，トウモロコシはイネ科である。

重要　(4)　インゲンマメの子葉には発芽のためにデンプンがたくわえられているので，ヨウ素液をかけると青むらさき色になる。

(5)　実験1と実験2の違いが水がないことなので，この二つの実験を比かくする。

(6)　実験2と実験3の違いが空気があるかないかなので，この二つの実験を比かくする。

(7)　比かくの実験では条件を1つだけ変えることで，結果に違いが出たら，原因がその条件にあるとわかる。

(8)　冷蔵庫に入れることで温度の違いの他に光の条件が変わってしまう。光の条件を同じにするために箱をかぶせる。

(9)　実験2のコップに箱をかぶせることで，温度以外の条件を同じにすることができ，それで発芽したら適切な温度が必要であることがわかる。

基本　2　(物質と変化－気体の発生・性質，水溶液の性質・物質との反応)

(1)　aは燃える性質があるので水素，bは石灰水を白くにごらせるので二酸化炭素とわかる。

(2)　うすい塩酸は酸性，うすい水酸化ナトリウム水よう液はアルカリ性，石灰水はアルカリ性である。

(3)　実験に使用した水よう液でにおいのあるのは，うすい塩酸である。

(4)　水よう液のにおいをかぐときは，手であおぐようにしてかぐ。

(5)　食塩の結晶は①，ミョウバンの結晶は③である。②は硫酸銅の結晶，④は硝酸カリウムの結

晶である。

(6)　水に溶けたAとBは食塩とミョウバンであるが，どちらがAかBかは決められない。うすい水酸化ナトリウム水溶液にすべてとけたCはアルミニウムである。うすい塩酸にすべてとけたDとEは鉄と石灰石である。実験3の結果よりDは石灰石であることがわかる。とけなかったFは銅である。

(7)　右の図の丸の中で，上から，1つ目：水よう液は，静かに注ぐ必要があるので，ガラス棒に伝わらせて注ぐ。2つ目：ろうとの足をビーカーの壁につけて，ビーカーの内側を液体が伝わるようにする。

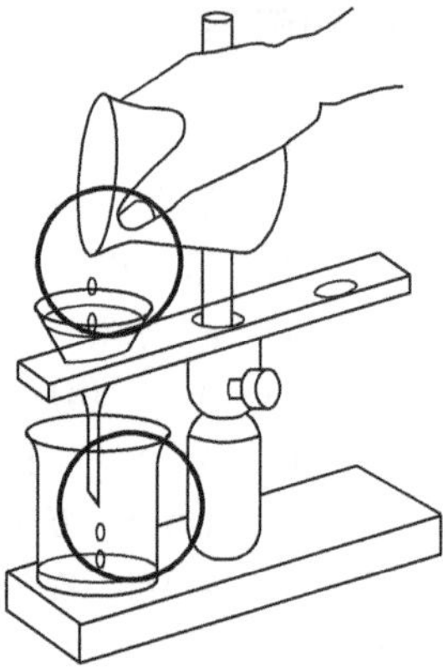

[3]　**(物質の変化，天体・気象・地形－水溶液の性質，物質の状態変化，気象)**

基本　(1)　とけ残った砂糖は水よう液より重いので下に沈む。

基本　(2)　砂糖は水の温度が高くなるととける量が増え，とけ残った砂糖のつぶが見えなくなる。

(3)　水が表面から気体に変化する現象を蒸発という。

(4)　水蒸気は，水の気体の状態で目に見えない。

(5)　Yのペットボトルは水てきが表面についた分だけ重くなる。

(6)　気温が下がると気体の状態で存在できる最大限度の量(飽和水蒸気量)が減少し，水蒸気は液体の水てきに状態変化するので，「空気中の水蒸気が冷たい水の入ったペットボトルにより冷やされて液体の水に変わったから。」となる。

(7)　下線部の現象は，空気が冷やされて温度が下がることにより，空気中の水蒸気が気体から液体の水滴に変わる現象である。木を燃やした時に出る黒いけむりはすすである。

[4]　**(天体・気象・地形，その他－時間の単位・うるう年)**

基本　(1)　新月から新月までを1ヶ月とし，1秒の60倍を1分，1分の60倍を1時間とした。

重要　(2)　③は1時間＝60(秒)×60(分)＝3600(秒)となる。

(3)　1900年から1999年の100年間には，4の倍数の年は100(年)÷4(年)＝25(回)あるが，1900年はうるう年ではないので，25－1＝24(回)のうるう年がある。

(4)　1年が平均何日かを考える。100年のうち平年が76回，うるう年が24回であることより，365日より24日多くなることより(365×100＋1×24)÷100＝365×100÷100＋1×24÷100＝365＋0.24＝365.24となる。よって⑤は24。

(5)　1900年から2299年の400年間には，4の倍数の年は400(年)÷4(年)＝100(回)ある。このうち100の倍数の年は400÷100＝4(回)ある。また，400の倍数の年はうるう年なので2000年はうるう年となるので，100－4＋1＝97(回)うるう年がある。

(6)　(4)と同様に考えると(365×400＋1×97)÷400＝365×400÷400＋1×97÷400＝365＋0.2425＝365.2425より⑦は2425となる。

★ワンポイントアドバイス★

[1]から[3]は，基本的な問題であるが，問題文をよく読んで適する解答を知識の中から導き出すことで解くことができる。[4]は問題文の解説を理解しながら，解き進める問題であるので，じっくり考える必要がある。計算の問題中心であるが，問題文の解説に沿って考える事により解答を導き出そう。

＜社会解答＞

1　問1　ウ　　問2　エ　　問3　イ　　問4　イ　　問5　(1)　イ　　(2)　ウ
問6　オ　　問7　ウ　　問8　平和主義　　問9　エ

2　問1　(1)　難民　　(2)　ウ　　(3)　イ　　問2　(1)　大韓民国　　(2)　ウ，オ
問3　(2011年)3(月)11(日)

3　問1　小野妹子　　問2　聖武(天皇)　　問3　鑑真　　問4　ウ　　問5　藤原道長
問6　ア　　問7　(1)　平清盛　　(2)　壇ノ浦　　問8　ア　　問9　(1)　足利義政
(2)　エ　　問10　(1)　関ヶ原　　(2)　徳川家光　　(3)　ウ　　(4)　イ　　(5)　イ

4　問1　ウ　　問2　西南戦争　　問3　(1)　ペリー　　(2)　ア　　(3)　ウ
問4　イ　　問5　10年後に国会を開くこと。　　問6　ア　　問7　エ　　問8　(1)　夏目漱石
(2)　関東大震災　　問9　(1)　③　　(2)　8(月)9(日)　　問10　そかい　　問11　イ

5　問1　大津市　　問2　(1)　エ　　(2)　ア　　(3)　イ　　問3　(1)　エ　　(2)　ア
(3)　ウ　　問4　対馬海流　　問5　イ　　問6　かいらくえん　　問7　北陸(新幹線)
問8　阪神(工業地帯)　　問9　(例)　群馬県，栃木県[埼玉県，山梨県，長野県，岐阜県，奈良県]　　問10　甲府　　問11　鳥取県　　問12　(例)　季節風が山地によりさえぎられるため，比較的降水量が少なく，温暖である。　　問13　ア　　問14　ア　　問15　ウ

6　問1　ウ　　問2　ウ　　問3　(例)　食品や飼料用としても利用されているため，砂糖や肉の価格が高くなる。　　問4　ウ　　問5　ウ　　問6　SDGs

○配点○

1　問5(2)・問6　各2点×2　　他　各1点×8　　2　問1(2)　2点　　他　各1点×6
3　問6・問9(2)・問10(3)・(5)　各2点×4　　他　各1点×12　　4　問3(2)・問5・問6・問9　各2点×5　　他　各1点×10　　5　問1～問8　各1点×12　　他　各2点×8
6　各2点×6　　　計100点

＜社会解説＞

1　(政治－日本国憲法，基本的人権の尊重，政治のしくみ，地方自治，国民生活と福祉)

問1　日本国憲法は1946年11月3日に公布され，1947年5月3日に施行されたので，(　X　)にはウの1946が入る。

問2　外国の大使を迎えてもてなすなどの国事行為は，天皇が内閣の助言と承認のもとに行うもので，エは国民主権の原理についての例として適切でない。

問3　公園の木は公園の所有者のものであり，所有者以外の個人が所有者の許可なく切って持ち帰ることは窃盗となるもので，イは個人が自由に生活できる権利の説明として適切でない。

問4　国会は，日本国憲法で唯一の立法機関と規定されており，また国の予算を決める権限を持っていることから，イが適切。現在の国会は衆議院と参議院の二院制であり，衆議院議員は25歳以上の男女が，参議院議員は30歳以上の男女が選挙に立候補することができ，男性だけがなることができるわけではないので，アは誤り。日本で国会が初めてつくられたのは明治時代の1890年なので，ウは誤り。国会の採決は原則として多数決なので，エは誤り。

問5　(1)「障がいのある人とそうでない人が特別に区別されることなく，社会生活を共にすることが理想である」という考え方を，ノーマライゼーションというので，イが適当。　(2)　障がいのある子どもの学校教育を提供するために特別支援学校が設置されているが，普通学級と特別

支援学校の選択は障がいのある子どもや保護者の考えに合わせて選択できることが，障がい者が暮らしやすい町づくりに適していることから，ウが適切でないと判断できる。

問6　条例は，市役所から議会に提案され(エ)，市議会で話し合いが始まり(ア)，市議会で専門家などの意見を聞き(オ)，市議会で議決される(ウ)という流れになる。市役所から議会に提案する前には，市民から市役所へ意見が提出されたり提案が出されたりすることもある(イ)。よって，イ→エ→ア→オ→ウの順になり，4番目はオとなる。

問7　裁判員制度は，重大な刑事事件に関する刑事裁判の第一審でのみ実施されているので，ウが適切でない。

重要　問8　日本国憲法の三大原則は，国民主権，基本的人権の尊重と，平和主義である。

問9　日本国憲法が規定している国民の義務には，保護する子女に普通教育を受けさせる義務(ア)，勤労の義務(イ)，納税の義務(ウ)があり，エが適切でない。エについて，健康で文化的な生活を営む権利は，生存権と呼ばれる。

2　(政治－国際社会と平和)

問1　(1)「政治や宗教などの理由によって迫害を受け，国外へ逃れている人たち」は，難民と呼ばれる。　(2)　日本は国連加盟国の中で分担金が多い方であるが，国連分担金が最も多かったことはないので，ウが適切でない。　(3)　国際連合には，日本が国家と認めているなかでもバチカン市国のように加盟していない国もあり，国際連合に世界のすべての国が加盟しているわけではないので，イが適切でない。

やや難　問2　(1)　韓国の正式名称は大韓民国である。　(2)　韓国ではハングルを使用する一方で，儒教の教えを大切にするなど中国の影響も受けているので，ウが韓国について述べた文として適切。また，韓国は造船業が盛んで，中国・日本とともに世界の大半の生産量を占めているので，オも韓国について述べた文として適切。シェンチェンは中国の経済特区であり，アは韓国について述べた文として適切でない。イスラム教は韓国では信仰する人は少ないので，イは韓国について述べた文として適切でない。エの百万人以上の日系人が住んでおり，コーヒー豆などの生産が盛んな国は，ブラジルである。カについて，韓国と北朝鮮の間で南北統一は2022年2月時点でなされていないので，誤っているとわかる。

問3　東日本大震災は，2011年3月11日に起きた。

3　(日本の歴史－古代～近世)

問1　聖徳太子が607年に遣隋使として派遣したのは，小野妹子である。

問2　奈良時代に東大寺を建立し，大仏造りを命じたのは，聖武天皇である。

問3　唐招提寺を建てたのは，奈良時代に唐から来日し戒律を伝えた鑑真である。

問4　比叡山延暦寺は，1571年に織田信長が焼打ちしているので，ウが適当。

基本　問5　藤原頼通の父は藤原道長である。藤原道長・藤原頼通父子のころが摂関政治の全盛期であった。

問6　中尊寺は岩手県平泉にあるので，アが適当。

問7　(1)　武士として初めて太政大臣の地位につき，日宋貿易に力を入れたのは，平清盛である。平清盛は，1167年に太政大臣となっている。　(2)　平氏は，1185年の壇ノ浦(壇の浦)の戦いで滅びている。

問8　観阿弥・世阿弥父子は能を大成したので，アが正しい。

問9　(1)　銀閣を建てたのは，足利義政である。足利義政は室町幕府8代将軍であった。

(2)　織田信長は石見銀山に関わっていないので，エが適切でない。織田信長は安土城を築き，城下に楽市の命令を出しており，アとイは適切とわかる。また，織田信長は堺を直接支配したので，ウも適切とわかる。

問10 (1) 徳川家康が勝利した1600年の「天下分け目の戦い」は，関ヶ原の戦いである。関ヶ原の戦いは，徳川家康の率いる東軍と石田三成の率いる西軍の対決で，東軍が勝利した。

(2) 鎖国は，ポルトガル船の来航を禁止し，オランダ商館を長崎の出島に移して完成している。鎖国が完成したのは，3代将軍徳川家光のときである。 (3) 大老は老中の上に置かれた最高職で，譜代大名の中から任命されており，外様大名から任命されたことはないので，ウが適切でない。 (4) 江戸時代に「天下の台所」と呼ばれたのは，イの大阪である。大阪には諸藩が蔵屋敷を置き，全国各地から年貢米や特産物が集まっていた。なお，アの江戸は「将軍のおひざもと」と呼ばれ，ウの京都は「天子(天子様)のおひざもと」と呼ばれていた。 (5) 「東海道五十三次」は葛飾北斎ではなく歌川(安藤)広重の作品なので，イが適切でない。葛飾北斎は「富嶽三十六景」などの作品で知られる浮世絵師。

4 (日本の歴史－近世～現代)

問1 1837年にききんで生活に苦しむ人々を救おうと大阪で反乱を起こした人物は，ウの大塩平八郎である。大塩平八郎は陽明学者で，大阪町奉行所の元与力であった。

問2 西郷隆盛を中心に，生活に不満を持つ士族が起こした反乱は，西南戦争である。

重要 問3 (1) 1853年に黒船を率いて浦賀に現れ，アメリカ大統領の手紙を幕府にわたして開国を求めたのは，ペリーである。ペリーは翌1854年に再び来航し，日米和親条約が結ばれた。

(2) 1858年に日米修好通商条約が結ばれて外国との貿易が始まると，国内産の生糸などが輸出された影響で国内のものの値段が上がり，生活が苦しくなった人々があらわれたので，アが適切。日米修好通商条約では箱館(函館)，神奈川(横浜)，新潟，兵庫(神戸)，長崎の五つの港が開かれたが，舞鶴は開かれていないので，イは誤り。長州藩は1863年に外国船を砲撃し翌年にイギリス・フランス・アメリカ・オランダの四か国連合艦隊に攻撃を受け敗北しているが，土佐藩はイギリスなどと戦ったことはないので，ウは誤り。なお，薩摩藩は生麦事件の報復としてイギリス艦隊から鹿児島を砲撃されている。日米修好通商条約では日本に関税自主権がなかったので，エは誤り。 (3) 1894年に領事裁判権をなくすことに成功したのは，日英通商航海条約が結ばれたことによるので，イギリスとの間で条約改正の交渉が行われたとわかり，ウが適当。なお，1911年に関税自主権の回復に成功した時の交渉相手の国はアメリカである。

問4 官営富岡製糸場は，群馬県に建設されたので，イが適当。

問5 自由民権運動の結果，1881年に政府は国会開設の勅諭を出し，10年後の国会の開設を約束した。

問6 大日本帝国憲法は，天皇が国民(臣民)にあたえるという形で発布されたので，アが適切でない。

問7 日清戦争直前の状況においては，日本と中国はエの朝鮮をねらっていた。

問8 (1) 『坊っちゃん』『こゝろ』などを著したのは，夏目漱石である。 (2) 1923年9月1日に発生した，東京，横浜を中心に大きな被害をおよぼした地震は，関東大震災という。

問9 (1) アの日本が国際連盟の脱退を通告したのは1933年。イの太平洋戦争が始まったのは1941年。ウの広島に原子爆弾が落とされたのは1945年8月6日。エの米軍が沖縄島に上陸したのは1945年4月。年代の古い順に並べかえるとア→イ→エ→ウとなるので，③が適切。 (2) 長崎に原爆が投下されたのは，1945年8月9日。

問10 「疎開」は「そかい」と読む。

問11 1950年代後半に「三種の神器」と呼ばれたのは，電気洗濯機(ア)，白黒テレビ(ウ)，電気冷蔵庫(エ)であり，自家用車(イ)はカラーテレビ，クーラーとともに1960年代半ばに「3C」と呼ばれた。よって，「三種の神器」ではないのはイとなる。

5 (日本の地理－日本の国土と自然，農業，水産業，工業，公害と環境問題)

問1　滋賀県の県庁所在地は大津市である。

問2　(1)　石川県には，エの能登半島が位置している。　(2)　滋賀県にある日本最大の湖は，アの琵琶湖である。イの霞ケ浦は茨城県に，ウのサロマ湖は北海道に，エの猪苗代湖は福島県にある。　(3)　広島県では，イのカキの養殖が盛んである。

問3　(1)　エの岡山県は中国・四国地方に位置しており，中部地方に位置する県として適切でない。　(2)　富山県の神通川流域で発生した公害病は，アのイタイイタイ病である。イの水俣病は熊本県の水俣湾周辺で，ウの四日市ぜんそくは三重県の四日市市周辺で，エの第二水俣病は新潟県の阿賀野川流域で発生している。　(3)　農業協同組合(JA)は，農業の技術指導や資金の貸し出しなどを行っており，ウが適切。北海道は都道府県別の米の生産量で上位に入るため，アは適切でない。現在でも品種改良は行われており，イは適切でない。日本で米づくりを行う農家には，兼業農家も多いことから，エは適切でない。

基本　問4　日本海側を流れる暖流は，対馬海流である。なお，日本海側を流れる寒流はリマン海流，太平洋側を流れる暖流は日本海流(黒潮)，太平洋側を流れる寒流は千島海流(親潮)である。

問5　南部鉄器は岩手県の伝統工芸品なので，イが東北地方の伝統工芸品として適切。アの九谷焼は石川県の伝統工芸品，ウの博多織は福岡県の伝統工芸品，エの美濃和紙は岐阜県の伝統工芸品となる。

問6　水戸にある日本三名園の一つに数えられる庭園は，偕楽園《かいらくえん》である。日本三名園は金沢の兼六園，水戸の偕楽園，岡山の後楽園とされる。

問7　東京と金沢を結ぶ新幹線は，北陸新幹線である。

問8　大阪府や兵庫県を中心とした工業地帯は，阪神工業地帯である。

問9　海に面していない日本の都道府県は，滋賀県以外に群馬県，栃木県，埼玉県，山梨県，長野県，岐阜県，奈良県がある。

問10　ぶどうやももの生産がさかんな山梨県の盆地は，甲府盆地である。

問11　境港は鳥取県にある。鳥取県には，鳥取砂丘もみられる。

問12　瀬戸内の気候は，夏の季節風が四国山地によりさえぎられ，冬の季節風が中国山地によりさえぎられるため，比較的降水量が少なく温暖という特徴がみられる。

問13　政令は内閣による命令なので，Vには内閣があてはまる。政令指定都市は，法律上は人口50万人以上の都市のなかから指定されるので，Wには50があてはまる。よって，アの組み合わせが適切。

問14　銚子港や焼津港は日本有数の漁港として挙げられるので，アが適切。複数の船で数十日～数ヶ月，世界の海で漁をする漁業は，沿岸漁業ではなく遠洋漁業なので，イは適切でない。日本は世界最大の漁業生産量ではないので，ウは適切でない。近年は，「とる漁業」にかわって「育てる漁業」が注目されるようになってきているので，エは適切でない。

問15　北海道にある世界遺産としては，世界自然遺産に登録されているウの知床(知床半島)が適切。アの小笠原諸島は東京都に属しており，世界自然遺産に登録されている。イの屋久島は鹿児島県に属しており，世界自然遺産に登録されている。エの沖ノ島は福岡県に属しており，『「神宿る島」宗像・沖ノ島と関連遺産群』の構成資産として世界文化遺産に登録されている。

6 (地理－資源・エネルギー，地球環境問題)

問1　地球温暖化は，異常気象(ア)や海面上昇(イ)，生態系の変化(エ)などを引き起こすが，ウのオゾン層の破壊の原因はフロンガスなので，ウが適切でない。

問2　原子力発電は二酸化炭素を排出しないことから，ウの原子力発電所を廃止することは「大気への二酸化炭素の排出量を減らす方法」としては適切でないと判断できる。

やや難

問3　バイオ燃料はサトウキビやトウモロコシなどを原料としているが，サトウキビはバイオ燃料以外に砂糖に加工されており，トウモロコシも食用や飼料用として利用されている。そのため，バイオ燃料の生産量が増えると，砂糖や飼料の価格が高くなり，飼料の価格が高くなることは肉類の価格が高くなることにもつながると考えられる。

問4　2010年から2015年にかけて急減している「3」は，2011年の東日本大震災における東京電力福島第一原子力発電所の事故の影響で日本各地の原子力発電所が運転を停止したことから，原子力と判断できる。「1」と「2」を比較すると，「1」は1960年代から発電量があまり変化していないことから水力と判断でき，最も発電量が多い「2」が火力となる。よって，ウの組み合わせが適切。

問5　自家用車の利用を避けることは二酸化炭素の排出量を減らす取り組みとして適切といえるが，航空機も二酸化炭素の排出量が多いことから，航空機の利用を促進することは二酸化炭素の排出量を減らすための取り組みとして適切と言えない。よって，ウが適切でない。

問6　「持続可能な開発目標」は，英語の「Sustainable Development Goals」の日本語訳で，英語の略称はSDGsとなる。

★ワンポイントアドバイス★

細かな内容までしっかりと理解し，覚えておこう。

<国語解答>

〔一〕　問1　ⓐ　定着　ⓑ　優先　ⓒ　正規　ⓓ　行進　ⓔ　導　問2　ア
問3　エ　問4　(例)　家族や友人などと交流をすること。／自分の体を保つための時間をとること。／次世代の育成のための時間をとること。[一日八時間労働を基準とする考え方。／健康な体を維持するために睡眠をとること。]　問5　(例)　人間が人間らしい幸せを感じられる働き方ができなかったことから，他人の幸せを素直に喜べなくなり，セルフ・エスティームを失い，ついには他人の不幸を願ってしまう気分が社会全体に広まってしまったということ。　問6　イ

〔二〕　問1　①　イ　②　エ　③　ア　④　ウ　⑤　ウ
問2　①　ア　②　コ　③　カ　④　ク　⑤　エ　⑥　ウ　⑦　オ
問3　(1)　(漢字)体　(意味)①　ウ　②　ア　③　イ
(2)　(漢字)正　(意味)①　ア　②　ウ　③　イ

〔三〕　問1　ⓐ　けさ　ⓑ　じゅんぱく　ⓒ　こま　ⓓ　ほうしん　ⓔ　こごえ
問2　A　ア　B　エ　問3　ウ　問4　エ　問5　(例)　練習用ではない貴重な最上級の羊毛を，自分が糸を紡ぐ練習に使って，ただの出来損ないの糸にしてしまったことに対する申し訳なさや後悔を強く感じている。　問6　職人としての心構え
問7　イ

○配点○

〔一〕 問1 各2点×5 問4 各3点×3 問5 9点 他 各4点×3 〔二〕 各1点×20
〔三〕 問1・問2 各2点×7 問5 9点 問7 5点 他 各4点×3 計100点

＜国語解説＞

〔一〕 （論説文－漢字の書き取り，空欄補充，内容理解，要旨）

基本 問１ ⓐ 「定着」は，意見・学説などの正当性が多くの人に認められ定まったものとなること。 ⓑ 「優先」は，他より先であること。 ⓒ 「正規労働」は，就業先の事業所に正規雇用されている労働。「非正規労働」は，それ以外の労働のこと。 ⓓ 「行進」は，多数の者が隊を組んで歩くこと。 ⓔ 「導」は「道＋寸」である。

問２ あとに「重要なのは，後の方の自尊心」つまり，空欄にあてはまる自尊心であることが述べられ，これに続く部分で，「かけがえのない人」という価値観が強調されていることに注目する。

問３ 「穴のあいたバケツ」では水をくむことができない，つまり，目的とする効果が得られないということ。

問４ ――線②の前後からとらえる。「働いて疲れた肉体の興奮を落ち着かせ，よく眠れる条件をつくること」「親しい人との交流」「自分の体を保つための家事や入浴」「子どもを育てるという次世代の育成の時間」「一日八時間労働を基準とする考え方」が大切だと述べられている。

やや難 問５ 直前の段落と，――線③の直前の一文の内容から解答をまとめる。

重要 問６ 文章の前半で説明されている「セルフ・エスティーム」の内容や，最後の二つの段落に述べられている内容をふまえて，筆者の述べたいことをとらえる。

〔二〕 （二字熟語の構成，慣用句，四字熟語）

基本 問１ ① 「寒冷」とイ「救助」は，似た意味の熟語を重ねたもの。 ② 「善悪」とエ「新旧」は，反対の意味の漢字を重ねたもの。 ③ 「新年」とア「温泉」は，上の字が下の字を修飾するもの。「新しい年」「温かい泉」と読めることに注意する。 ④ 「育児」とウ「決心」は，下の字が上の字の目的・対象を示すもの。「児（こ）を育てる」「心を決める」と読めることに注意。 ⑤ 「県立」とウ「市営」は上の字と下の字が主語・述語の関係にあるもの。「県が立てる」「市が営む」と読めることに注意。

問２ ① 「目がない」は，度を超えて好きであること。 ② 「胸をなでおろす」は，ほっと安堵すること。 ③ 「腹が立つ」は，しゃくにさわること。 ④ 「腕が上がる」は，腕前や技量が上達すること。 ⑤ 「耳を貸す」は，相手の話を聞いてやること。 ⑥ 「喉から手が出る」は，欲しくてたまらないことのたとえ。

問３ (1) ①「いっしんどうたい」，②「ぜったいぜつめい」，③「ひょうりいったい」と読む。
(2) ①「ひんこうほうせい」，②「しょうしんしょうめい」，③「こうめいせいだい」と読む。

〔三〕 （小説―漢字の読み，語句の意味，内容理解，心情理解，表現理解，主題）

問１ ⓐ 熟字訓である。 ⓑ 「白」を「ぱく」と読むことに注意。 ⓒ 「困」の音読み「コン」も確認しておくこと。熟語に「困難」「困惑」など。 ⓓ 「方針」は，目ざす方向のこと。 ⓔ 小さい声のこと。

基本 問２ A 「なだめる」は，相手の機嫌をとって怒りなどをしずめること。 B 「やみくも」は，前後の思慮がない様子。

重要 問３ ――線①は裕子が美緒の紡いだ糸を見て言った言葉である。美緒はたくさん糸を紡いだが，その糸は「商品としての使い道はない」ものであった。つまり，美緒は「極上の羊毛を台無しにしてしまった」。これを見て，裕子はどのように美緒に話しかけるか「戸惑った」のである。

問4　問3でとらえた，このときの状況に注目。たくさん紡いだ糸が「商品としての使い道はない」ものであり，「ゴミ扱い」されることに，美緒は戸惑っている。

やや難 問5　問2・問3をふまえて考える。自分が紡いで失敗した糸を「重い」と感じるのは，自分の失敗に対する申し訳なさや後悔の気持ちを感じているからである。

問6　――線④の言葉に続いて裕子は，「メモやノート」を取ることや，「何も言われなくても三十分前に」来ることなど，「職人としての心構え」を言っている。

問7　イの「裕子が意地悪く責める」様子は，文章からは読み取れない。

★ワンポイントアドバイス★

読解問題のほか，熟語や慣用句などの知識を問う問題が多く出題されている。読解では記述問題が複数出題されている。内容をおさえたうえで，自分の言葉で説明する力が求められる。知識を正確に身につけ，文章を要約する力を蓄えよう。

MEMO

大切なことはメモしておこうネ！

2021年度

入　試　問　題

2021年度

2021年度

清真学園中学校入試問題

【算　数】（50分）〈満点：100点〉

1　次の□にあてはまる数を答えなさい。ただし，円周率は3.14とします。

(1)　$9\times3-4\times6=$ □

(2)　□ $\div3=673$ あまり 2

(3)　$4\frac{1}{2}\times\frac{2}{5}+\frac{3}{5}-\frac{3}{4}=$ □

(4)　$0.75\times0.25\div1\frac{1}{2}+0.5\times\frac{3}{4}=$ □

(5)　全部で□問ある計算問題の$\frac{7}{20}$を解きましたが，まだ39問残っています。

(6)　弟は1200円，兄は2400円持っています。今，兄が弟に□円あげたので，弟と兄の2人の持っているお金の比は3：5になりました。

(7)　下の図は，半円と4分の1の円を組み合わせた図形です。このとき，斜線《しゃせん》のついた部分の面積は□cm^2です。

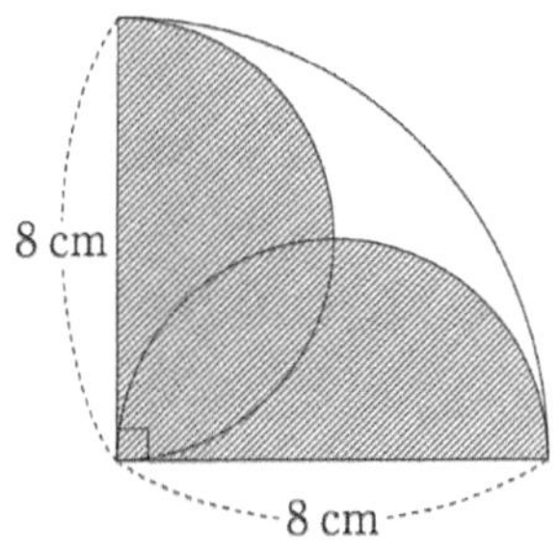

(8)　下の図は，直方体を組み合わせた立体で，体積は□cm^3です。

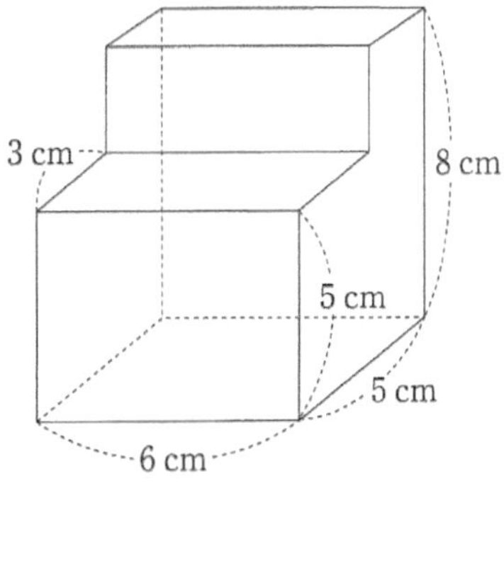

2　次の問いに答えなさい。

(1)　10円玉と50円玉が合わせて243枚あり，合計金額は5670円です。10円玉，50円玉はそれぞれ何枚ずつあるか求めなさい。

(2)　10円玉と50円玉と100円玉が合わせて243枚あり，合計金額は9030円です。園子さんは，この243枚の硬貨の合計金額を求めようとしたところ，間違って2種類の硬貨の枚数を逆にして計算してしまい，8910円になりました。

①　園子さんが枚数を逆にして計算してしまった硬貨は，何円玉と何円玉であるか答えなさい。また，それらの硬貨の枚数の差も求めなさい。

②　10円玉，50円玉，100円玉はそれぞれ何枚ずつあるか求めなさい。

3　車が走る道路には，右の写真のように白線がひかれています。一般道路では，白線が5 m，白線と白線の間が5 m，高速道路では，白線が8 m，白線と白線の間が12 mと定められています。

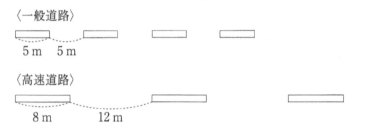

〈一般道路〉

〈高速道路〉

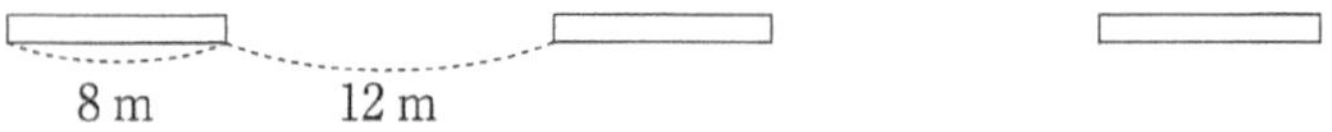

※図は，一般道路

これについて，次の問いに答えなさい。ただし，本問題の図においての車の進行方向はすべて右向きとします。

(1)　一般道路について，下の図のような1本目の白線のはじまりから20本目の白線の終わりまでの距離は何mになるか求めなさい。

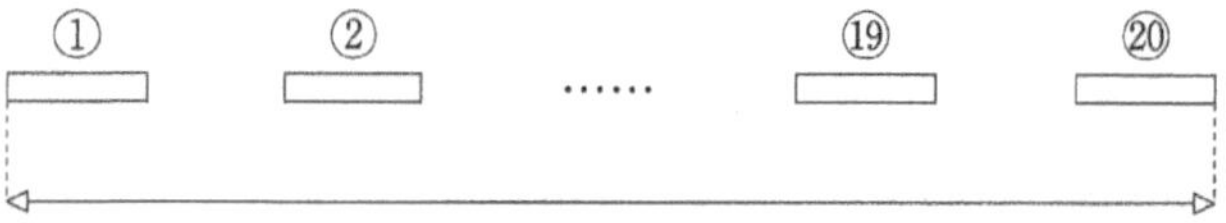

(2)　一般道路を時速60 kmで走行している車は，3秒後にはどこまで進みますか。解答らんの図に↓でその位置を示しなさい。

(3)　高速道路を，乗用車Aが時速80 kmで，乗用車Bが時速90 kmで，同じ方向にそれぞれ一定の速度で走行しています。同じ位置に並んだこの2台が下の図だけ離れるには，何秒かかるか求めなさい。

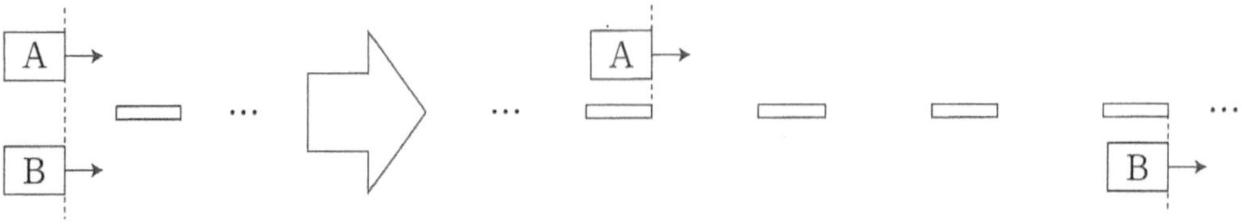

(4) 高速道路で，乗用車は時速100 km，乗用車の前方を走るバスは時速80 kmで，それぞれ一定の速度で走行しています。

バスの車両の先頭がトンネルの入り口を通過するとき，乗用車の先頭はバスの200 m後方にありましたが，トンネルの出口で乗用車の先頭がバスの先頭にちょうど並びました。このとき通過したトンネルの長さを求めなさい。また，そのように求めた理由も書きなさい。

ただし，バスの全長は10 m，乗用車の全長は4 mとします。

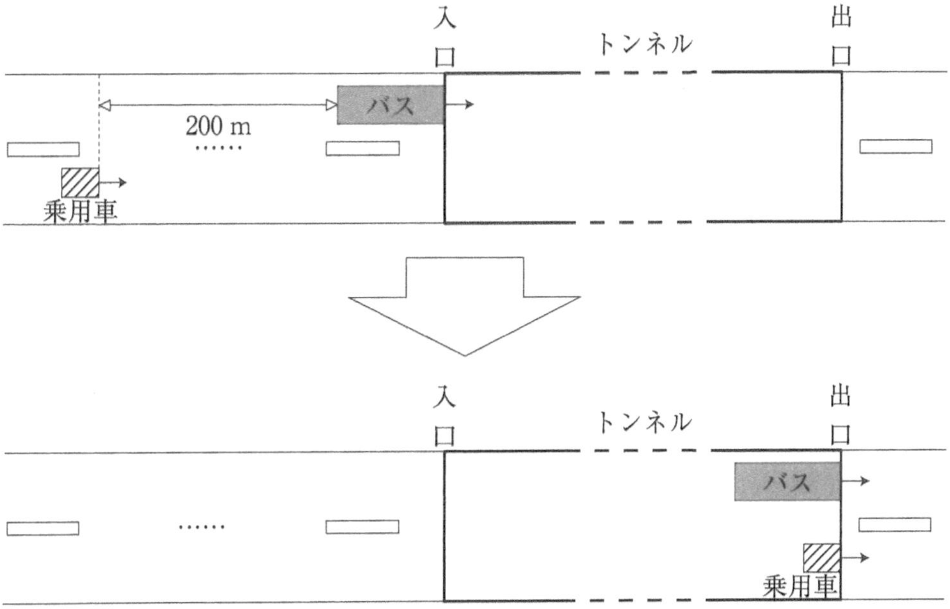

4 下の図は，正方形の各辺を何等分かして印をつけ，その印を結んで正方形の中に正方形を作ったものです。

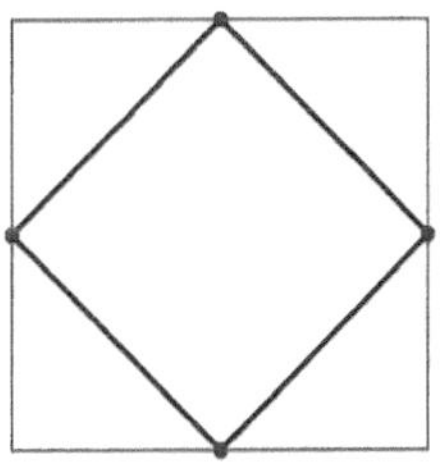
図1

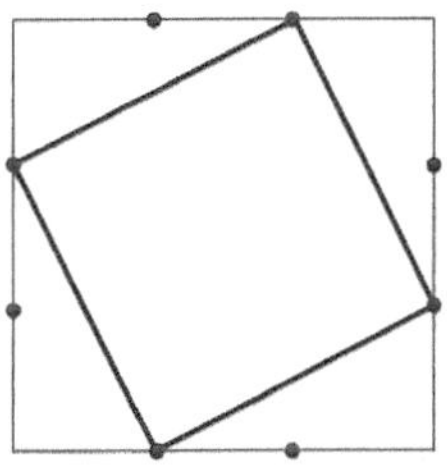
図2

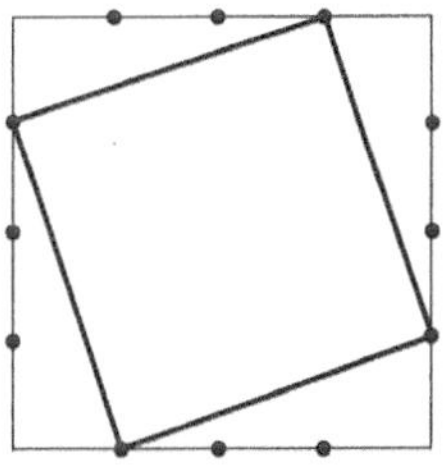
図3

……

このとき，次の問いに答えなさい。

(1) 図1は，正方形の各辺を2等分して印をつけて，結んでできた正方形です。作られた正方形の面積は外側の正方形の面積の何分のいくつであるか求めなさい。

(2) 図2は，正方形の各辺を3等分して印をつけて，結んでできた正方形です。作られた正方形の面積は外側の正方形の面積の何分のいくつであるか求めなさい。また，そのように求めた理由も書きなさい。

(3) 上の図と同じように正方形の各辺を6等分して印をつけて，結んでできた正方形の面積は外側の正方形の面積の何分のいくつであるか求めなさい。

【理　科】（50分）〈満点：100点〉

【注意】 問題[2]の(6)はコンパスを用いて答えなさい。また，三角定規，コンパスは必要に応じて他の問題で使用してもかまいません。

[1]　植物の特ちょうについて，以下の(1)～(3)の問いに答えなさい。

(1)　花がさく前のアサガオのつぼみのスケッチを次の**ア**，**イ**から１つ選び，記号で答えなさい。

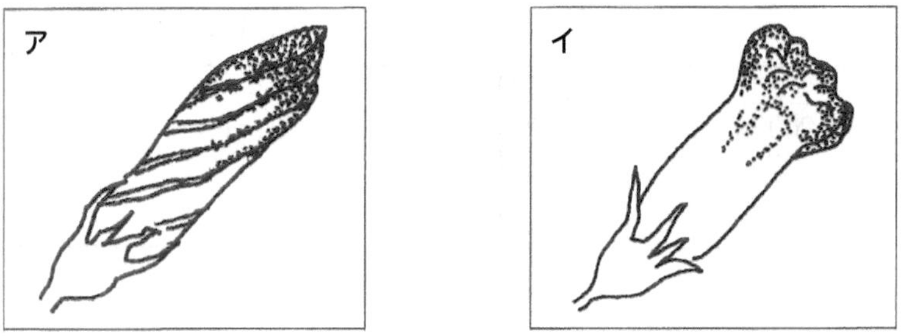

(2)　次の**ア**～**エ**は，１月，４月，７月，11月のいずれかにかいたサクラのスケッチと説明です。１月，４月，７月，11月にあてはまるスケッチを**ア**～**エ**からそれぞれ1つずつ選び，記号で答えなさい。

ア

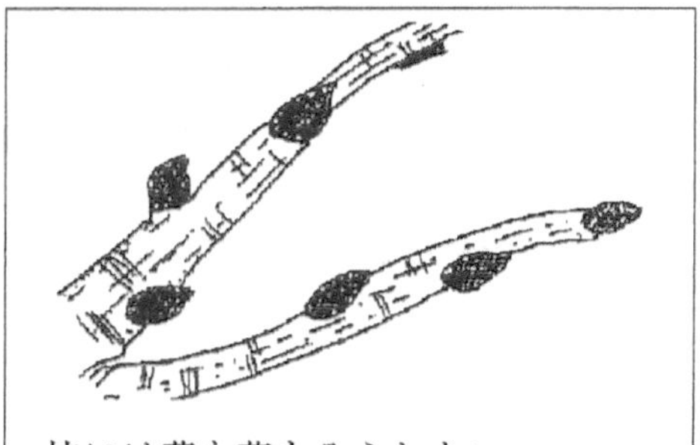

枝には葉も花もみられない。

イ

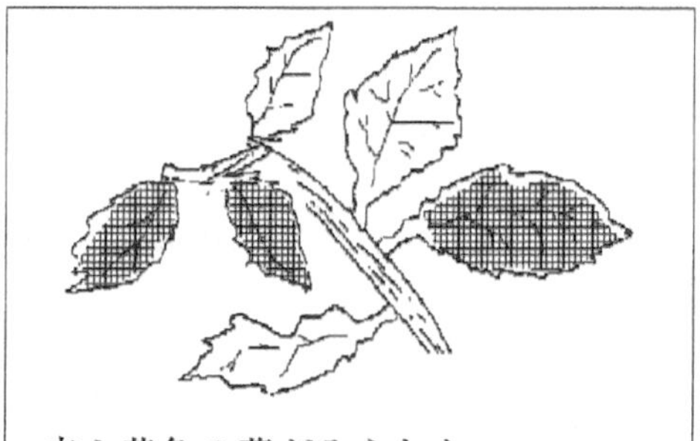

赤や黄色の葉がみられた。

ウ

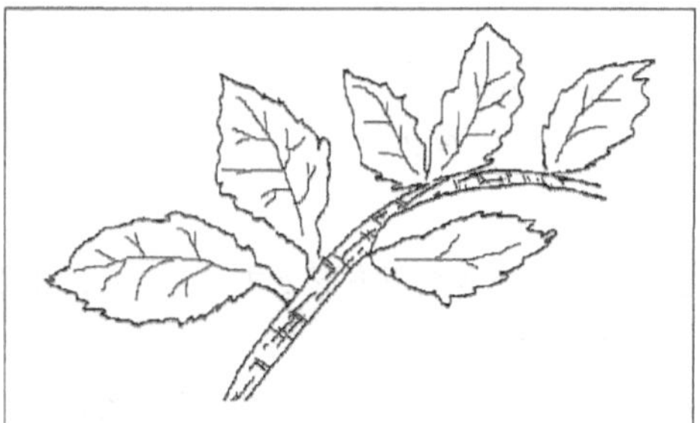

緑の葉がたくさんついている。

エ

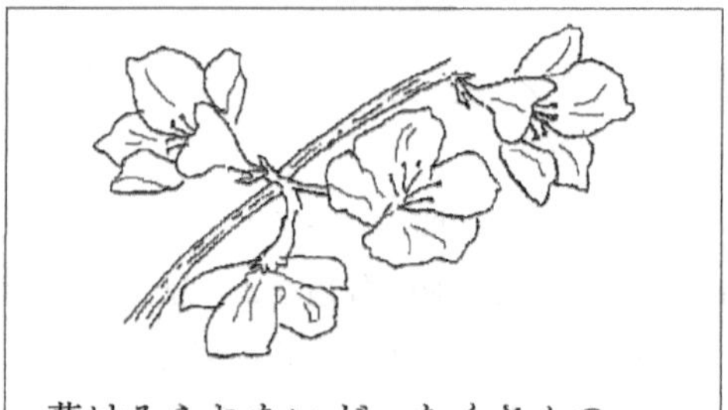

葉はみられないが，たくさんの
花がさいている。

(3) 下の**図**はアジサイの一部を観察したスケッチです。この図について下の①～③の問いに答えなさい。

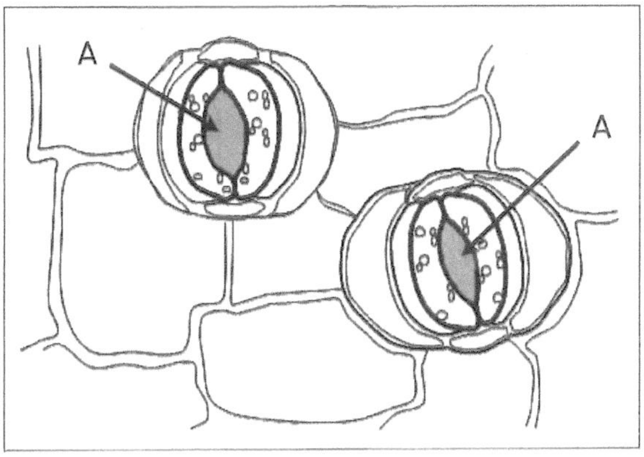

図

① **図**の**A**の名前を次の**ア**～**エ**から１つ選び，記号で答えなさい。

ア 空気門　**イ** 表皮門　**ウ** 気こう　**エ** 根こう

② このスケッチを行う場合，最も良い観察方法を次の**ア**～**エ**から１つ選び，記号で答えなさい。

ア くきの断面の，水が通るところを虫めがねで観察する。

イ くきの表皮をはがして虫めがねで観察する。

ウ 葉の表皮をはがしてけんび鏡で観察する。

エ 根の表皮をはがしてけんび鏡で観察する。

③ **図**の**A**にあてはまる説明を次の**ア**～**エ**から１つ選び，記号で答えなさい。

ア **A**を通って，葉から水分が出て行く。

イ 光があまりあたらない葉の裏側より，光がよくあたる表側に多く分布する。

ウ **A**は常に開いていて，土の栄養分の通り道になっている。

エ 根の表面の**A**を開いて，土から水を取りこむ。

2 ものを熱したときの変化を調べるため，次の**実験１**・**実験２**をおこないました。以下の(1)～(7)の問いに答えなさい。

実験１

① 右の写真のように，丸底フラスコの底にふれないように温度計を入れ，丸底フラスコと温度計を固定する。丸底フラスコに200 cm^3の水を入れて，水面の位置に印をつける。

② 丸底フラスコの口にせんをしないで水を熱する。

③ ２分ごとに温度計の目盛りを読み，水の様子を観察する。

(1) 水を熱し続けると，水の内部からさかんにあわがでてきました。このような状態を何といいますか。

(2) (1)のときの丸底フラスコの口の近くを観察すると，口のすぐ近くはとうめいに，口から少しはなれたところは白くなって見えました。このとうめいから白くなる現象と同じ理由で起こる現象はどれですか。最も適当なものを次の**ア**～**エ**から１つ選び，記号で答えなさい。

ア　ぬれたタオルを日なたにおくと，かわく。

イ　ドライアイスを空気中におくと，小さくなりやがてなくなる。

ウ　冷たいジュースをコップにそそぐと，コップの外側の表面に水てきがつく。

エ　砂糖を水に入れてそのままにしておくと，とけてみえなくなる。

(3) **実験１**の③で読んだ値をグラフにしました。正しいグラフはどれですか。次の**ア**～**ウ**から１つ選び，記号で答えなさい。

ア

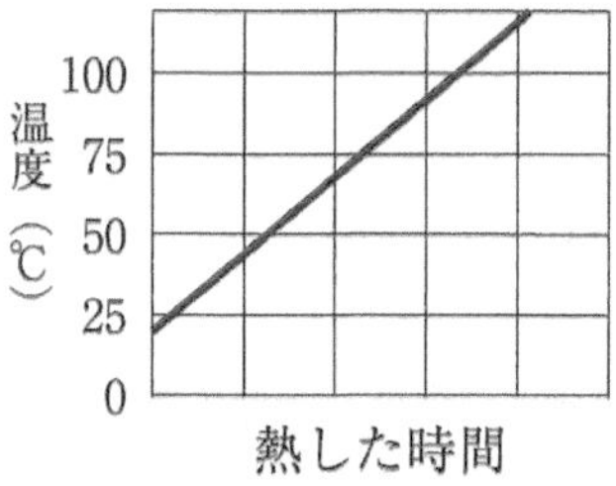

イ

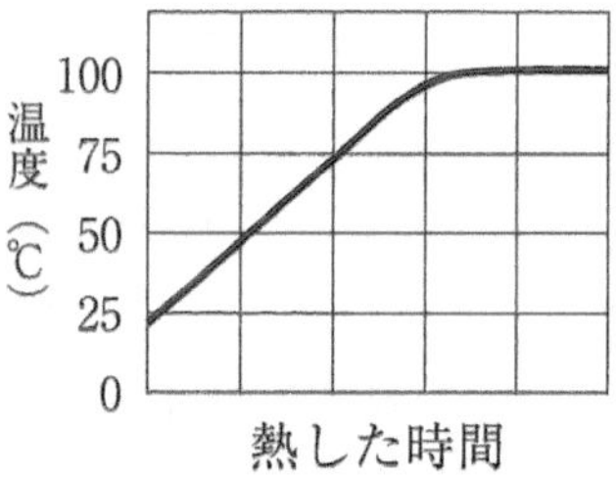

ウ

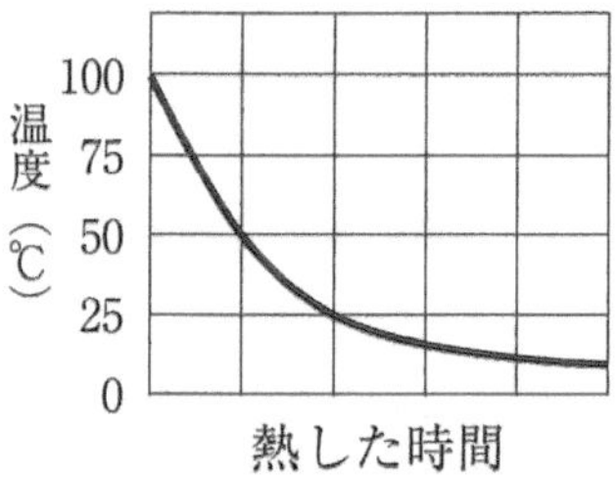

(4) **実験１**の後では，水面の位置は**実験１**の①でつけた印と比べてどのようになっていますか。最も適当なものを次の**ア**～**ウ**から１つ選び，記号で答えなさい。

ア　同じ　　　**イ**　高くなっている　　　**ウ**　低くなっている

実験２

右の**図**のような実験器具を使って，金属の温度と体積の関係を調べました。室温で金属の輪に金属の球を通すと，この球は輪にはふれますが，ぎりぎり通りぬけることができました。はじめに，金属の球だけ，全体を十分に熱しました。

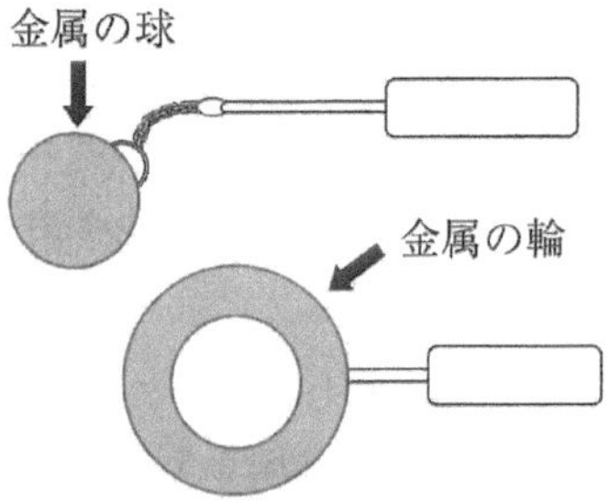

図

(5) このとき，ふたたび輪に球を通そうとするとどのようになりますか。最も適当なものを次の**ア**～**ウ**から１つ選び，記号で答えなさい。

ア　金属の球が大きくなるので，通りぬけることができない。

イ　金属の球が小さくなるので，通りぬけることができる。

ウ　金属の球の大きさは変わらないので，ぎりぎり通りぬけることができる。

金属の球が十分に冷えた後，金属の輪だけ，全体を十分に熱しました。

(6) このとき，輪はどうなりますか。解答用紙の図に，熱したすぐ後の輪の様子をコンパスを用いて書きなさい。ただし，点線は熱する前の輪の様子を，点は輪の中心を表しています。

(7) 鉄道の線路のレールは金属でできています。下の写真のようにレールのつなぎ目には，矢印に示すようなすきまがつくられています。この理由として最も適当なものを次の**ア**～**エ**から１つ選び，記号で答えなさい。

ア　夏の暑さでレールが縮むから。
イ　夏の暑さでレールがのびるから。
ウ　冬の寒さでレールが縮むから。
エ　冬の寒さでレールがのびるから。

3　以下の(1)～(5)の問いに答えなさい。

せいこさんは次の**生き物**を**ア**～**オ**の**基準**で，**図**のように分けてみました。

生き物

タンポポ　ゾウ　ニホンザル　ヒキガエル　ニワトリ
サクラ　アゲハチョウ　サケ　トノサマバッタ　ミミズ
メダカ　ホタルイカ　サワガニ

基準

ア　光合成をおこなうことができる。
イ　からだの表面がかたい殻《から》でおおわれていて，だっ皮して成長する。
ウ　こどものときも，おとなのときも，えらで呼吸する。
エ　背骨がある。
オ　こどものときも，おとなのときも，肺で呼吸する。

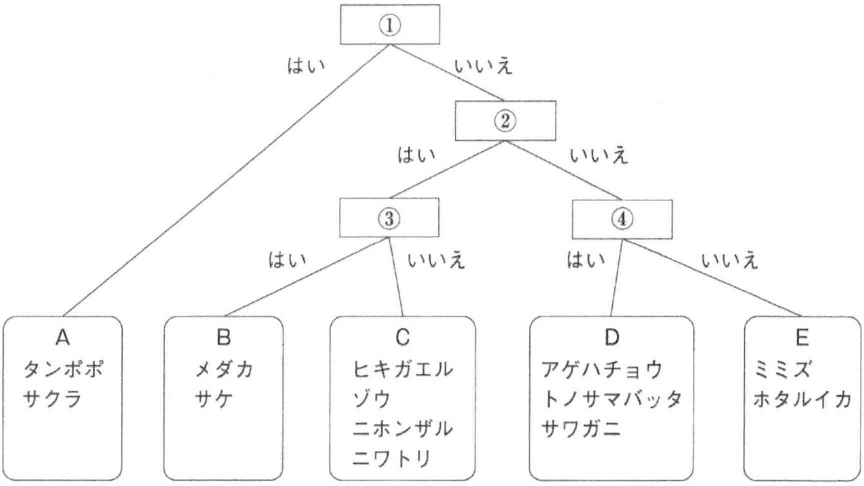

図

(1) ［①］には**基準ア**が入ります。［②］～［④］にあてはまる基準を**イ**～**オ**から1つずつ選び，記号で答えなさい。

(2) 図のように**生き物**を分けるとすると，下の動物は図のA～Eのどのグループに入りますか。A～Eからそれぞれ1つずつ選び，記号で答えなさい。同じ記号を何度使ってもかまいません。

クジラ　ダンゴムシ　ナメクジ　カマキリ　サンマ

(3) 図の**C**について，せいこさんはさらにある基準で「**はい**」の【**ゾウ・ニホンザル**】，「**いいえ**」の【**ヒキガエル・ニワトリ**】の２つのグループに分けました。その基準を**基準ア**～**オ**にならって，簡単な文章で答えなさい。

(4) 図の**C**について，せいこさんは(3)とは異なる基準で「**はい**」の【**ヒキガエル**】と「**いいえ**」の【**ニワトリ・ゾウ・ニホンザル**】の２つのグループにも分けることができることに気づきました。その基準を**基準ア**～**オ**にならって，簡単な文章で答えなさい。

(5) 図の**D**について，せいこさんは**からだのつくりの特ちょう**についての基準で「**はい**」の【**アゲハチョウ・トノサマバッタ**】と「**いいえ**」の【**サワガニ**】の２つのグループに分けました。その基準を**基準ア**～**オ**にならって，簡単な文章で答えなさい。

4 次の文章を読んで，以下の(1)～(6)の問いに答えなさい。

地しんは大地をつくる岩《がん》ばんの一部がこわれたときに，大地がゆれ動く現象のことです。地しんが発生した場所をしん源と呼び，しん源で発生したゆれは，波となって次つぎと地表に伝わっていきます。しん源から遠くはなれた地表では，最初に小さなゆれが始まり，その後に大きなゆれが始まります。これは，しん源で発生したゆれを伝える波には，小さなゆれを伝える**P波**と大きなゆれを伝える**S波**の２種類があり，それぞれの速さがちがうからです。これによって，とう着までの時間に差が生じます。**図１**はしん源から観測地点までのゆれの伝わりかたを示したものです。**P波**は１秒間に６km，**S波**は１秒間に３km 進むものとします。

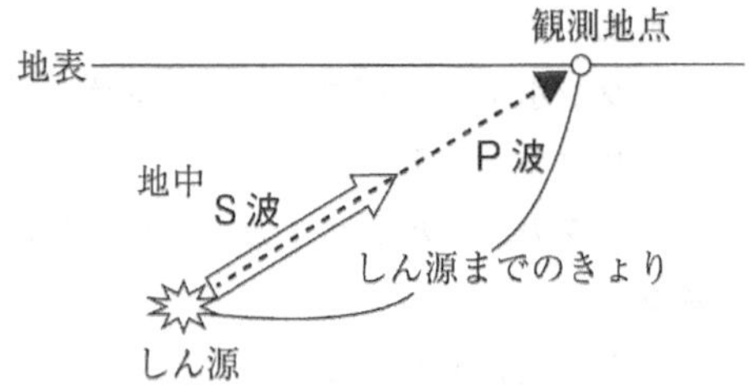

図１

(1) 下の文章を読み，文中の[①]，[②]にあてはまる言葉として，最も適当なものを次の**ア**～**ク**からそれぞれ選び，記号で答えなさい。

地しんの大きさを表す基準は，地しんそのものの規模の大きさを表す[①]と，ある観測地点における地しんのゆれの大きさを表す[②]の２つがあります。

[①]はひとつの地しんに対してひとつの値しかありませんが，[②]の値は観測地点によって異なり，しん源から遠くなるほど値は小さくなります。

ア マントル　**イ** マグニチュード　**ウ** だんそう　**エ** つ波
オ マグマ　**カ** プレート　**キ** しん度　**ク** しん央

(2) 地しんが発生してから**P波**がとう着するまでの時間が１秒かかる観測地点は，**P波**が１秒間に６km 進むことから，しん源からのきょりが６km であることがわかります。では，地しんが発生してから**P波**がとう着するまで５秒かかる観測地点は，しん源から何 km はなれていますか。

(3) しん源から60 km はなれた観測地点では，**P波**と**S波**がとう着するまでの時間は，地しんが発生してからそれぞれ何秒後ですか。

(4) しん源から180 km はなれた観測地点で，**P波**がとう着するまでの時間と**S波**がとう着するまでの時間の差は何秒ですか。

(5) しん源までのきょりと**P波**がとう着するまでの時間と**S波**がとう着するまでの時間の差の関係を下の**表1**にまとめました。**表1**の空らんの①～④にあてはまる数値を整数で答えなさい。

表1

しん源までのきょり（km）	P波がとう着するまでの時間とS波がとう着するまでの時間の差（秒）
30	①
60	②
180	(4)の答え
210	③
④	45

(6) **図2**は，×印の中心をしん源とする地しんが発生したときの地表を，真上からみたものです。しん源は地表から浅いところにあり，地表は平らであるものとします。**表2**に，3つの観測地点A，B，Cで，**P波**がとう着するまでの時間と**S波**がとう着するまでの時間の差を測ってまとめました。観測地点A～Cとして最も適当な地点を，**図2**の**ア～オ**からそれぞれ1つずつ選び，記号で答えなさい。

図2

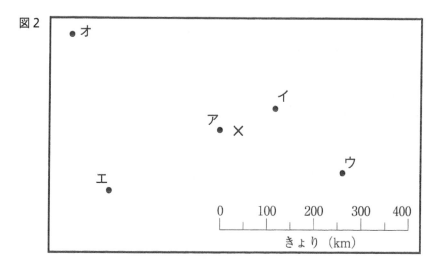

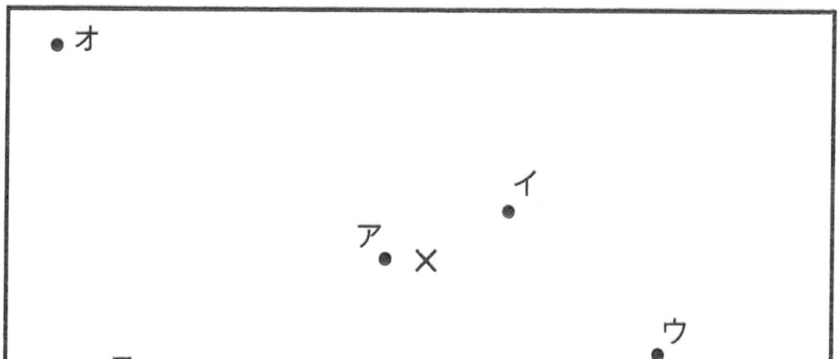

表2

観測地点	P波がとう着するまでの時間とS波がとう着するまでの時間の差（秒）
A	50
B	15
C	40

5　次の文章を読んで，以下の(1)～(5)の問いに答えなさい。

水 1000 cm^3 は 1000 g です。よって，水 1 cm^3 は ① g になります。

水が氷になると体積が ② し，氷 1 cm^3 あたりの重さは 0.92 g になります。このことから，水が氷になると体積が ③ 倍になることが分かります。

水の中に 1 cm^3 あたり ① g よりも軽い物体を入れるとうきます。よって，下の図のように氷は水にうきます。『氷山の一角』という言葉がありますが，氷が水面より上に出ている部分の体積が，全体の何％かを求めてみたいと思います。

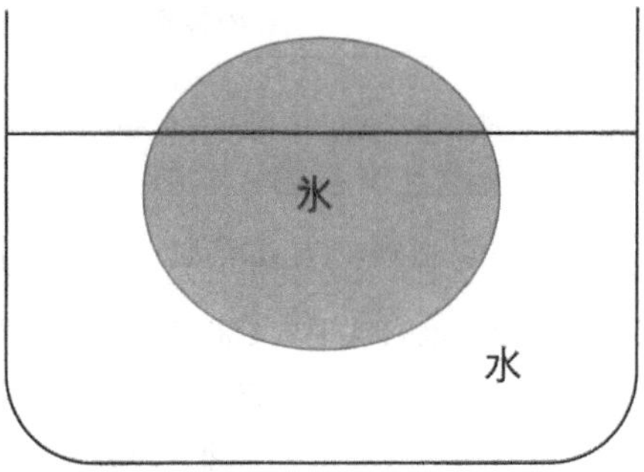

図

100 cm^3 の氷を考えます。下線部の条件を使うと，氷 100 cm^3 の重さは ④ g だと分かります。氷がういているときは，『氷の重さ＝氷をうかす浮《ふ》力《りょく》の大きさ』という関係が成り立っています。

氷をうかす浮力の大きさは，今から 2000 年以上前にアルキメデスという人が発見した『アルキメデスの原理』から求めることができます。『アルキメデスの原理』は『浮力の大きさは物体がおしのけた流体の重さに等しい』というものです。この場合の流体は水なので，氷（この氷はとけないものとします）がおしのけた水の重さは ⑤ g，つまりおしのけられた水の体積は ⑥ cm^3 であることが分かります。よって，氷が水面より上に出ている部分の体積は，全体の ⑦ ％になります。

(1)　① にあてはまる数値を整数で答えなさい。

(2)　② にあてはまる言葉を【減少，増加】のどちらかを選び答えなさい。

(3)　③ にあてはまる数値を，小数第二位を四捨五入して，小数第一位までで答えなさい。

(4)　④ ～ ⑦ にあてはまる数値を整数で答えなさい。

(5)　水に食塩をとかし，1 cm^3 あたり 1.1 g の食塩水にしました。この中に水をこおらせた氷を入れると，氷が食塩水の表面より上に出ている部分の体積は，全体の何％になりますか。小数第一位を四捨五入して整数で答えなさい。ただし，氷はとけないものとします。

【社　会】（50分）〈満点：100点〉

【注意】 答えは，特に指示がなくても，漢字が使えるところはできるだけ漢字を使って書きなさい。

1　以下の会話文を読んで，あとの各問いに答えなさい。

ずく丸　　猫太

猫　太：A東日本大震災から今年で10年になるニャン。あの時は大変だったニャン。

ずく丸：鹿島神宮の鳥居《とりい》が倒れたり，想像もできないことが次々起こったね。今は，B各地に防災センターが作られたりして，あの地震をきっかけにずいぶん，みんなの防災意識が高まったと思うよ。

猫　太：C地方や国の政治が対応してくれるのはありがたいけど，その分，たくさんのD税金が必要になるニャン。自分の身は自分で守る対策の方が必要ニャン

ずく丸：猫太くんの言うことはもっともだけど，自分で対策ができる人もいればできない人もいるので，やはりお金はかかるものの社会全体で準備することは必要だよ。E日本国憲法にもそれに関することが規定されているし。

猫　太：なんでも公共機関が準備してくれるという意識になってしまうと，何か起こるとすぐに政治のせいにばかりしてしまう雰囲気ができてしまうと思うニャン。

ずく丸：もちろん，何でも誰かがやってくれるという意識はダメだと思うよ。自分でできることは自分でやって，うまくいかない部分は助け合いながら住みやすい社会を作っていけるといいと思うよ。

猫　太：F令和の時代は，安全・安心で生活したいニャン。

問１　下線部Aの東日本大震災に関する文で，適切でないものを次の**ア**～**エ**から一つ選び，記号で答えなさい。

ア　太平洋沿岸の茨城県や宮城県では，地震による大津波で大きな被害が出た。

イ　被災地では，多くのボランティアの人たちが支援活動を行なった。

ウ　被災地での活動は憲法に違反する活動になるため，自衛隊の出動はされなかった。

エ　地震直後，ほとんどの原子力発電所の稼働《かどう》が止まった。

問２　下線部Bの防災センターを作る過程についての以下の文を並び替えて，3番目にくるものを次の**ア**～**エ**から一つ選び，記号で答えなさい。

ア　計画が議会で議決されて，防災センターの建設が始まった。

イ　住民から防災センター建設の要望が，アンケートなどで寄せられた。

ウ　役所が計画案や予算案を作成し，議会に提出され話合いが始まった。

エ　専門家や審議会との意見交換がなされ，計画の検討《けんとう》が進められた。

問３　下線部Cの地方や国の政治に関して，以下の各問いに答えなさい。

(1)　地方住民や国民の選挙で直接選ばれていない人（役職）にあてはまるものを，次の**ア**～**オ**から**すべて**選び，記号で答えなさい。

ア　地方議員　　**イ**　市町村長　　**ウ**　内閣総理大臣　　**エ**　国会議員　　**オ**　国務大臣

⑵　下の表は，平成 17 年以降の衆議院議員総選挙又は参議院議員選挙のどちらかの投票率の推移《すいい》を示している。この表から読み取れることを，次の**ア**～**エ**から**二つ選び**，記号で答えなさい。

選挙年	平成 17 年	平成 21 年	平成 24 年	平成 26 年	平成 29 年
選挙回数	44	45	46	47	48
10 歳代	選挙権なし	選挙権なし	選挙権なし	選挙権なし	40.49 %
20 歳代	46.20 %	49.45 %	37.89 %	32.58 %	33.85 %
30 歳代	59.79 %	63.87 %	50.10 %	42.09 %	44.75 %
40 歳代	71.94 %	72.63 %	59.38 %	49.98 %	53.52 %
50 歳代	77.86 %	79.69 %	68.02 %	60.07 %	63.32 %
60 歳代	83.08 %	84.15 %	74.93 %	68.28 %	72.04 %
70 歳代以上	49.48 %	71.06 %	63.30 %	59.46 %	60.94 %
全体	67.51 %	69.28 %	59.32 %	52.66 %	53.68 %

ア　この表の選挙は，衆議院議員総選挙である。

イ　60 歳代の投票率は，どの選挙でも最も高い数値になっている。

ウ　全体の投票率は，毎回の選挙で下がり続けている。

エ　有権者の年齢が 18 歳に引き下げられたのは平成 25 年からである。

⑶　国の政治について，以下の中で国会の仕事ではないものを，次の**ア**～**エ**から一つ選び，記号で答えなさい。

ア　弾劾《だんがい》裁判所の設置　　**イ**　他国と条約を結ぶ　　**ウ**　法律を作る　　**エ**　予算の議決

⑷　国の行政は内閣を中心に行なわれています。その中で，学校の勉強内容を決めたり，研究活動やスポーツ活動を進める環境を整える役所は何ですか。

～省という形で答えなさい。

⑸　国の政治は，国会と内閣に加え，裁判所がそれぞれの役割分担をする三権分立のしくみをとっています。そのうち，裁判所では国民が参加する裁判員制度もあります。その裁判員制度について述べた文で正しいものを次の**ア**～**エ**から一つ選び，記号で答えなさい。

ア　裁判員はどんな裁判にも参加できる。

イ　裁判員になるには，自分で立候補をしなければならない。

ウ　裁判員には年齢の制限があり，40 歳以上の人だけがなることができる。

エ　裁判員は，刑事裁判の有罪無罪や量刑《りょうけい》を決めることに関わることができる。

問４　下線部Ｄの税金について述べた文で，適切でないものを次の**ア**～**エ**から一つ選び，記号で答えなさい。

ア　税金を納める義務があるのは，20 歳以上の国民となっている。

イ　税金が無くなると，町にゴミがあふれたり治安が悪化したりする恐れがある。

ウ　買い物をする時に払う税金の一つに，消費税がある。

エ　学校の運営にも税金が使われている。

問５　下線部Ｅに関連して，以下の各問いに答えなさい。

(1)　日本国憲法が公布（国民に発表されること）された日は，現在，国民の祝日になっています。次の**ア**～**エ**からその日を一つ選び，記号で答えなさい。

ア　建国記念の日　　**イ**　昭和の日　　**ウ**　文化の日　　**エ**　天皇誕生日

(2)　以下は，日本国憲法 11 条の条文です（前半は省略しています）。条文の空らん（　　　）に当てはまる語を漢字５字で答えなさい。これは人間らしく生きる権利という意味の語です。

11条 ～（省略）～。この憲法が国民に保障する（　　　）は，侵すことのできない永久の権利として，現在及び将来の国民に与へ（え）られる。

問６　下線部Ｆの令和の元号に関連して，天皇について述べた文で適切でないものを次の**ア**～**エ**から一つ選び，記号で答えなさい。

ア　現在は，天皇が代わる時に元号もかわる制度になっている。

イ　天皇は，国の緊急事態の時は，自衛隊の指揮をとることが規定されている。

ウ　天皇は，憲法に規定された国事行為という仕事を行なうことになっている。

エ　天皇は，日本国民統合の象徴と憲法に書かれている。

問７　問題の会話文のずく丸くんの主張の内容として正しいものを次の**ア**～**エ**から一つ選び，記号で答えなさい。

ア　災害に対する備えは自分でやるべきという猫太の主張に同調して税金廃止を主張している。

イ　猫太の意見に理解を示しつつも，災害対策は全て政府の責任であると言っている。

ウ　猫太の意見に反対であることを伝え，自分の意見に同意するように猫太を説得している。

エ　猫太の主張も踏まえて，災害に対する社会のあり方の理想を述べている。

2　以下のグラフは，日本とかかわりの深い国に関するものである。これに関連して，以下の国際社会についての各問いに答えなさい。

日本人が多く住む国
（2018年，外務省）

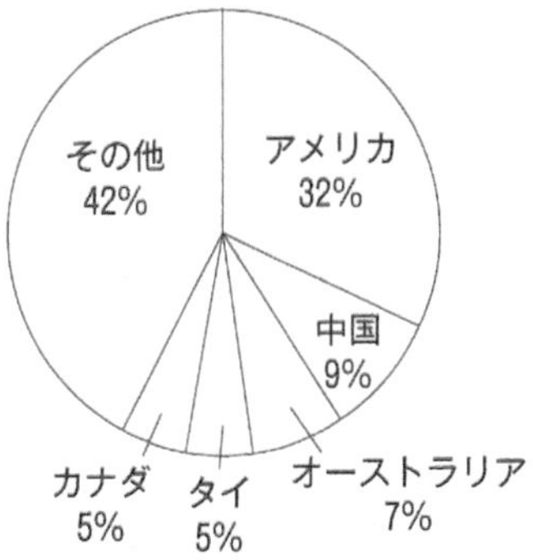

日本に住む外国人の国籍
（2019年，日本国勢図会）

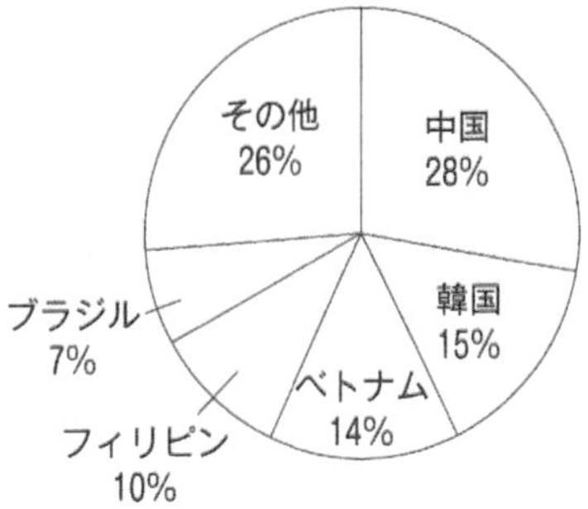

日本の主な輸出相手国
（2019年，日本国勢図会）

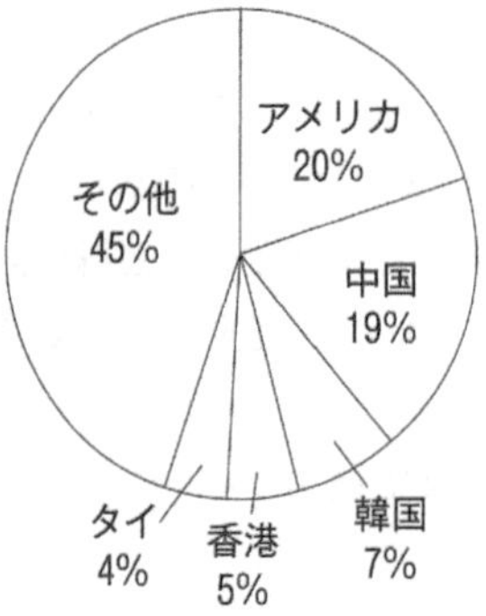

日本の主な輸入相手国
（2019年，日本国勢図会）

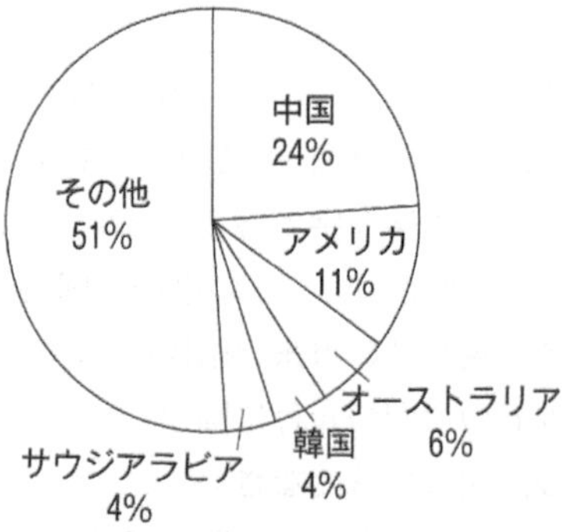

問１　グラフから読み取れることについて述べた文で，正しいものを次の**ア**～**エ**から一つ選び，記号で答えなさい。

ア　日本人が一番多く住む国と，日本に住む外国人の国籍で一番多い国は同じである。

イ　日本に住む外国人の国籍で韓国の割合が大きいが，その国に住んでいる日本人の割合は大きくない。

ウ　日本の輸出入を見ると，中国が輸出入のどちらの割合も１位である。

エ　日本の輸入相手国で，タイは上位５位に入っている。

問２　日本の主な輸入相手国のグラフ中の，オーストラリアからの主な輸入品目は何ですか。次の**ア**～**エ**から一つ選び，記号で答えなさい。

ア　化石燃料（石炭など）　　**イ**　牛肉　　**ウ**　バナナ　　**エ**　自動車

問３　日本の大きな貿易相手国である中国について述べた文で，適切でないものを次の**ア**～**エ**から一つ選び，記号で答えなさい。

ア　日本とは古くから交流があり，文化や生活習慣で共通する部分も多い。

イ　世界一人口が多い国で，内陸の地域では工業が発達し特に人口が多い。

ウ　農業がさかんで，日本も多くの農産物を輸入している。

エ　夏季オリンピックが開催されたことがあり，開発が進み，日本企業も多く進出している。

問４　以下の文章で説明されている国はどこの国ですか。グラフ中にある国名で答えなさい。

（説明文）　日本はこの国から，たくさんの原油を輸入しています。
中東と呼ばれる地域にある国です。ほとんどの人がイスラム教を信仰しており，イスラム教の聖地が国内にあります。

問５　グラフ中にあるアメリカには，国際連合（国連）の本部が置かれています。これに関連して，国際連合についての各問いに答えなさい。

(1)　国際連合と日本との関わりについて述べた文で，適切でないものを次の**ア**～**エ**から一つ選び，記号で答えなさい。

ア　日本は国際連合が創設されたときからの加盟国なので，国連分担金は支払っていない。

イ　世界の平和や安全の維持のために，自衛隊も国連の海外活動に参加している。

ウ　世界の子どもたちの健康な生活に関わるユニセフに，日本も多くの支援をしている。

エ　国連はNGOと連携して，世界各国の人権を守る活動にも貢献をしている。

(2) 国際連合で，世界の伝染病予防などに関わる仕事をしている専門機関は何ですか。アルファベット３字で答えなさい。

問６ 国際社会では，差別や偏見《へんけん》などの問題が無くなったとは言えない状況です。これを無くす取り組みとして最も適切なものを次の**ア**～**エ**から一つ選び，記号で答えなさい。

ア 信仰《しんこう》する宗教が違う人たちとの争いを避けるために，居住する地域を区切る。

イ 違う人種や民族の人との争いを避けるために，あまり話しかけないようにする。

ウ 自分の国の文化大切にする一方で，他国の文化を理解できるように勉強する。

エ 男女差別を無くすために，女性の意見だけを聞いて政治を行なうようにする。

3 歴史上の女性について説明した文を読み，あとの各問いに答えなさい。

1：光明皇后《こうみょうこうごう》

光明皇后は$_A$聖武天皇《しょうむてんのう》の后《きさき》です。藤原不比等《ふじわらのふひと》の娘として生まれ，皇族《こうぞく》以外では初めて天皇の后となりました。光明皇后は仏教を厚く信仰《しんこう》し，$_B$国分寺《こくぶんじ》などの建立《こんりゅう》を聖武天皇にすすめたといわれています。また，悲田院《ひでんいん》という施設をもうけて貧しい人を助ける活動をおこなったことでも知られています。

2：日野富子《ひのとみこ》

日野富子は$_C$室町幕府の８代将軍足利義政《あしかがよしまさ》の妻です。足利義政と日野富子の間にはなかなか男子が生まれませんでした。そこで，義政は弟を将軍後継者とします。しかし，この決定がされた翌年に富子は男子を生み，将軍のあとつぎ争いがおこります。ここに様々なこともくわわって11年回続く応仁《おうにん》の乱が始まりました。

3：卑弥呼《ひみこ》

中国の歴史書には卑弥呼と邪馬台国《やまたいこく》について書かれている部分があります。それによると，$_D$くにぐにの争いが続いたので卑弥呼という女性を邪馬台国の王にしたとあります。また，中国の皇帝から倭王《わおう》の称号や$_E$鏡などが卑弥呼に授けられたことも書かれています。なお，この歴史書には邪馬台国までの道すじも書かれていますが，邪馬台国がどこにあったのかについては，まだはっきりとわかっていません。

4：紫式部《むらさきしきぶ》

紫式部は天皇の后となった$_F$藤原道長《ふじわらのみちなが》のむすめに仕《つか》えていました。また，$_G$紫式部はみずからの日記の中で清少納言《せいしょうなごん》をはじめとした，同時期に仕えていた女性たちの感想を記しています。

5：お市《いち》の方《かた》

お市の方は織田信長《おだのぶなが》の妹です。近江《おうみ》（現在の滋賀県）の大名であった浅井長政《あざいながまさ》に嫁《とつ》ぎ，３人の姉妹を生みました。長女の茶々《ちゃちゃ》は$_H$豊臣秀吉《とよとみひでよし》に嫁ぎ，三女の江《ごう》は$_I$徳川家康《とくがわいえやす》の子である徳川秀忠《とくがわひでただ》に嫁ぎました。

6：推古天皇《すいこてんのう》

推古天皇は甥《おい》である聖徳太子《しょうとくたいし》と母方の親戚である$_J$蘇我氏《そがし》の協力を得て政治をおこないました。推古天皇の時代に聖徳太子は，役人を能力や功績で取り立てるために（　**ア**　），政治をおこなう役人の心がまえを示すものとして十七条《じゅうしちじょう》の憲法をそれぞれ制定しました。

7：北条政子《ほうじょうまさこ》

北条政子は$_{K}$伊豆の豪族《ごうぞく》であった北条時政《ときまさ》の娘で，鎌倉幕府を開いた源頼朝《みなもとのよりとも》の妻となった人物です。承久《じょうきゅう》の乱の時には頼朝の恩を説き，団結することを御家人たちにうったえたことでも有名です。

問１　下線部Aについて，以下の問いに答えなさい。

(1)　聖武天皇は710年にうつされた都で天皇の位につきました。都の名を漢字３字で答えなさい。

(2)　正倉院《しょうそういん》には聖武天皇ゆかりのものがおさめられています。正倉院におさめられているものとして正しいものを**ア**～**エ**から一つ選び，記号で答えなさい。

ア

イ

ウ

エ

問２　下線部Bについて，各地に建てられた国分寺《こくぶんじ》の中心として奈良に建てられた寺として正しいものを**ア**～**エ**から一つ選び，記号で答えなさい。

ア　薬師寺　　**イ**　興福寺　　**ウ**　法隆寺　　**エ**　東大寺

問３　下線部Cについて，能を大成した観阿弥《かんあみ》・世阿弥《ぜあみ》父子を保護した室町幕府の将軍は誰ですか。漢字４字で答えなさい。

問４　下線部Dについて，くには弥生時代のむらがいくつかまとまってできたと考えられています。弥生時代のむらについて，次の語句を用いて説明しなさい。

【語句】堀《ほり》や柵《さく》

問５　下線部Eについて，古墳の出土品には右の写真にあるような鏡もみられます。一方，「ワカタケル大王」と刻まれた鉄剣が出土した古墳もあります。「ワカタケル大王」と刻まれた鉄剣が出土した埼玉県にある古墳の名として正しいものを**ア**～**エ**から一つ選び，記号で答えなさい。

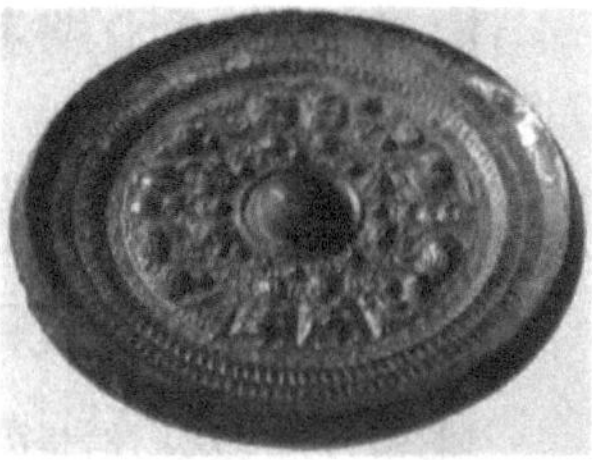

ア　稲荷山《いなりやま》古墳　　**イ**　大仙《だいせん》古墳

ウ　江田船山《えたふなやま》古墳　　**エ**　森将軍塚《もりしょうぐんづか》古墳

問６　下線部F藤原道長《ふじわらのみちなが》らの貴族は極楽浄土《ごくらくじょうど》に対するあこがれをもっていました。極楽浄土について説明した文として適切でないものを**ア**～**エ**から一つ選び，記号で答えなさい。

ア　念仏《ねんぶつ》を唱えれば極楽浄土に行けると考えられていた。

イ　竜安寺《りょうあんじ》の石庭《せきてい》にみられるような枯山水《かれさんすい》が多くの寺でつくられた。

ウ　平泉《ひらいずみ》にある中尊寺《ちゅうそんじ》や毛越寺《もうつうじ》からも極楽浄土の考えが見てとれる。

エ　宇治川《うじがわ》のほとりにある平等院鳳凰堂《びょうどういんほうおうどう》など多くの阿弥陀堂《あみだどう》がつくられた。

問７　下線部Ｇについて，紫式部と清少納言が書いた作品の組み合わせとして正しいものを**ア～カ**から一つ選び，記号で答えなさい。

ア　紫式部 —『枕草子《まくらのそうし》』　　清少納言 —『源氏物語《げんじものがたり》』

イ　紫式部 —『枕草子』　　清少納言 —『土佐日記《とさにっき》』

ウ　紫式部 —『土佐日記』　　清少納言 —『枕草子』

エ　紫式部 —『土佐日記』　　清少納言 —『源氏物語』

オ　紫式部 —『源氏物語』　　清少納言 —『枕草子』

カ　紫式部 —『源氏物語』　　清少納言 —『土佐日記』

問８　下線部Ｈ豊臣秀吉がおこなったこととして適切でないものを**ア～エ**から一つ選び，記号で答えなさい。

ア　「天下布武《てんかふぶ》」の印を使って武力で天下を支配しようとの意志を示した。

イ　刀狩令《かたながりれい》を出し，百姓から刀や鉄砲を取り上げた。

ウ　平定した土地で検地《けんち》をおこない田畑の広さや耕作者を調べた。

エ　明を征服するため，二度にわたって朝鮮に大軍を送った。

問９　下線部Ｉは江戸幕府を開いた人物です。江戸時代に関する以下の問いに答えなさい。

(1)　江戸時代の社会や生活について説明した文として適切でないものを**ア～エ**から一つ選び，記号で答えなさい。

ア　城下町では武家地や町人地など，身分によって住む地域が決められていた。

イ　農村では名主《なぬし》や庄屋《しょうや》とよばれる村役人を中心に村が運営されていた。

ウ　江戸の芝居《しばい》小屋では歌舞伎《かぶき》が演じられ，多くの観客が楽しんでいた。

エ　町人や百姓の子どもは小学校で読み・書き・そろばんを習っていた。

(2)　右の写真はオランダ語で書かれた医学書をほん訳して出版された『解体新書《かいたいしんしょ》』です。『解体新書』を書いた人物として正しいものを**ア～エ**から一つ選び，記号で答えなさい。

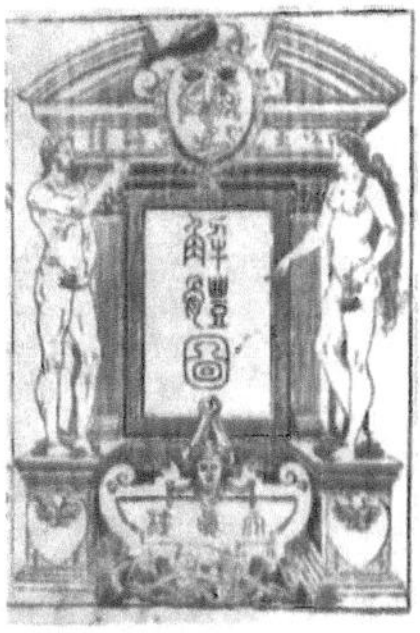

ア　杉田玄白《すぎたげんぱく》　　**イ**　伊能忠敬《いのうただたか》

ウ　大塩平八郎《おおしおへいはちろう》　　**エ**　近松門左衛門《ちかまつもんざえもん》

問10　下線部Ｊ蘇我氏をたおしたあとに中大兄皇子《なかのおおえのおうじ》や中臣鎌足《なかとみのかまたり》らが始めた新しい国づくりを「〇〇の改新」といいます。「〇〇」に入る語句を**漢字２字**で答えなさい。

問11　空らん（　**ア**　）に入る語句を**漢字５字**で答えなさい。

問12　下線部Ｋに源頼朝が流されるきっかけとなったできごとは何ですか。**ア～エ**から一つ選び，記号で答えなさい。

ア　関ヶ原《せきがはら》の戦い　　**イ**　島原《しまばら》・天草一揆《あまくさいっき》　　**ウ**　平治《へいじ》の乱　　**エ**　元寇《げんこう》

問13　１から７の人物を年代の古い順にならびかえなさい。なお，最初は「３」，最後は「５」となります。

4　次の写真は，明治時代から現代にわたって活やくした女性たちです。文章を読み，写真を見て，あとの各問いに答えなさい。

私は和宮《かずのみや》で，明治天皇《めいじてんのう》の叔母《おば》にあたります。江戸幕府が$_A$アメリカとの不平等条約を結んだあと幕府からの申し出を受けて14代将軍《しょうぐん》と結婚《けっこん》しました。

私は（　ア　）といいます。6歳のとき，$_B$使節団に同行して，日本女性初の留学生《りゅうがくせい》としてアメリカへ渡りました。二度目の帰国後，$_C$女子英学塾をつくり，女性教育に尽くしました。

私は与謝野晶子《よさのあきこ》です。私の弟は$_D$戦争へ向かいましたが，そのときの思いを詩として発表しました。題名を「（　イ　）」といいます。

私は平塚らいてう《(ちょう)》といいます。差別されてきた女性を代表して，選挙権などの権利の獲得，$_E$女性や母親の権利を守るために活動しました。

私たちは「ひめゆり学徒隊《がくとたい》」と名づけられました。$_F$沖縄での地上戦のなか，陸軍病院《りくぐんびょういん》に動員《どういん》されました。

問1　下線部Aについて，1858年にアメリカとの間で結ばれた不平等条約を何といいますか。漢字8字で答えなさい。

問2　空らん（　ア　）に入る人物の名を答えなさい。

問3　下線部Bの使節団には，大久保利通《おおくぼとしみち》や木戸孝允《きどたかよし》ら明治政府の中心となる人物が同行していました。明治政府について(1)～(5)の各問いに答えなさい。

(1)　大久保と木戸は，それぞれ何藩の出身ですか。適切な組み合わせを次のア～カから一つ選び，記号で答えなさい。

ア　大久保 ― 長州藩《ちょうしゅうはん》　木戸 ― 薩摩藩《さつまはん》　　**イ**　大久保 ― 長州藩　木戸 ― 土佐藩《とさはん》

ウ　大久保 ― 土佐藩　木戸 ― 長州藩　　**エ**　大久保 ― 土佐藩　木戸 ― 薩摩藩

オ　大久保 ― 薩摩藩　木戸 ― 長州藩　　**カ**　大久保 ― 薩摩藩　木戸 ― 土佐藩

(2)　近代的な軍隊《ぐんたい》を持つために，20歳になった男子は3年間軍隊に入ることが義務《ぎむ》づけられました。この命令を何といいますか。漢字3字で答えなさい。

(3)　地租改正《ちそかいせい》についての説明として適切でないものを，次の**ア**～**エ**から一つ選び，記号で答えなさい。

ア　土地の価格の２％を現金で納めた。

イ　地租改正に反対する一揆《いっき》がおこった。

ウ　国の収入を安定させるためにおこなわれた。

エ　江戸時代に比べて税の重さがあまり変わらなかった。

(4)　国会が開設《かいせつ》されるに先立ち，大隈重信《おおくましげのぶ》がつくった政党を何といいますか。次の**ア**～**エ**から一つ選び，記号で答えなさい。

ア　自由党《じゆうとう》　　**イ**　立憲政友会《りっけんせいゆうかい》　　**ウ**　立憲改進党《りっけんかいしんとう》　　**エ**　立憲民政党《りっけんみんせいとう》

(5)　使節団に同行した伊藤博文《いとうひろぶみ》は，大日本帝国憲法《だいにほんていこくけんぽう》をつくる仕事に従事《じゅうじ》しましたが，この憲法はどこの国の憲法を参考にしたでしょうか。次の**ア**～**エ**から一つ選び，記号で答えなさい。

ア　ドイツ　　**イ**　スペイン　　**ウ**　イギリス　　**エ**　アメリカ

問4　下線部Cの開校準備が進められている頃，ある人物が，赤痢菌《せきりきん》を発見しました。人物名を次の**ア**～**エ**から一つ選び，記号で答えなさい。

ア　野口英世《のぐちひでよ》　　**イ**　湯川秀樹《ゆかわひでき》　　**ウ**　志賀潔《しがきよし》　　**エ**　北里柴三郎《きたさとしばさぶろう》

問5　下線部Dは1904～1905年にかけて発生した戦争のことです。戦争とその影響について(1)～(3)の各問いに答えなさい。

(1)　次の**ア**～**エ**の戦争を発生した順《じゅん》に並べ替え，記号で答えなさい。

ア　日清戦争《にっしんせんそう》　　**イ**　西南戦争《せいなんせんそう》　　**ウ**　日露戦争《にちろせんそう》　　**エ**　日中戦争《にっちゅうせんそう》

(2)　下線部Dの戦争に勝利した日本は，1910年に朝鮮《ちょうせん》（韓国《かんこく》）を併合《へいごう》しました。植民地《しょくみんち》となった朝鮮の様子について書かれた，次の文章の空らん（　　）に入る適切な語句を，漢字2字で答えなさい。なお，空らんには同じ語句が入ります。

> 植民地となった朝鮮の学校では，（　　）語による教育がおこなわれ，（　　）の歴史が教えられました。また，多くの朝鮮の人々が土地を取り上げられました。このような中，朝鮮の人々は独立運動を続けました。

(3)　1911年に関税自主権《かんぜいじしゅけん》を回復《かいふく》したときの外務大臣《がいむだいじん》はだれですか。人物名を漢字で答えなさい。

問6　空らん（　**イ**　）に入る詩の題名を答えなさい。

問7　下線部Eの活動がさかんに行われていた頃，ヨーロッパで第一次世界大戦が起こりました。第一次世界大戦について(1)(2)の各問いに答えなさい。

(1)　第一次世界大戦についての説明として適切なものを，次の**ア**～**エ**から一つ選び，記号で答えなさい。

ア　この戦争中，日本は輸入が増え，景気《けいき》が悪くなった。

イ　この戦争の終わりごろから，日本国内で物の値段が安くなった。

ウ　日本はこの戦争に加わり，戦勝国の一つになった。

エ　日本はこの戦争で，ドイツ，イタリアと軍事同盟《ぐんじどうめい》を結んだ。

⑵　第一次世界大戦後に世界平和を目的として成立し，1933年に日本が脱退した国際機関を何といいますか。**漢字４字**で答えなさい。

問８　下線部Ｆは太平洋戦争でおきたことです。太平洋戦争について⑴⑵の各問いに答えなさい。

⑴　1944年になると，アメリカ軍の飛行機《ひこうき》が日本の都市に爆弾《ばくだん》を落とす空襲が激《はげ》しくなり，東京や大阪では大きな被害《ひがい》が出ました。「空襲」の読み方を，**ひらがな**で答えなさい。

⑵　沖縄《おきなわ》は，日本で唯一《ゆいいつ》の地上戦がおこなわれたところです。戦後，アメリカに統治《とうち》されていましたが，日本に復帰《ふっき》しました。沖縄が日本に返還《へんかん》された年として適切なものを，次の**ア**～**エ**から一つ選び，記号で答えなさい。

ア　1953年　　**イ**　1956年　　**ウ**　1968年　　**エ**　1972年

問９　太平洋戦争が終わると，日本では戦後改革《せんごかいかく》がおこなわれました。戦後改革についての説明として適切でないものを，次の**ア**～**エ**から一つ選び，記号で答えなさい。

ア　女性にも参政権《さんせいけん》が認められた。　　**イ**　教育の制度が６・３・３制に改められた。

ウ　農民の農地が取り上げられた。　　**エ**　日本軍が解散《かいさん》させられた。

問10　1951年に講和会議《こうわかいぎ》が開かれ，日本は48か国と平和条約《じょうやく》を結びました。この会議が開かれたアメリカの都市《とし》はどこですか。**カタカナ**で答えなさい。

５　次の文章は九州地方にある県についてまとめたものです。これを読んで，あとの各問いに答えなさい。

○沖縄県

この県は，江戸時代までは［　あ　］という日本とは別の国でした。この国は日本や$_{A}$中国との貿易を通して発展しました。この頃，国王が住んでいたのが首里城という城です。首里城は世界遺産に登録されていますが，近年大部分が焼失《しょうしつ》し，現在は修復中です。$_{B}$農業では温暖な気候をいかしたパイナップルなどの生産がさかんです。また，$_{C}$伝統的な家は屋根が低くて石垣が多く，屋根はかわらを漆喰《しっくい》で固めてある家が多く見られます。

○大分県

この県は，別府《べっぷ》などの温泉で有名です。また，$_{D}$工業がさかんで臨海部には生産を効率化するために石油精製工場や石油化学工場などを集めた石油化学［　い　］があります。また，空港の周辺はコンピュータ部品のIC産業がさかんです。瀬戸内海と$_{E}$太平洋がぶつかりあう水域では，一本釣りでとるアジやサバが有名で，「関あじ」「関さば」とよばれる高級魚として重宝《ちょうほう》されています。

○長崎県

この県は，びわの生産がさかんです。西部には$_{F}$リアス海岸が見られます。また，島の数が日本一であり，海岸線の長さは北海道につぐ第二位で4000 km以上あります。江戸時代には$_{G}$オランダや中国との貿易の拠点になっていました。太平洋戦争中の1945年８月９日に，$_{H}$アメリカにより原子爆弾が投下されました。現在は大村湾で真珠の養しょく，佐世保などでは造船業がさかんです。

○熊本県

この県は，たたみの材料となる［　う　］の生産がさかんです。また，阿蘇山の$_{I}$火山の頂上がくぼんだ地形で有名です。農業では米づくりに加えてトマトやスイカ，ミカンなどの生産が有名です。$_{J}$水産業は有明海での真珠・のり・くるまえびの養殖がさかんです。$_{K}$四大公害病の一つである水俣病《みなまたびょう》が水俣湾の周辺で起きました。

○宮崎県

この県では，キュウリやピーマンなどの［え］がさかんに行われ，ビニールハウスが多くみられます。L暖流の影響で一年中温暖であり，平野部では暖かい気候を利用して米の早づくりが行われ，温暖な気候からマンゴーの生産もさかんです。

○鹿児島県

この県は，火山が多いのが特徴で桜島の活火山や霧島《きりしま》などが代表的です。土は火山灰を多く含んでおり，この火山灰を含んだ台地を［お］台地といいます。この土は水を通しやすく水がたまりにくいために米づくりには不向きですが，一方で水が少なくてもよく育つサツマイモや茶の生産が行われています。また，ニワトリやブタを育てる畜産業がとてもさかんです。

問１　空欄［あ］～［お］に当てはまる語句を次の**ア**～**ソ**からそれぞれ選び，記号で答えなさい。

ア　カルスト　　**イ**　促成栽培《そくせいさいばい》　　**ウ**　あわ　　**エ**　ベルト　　**オ**　さとうきび

カ　近郊農業　　**キ**　琉球　　**ク**　加賀　　**ケ**　抑制栽培《よくせいさいばい》　　**コ**　コンビナート

サ　いぐさ　　**シ**　蝦夷《えぞ》　　**ス**　シラス　　**セ**　アルプス　　**ソ**　フィヨルド

問２　下線部Aについて，中国について説明した文章として適切でないものを次の**ア**～**エ**から一つ選び，記号で答えなさい。

ア　万里の長城や兵馬俑《へいばよう》など，多くの有名な歴史的建造物があります。

イ　世界各地に，華人と呼ばれる多くの中国系の人々が暮らしています。

ウ　石炭や石油，鉄鉱石など豊富な資源を生かして工業が発展しました。

エ　1997年に台湾がイギリスから返還され，中国領土となりました。

問３　下線部Bについて，山形県に位置する米づくりのさかんな平野を次の**ア**～**エ**から一つ選び，記号で答えなさい。

ア　十勝平野《とかちへいや》　　**イ**　庄内平野《しょうないへいや》　　**ウ**　越後平野《えちごへいや》　　**エ**　濃尾平野《のうびへいや》

問４　下線部Cについて，このような家が見られる理由を，**1行以内**で説明しなさい。

問５　下線部Dについて，千葉県沿岸部を中心とした重化学工業のさかんな日本の工業地域を，**漢字**で答えなさい。

問６　下線部Eについて，世界には太平洋を含めて三大洋と呼ばれる大きな海洋がありますが，残りはインド洋と何ですか。**漢字3字**で答えなさい。

問７　下線部Fについて，リアス式海岸である三陸海岸などでは，養しょくがさかんです。その理由を，地形に着目して**1行以内**で説明しなさい。

問８　下線部Gについて，オランダはヨーロッパ州に位置する国です。次の**ア**～**エ**から同じヨーロッパ州の国であるものを一つ選び，記号で答えなさい。

ア　スイス　　**イ**　フィリピン　　**ウ**　ニュージーランド　　**エ**　カナダ

問９　下線部Hについて，アメリカに関する文章として正しいものを次の**ア**～**エ**から一つ選び，記号で答えなさい。

ア　農作物の生産がさかんで，世界の食糧庫と呼ばれている。

イ　面積が広大で，世界第一位である。

ウ　ポンドを国の通貨として使用している。

エ　首都であるニューヨークなど，世界的な大都市が多い。

問10　下線部Ｉについて，この地形を何といいますか。カタカナ４字で答えなさい。

問11　下線部Ｊについて，日本から遠くはなれた海で数カ月から一年ほどかけて漁をする漁業を何といいますか。漢字４字で答えなさい。

問12　下線部Ｋについて，四大公害病の一つで，工場からのけむりに含まれる有害物質による大気汚染によって引き起こされた公害病は何ですか。漢字とひらがなを使い７字で答えなさい。

問13　下線部Ｌについて，太平洋を流れる暖流を何といいますか。漢字２字または漢字４字で答えなさい。

問14　６つの文章に含まれていない九州地方の県名を二つ，漢字で答えなさい。

6　資料を読んであとの問いに答えなさい。

表１　茨城県の在留外国人数(資格別)

在留資格	総数	全国順位	在留資格	総数	全国順位
永住者	19198	10	企業内転勤	383	9
技能実習	15180	5	研究	319	2
定住者	6529	11	高度専門職	268	7
留学	4718	12	教授	178	13
家族滞在	4089	9	文化活動	141	5
日本人の配偶者等	3996	9	宗教	65	14
技術・人文知識・国際業務	3245	12	研修	49	9
特定活動	2614	8	興行	28	18
特別永住者	2262	19	医療	8	22
永住者の配偶者等	1006	11	介護	1	25
技能	945	8	芸術	0	-
経営・管理	662	8	報道	0	-
教育	437	8	法律・会計業務	0	-

法務省「在留外国人統計」(2018 年 12 月時点)　　合計 66321 人

図１　鹿行地区の在留外国人数

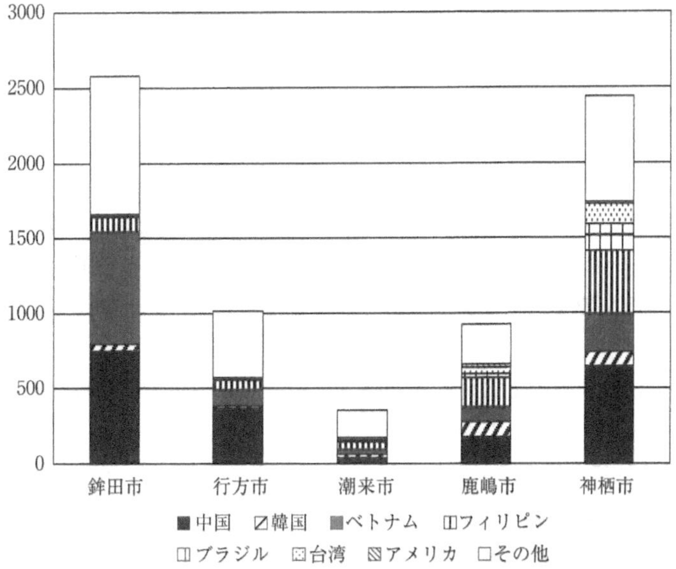

法務省「在留外国人統計」（2018 年 12 月時点）

図２　職種別にした技能実習受入数の割合

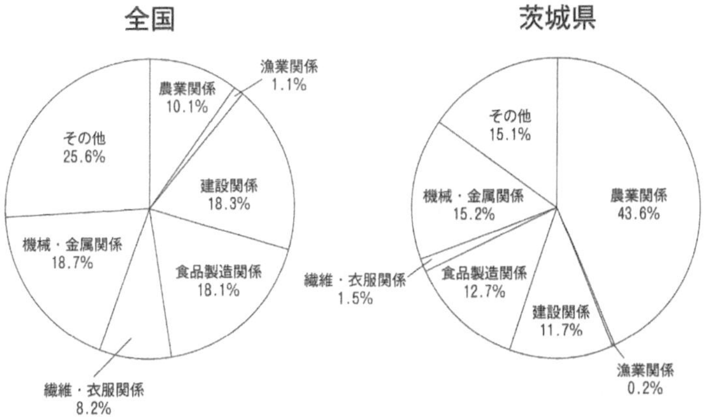

外国人技能実習機構「平成30年度業務統計」（2018年度の統計）

図３　茨城県の外国人労働者数と留学生数の推移

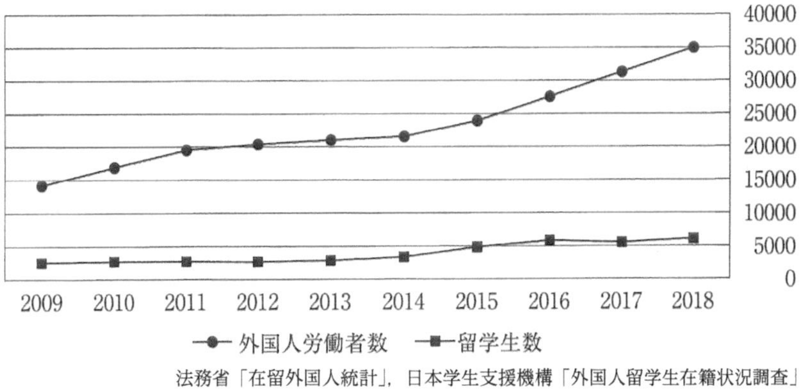

法務省「在留外国人統計」，日本学生支援機構「外国人留学生在籍状況調査」

問1　22ページの表1と23ページの図1～図3は茨城県に住む外国人に関する資料です。これについて述べた次のア～エのうち適切でないものを一つ選び，記号で答えなさい。

ア　表1をみると，茨城県は全国とくらべて研究目的で来ている外国人が多いことがわかる。

イ　表1と図2から，2018年に茨城県で農業関係の仕事につく技能実習生は約6600名であることがわかる。

ウ　図1をみると，鉾田市は鹿行地域の中で技能実習生の割合がもっとも多いことがわかる。

エ　図3から，茨城県の外国人労働者数と留学生数は10年間で2倍以上に増加したことがわかる。

問2　次のア～エは鹿行地域に住む外国人の主な出身地（図1）である中国，韓国，ベトナム，ブラジルについて述べた文です。ブラジルにあてはまるものを次のア～エから一つ選び，記号で答えなさい。

ア　東南アジアに位置する国でアオザイと呼ばれる民族衣装がよく知られています。かつてこの国では大きな戦争がありましたが現在は経済成長しつつあります。

イ　1990～2000年代にかけてこの国は高い経済成長をとげました。国土が広く食文化も豊かで，食事には箸《はし》やスプーンを使います。

ウ　日本人が集団で移住したことがあり現在でも約160万人の日系人が住んでいます。まわりの国々と違ってポルトガル語を話します。

エ　スマートフォンや液晶パネルなど電子機器の生産がさかんで，IT産業が発展しています。

問3　次の表1のア～エは，米の生産量，米の輸出量，バナナの生産量，バナナの輸出量について世界に占める割合を示したものです。米の生産量にあてはまるものを表1のア～エから一つ選び，記号で答えなさい。次のページの表2の世界の人口ランキングを参考にしてもよい。

表1　（データブックオブザワールド2020（二宮書店）による）

ア　（2016年）

順位	国　名	割合(%)
1	タイ	24.5
2	インド	24.5
3	ベトナム	12.9
4	パキスタン	9.8
5	アメリカ	8.2

イ　（2017年）

順位	国　名	割合(%)
1	インド	26.8
2	中国	9.8
3	インドネシア	6.3
4	ブラジル	5.9
5	エクアドル	5.5

ウ　（2017年）

順位	国　名	割合(%)
1	中国	27.6
2	インド	21.9
3	インドネシア	10.6
4	バングラデシュ	6.4
5	ベトナム	5.6

エ　（2016年）

順位	国　名	割合(%)
1	エクアドル	28.9
2	コスタリカ	11.5
3	グアテマラ	10.4
4	コロンビア	8.9
5	フィリピン	6.8

表2　世界の人口ランキング（「World Population Prospects,2019」による）

順位	国　名	億人
1	中国	14.0
2	インド	13.6
3	アメリカ	3.2
4	インドネシア	2.7
5	パキスタン	2.1

順位	国　名	億人
6	ブラジル	2.1
7	ナイジェリア	2.0
8	バングラデシュ	1.6
9	ロシア	1.4
10	メキシコ	1.2

問４　グローバル化の中で，今後，日本に住む外国人が多くなることが予想されています。次の図４は千葉県成田市のごみの分別について書いてある外国語版パンフレットの一部です。このように外国人が日本で生活する上で必要な物やサービスには，他にどのようなものがあるでしょうか。一行で書きなさい。

図４　成田市のごみの分け方・出し方（中国語・韓国語・タイ語版）

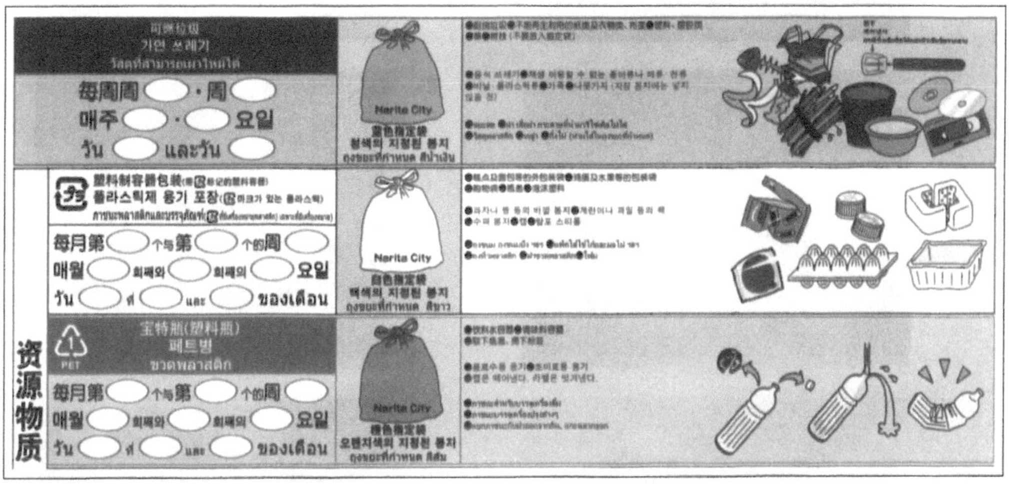

問５　日本の世界遺産を外国の人に紹介したいと考えています。以下の①～④の中から世界遺産を一つ選び，以下の各問いに答えなさい。

【世界遺産】　①　法隆寺とその周辺の建築物　　②　白川郷の建築物

③　厳島神社　　④　日光東照宮

(1)　選んだ世界遺産が位置する都道府県を漢字で書きなさい。

(2)　選んだ世界遺産に関係する写真を，次のア～クの中から一つ選び，記号で答えなさい。

ア

イ

ウ

エ

オ

カ

キ

ク

(3)　選んだ世界遺産について，１行以内で説明しなさい。

問1　～～線ⓐ～ⓔの漢字の読み方を、ひらがなで書きなさい。

問2　═══線Ⅰ「おざなりのものではない」、Ⅱ「真に迫《せま》ってた」の本文中の意味として最も適当なものを、次のア～エの中からそれぞれ一つずつ選んで、記号で答えなさい。

Ⅰ「おざなりのものではない」

ア　いいかげんなものではない
イ　その場に置いたままではない
ウ　気を遣《つか》って行ったわけではない
エ　自分の勘違《かんちが》いというわけではない

Ⅱ「真に迫ってた」

ア　プロのような演技であった
イ　演技ではないように見えた
ウ　うそをつかれているようだった
エ　恐怖《きょうふ》のあまり泣きたくなった

問3　［　　　］に入れるのに最も適当なものを、次のア～エの中から一つ選んで、記号で答えなさい。

ア　ついつられて愛想笑《あいそわら》いを浮《う》かべてしまった
イ　怖《こわ》くなり会場をきっとにらみつけた
ウ　自分のことかとさっと体がこわばった
エ　しばらく観客に気を取られてしまった

問4　――線「彩希の目から涙がにじみ出す」とありますが、それはなぜですか。きっかけとなった出来事もふくめて、八十字以内で説明しなさい。（、や。もふくみます）

問5　彩希について説明したものとして適当なものを、次のア～オの中から二つ選んで、それぞれ記号で答えなさい。

ア　彩希は、演じているとき、「井上ミツコ」と自分自身に共通する部分があると感じることがあった。
イ　彩希は、劇の幕が下りた時の拍手を聞き、劇の成功は自分の力によるものが大きいと確信した。
ウ　彩希は、学園祭後、クラスの中心グループに入り学校生活を送りたいという気持ちが強くなった。
エ　彩希は、ばらばらな気持ちを一つにまとめあげる力を持った演劇のすばらしさを再確認した。
オ　彩希は、学園祭が終わったあと、傍役の女優を目指すという選択肢《せんたくし》があることに気づいた。

小さな顔がついている。そして大きな目と、いつもⓔ口角が上がっているような唇《くちびる》。ああいう顔を持つ女の子だけが、女優をめざすに違《ちが》いない。

「でも私は女優になりたい」

そんなことをあれこれ考えているうちに、彩希の目から涙《なみだ》がにじみ出す。それが毎晩《まいばん》のことだ。これほど欲《ほっ》するものがあるのに、それがかなわないというのはなんてつらいことなんだろうか。

クラスでいちばんになりたいと思えば、勉強すればなれる。百メートル競走でいちばんになりたいと思えば、毎日トレーニングすればなれるだろう。でも女優だけはダメなんだ。生まれつきのものが肝心《かんじん》なんだもの。

「でも……」

と彩希が考えるようになったのは、一週間が過ぎた頃《ころ》であった。

「テレビに出ている女優さんって、キレイな人ばっかりじゃないじゃん」

おばさんとか、意地悪な上司の役とかで、彩希のお母さんクラスの女の人がいっぱい出てくる。いわゆる傍役《わきやく》と言われる人たちだ。ああいう人たちも女優なんだ。それを目指せばいいのではないだろうか。

「でも最初からそれって、ジミすぎない？」

彩希は自分の部屋《へや》の鏡を見つめる。小学校五年生の時、家族で行ったディズニーランドで買ったものだ。左の下のところにシンデレラの顔がついている。シンデレラが幸せになったのは、生まれつきうんと美人だったせいだ。ちらっと思う。

しかし目の前に映《うつ》っている女の子は、奥二重《おくぶたえ》のあんまり大きくない目と、ちょっとぽってり気味の鼻を持っている。唇はまあまあ。ブスとからかわれることもないけれども、「可愛《かわい》い」ともてはやされることもない。ごくふつうの女の子、全国に何万人、いや何十万人といる女の子。こういう子が、女優をめざすのはやっぱりおかしい。もしかすると美人じゃなくても出来る、傍役というのもあるかもしれないけれども、最初からおばさん役をめざす中一っているんだろうか……。

そんなことを考えると、彩希はますます悩《なや》むようになった。

（林真理子『私のスポットライト』）

注1　井上ミツコ＝彩希が演じる劇の主人公。容姿が悪く性格も暗い、クラスの嫌《きら》われ者の中学生。

注2　〝ミス泡中〟コンテスト＝泡川中学における「ミス・コンテスト」のこと。「ミス・コンテスト」とは参加した女性の中から最も美しい女性を決めるコンテストのこと。「泡中」とは彩希が通う泡川中学のことで、本当の学園祭と劇の学園祭を重ねている。

注3　ＢＧＭ＝雰囲気《ふんいき》を盛り上げるために背景として流す音楽。

注4　スモーク＝舞台などで、ドライアイス等を使って発生させる煙《けむり》。

注5　棚橋由紀＝クラスの中心グループの一人で劇の脚本《きゃくほん》担当。劇が失敗するように石川莉子から嫌《いや》がらせを受けていた。

注6　石川莉子＝クラスの中心グループのリーダー格。由紀のつくった劇が失敗するよう、数々のトラブルを起こした張本人。

注7　読者モデル＝ファッション雑誌に登場するファッションモデルのうち、モデル業をプロとして行っているのではなく、一般《いっぱん》読者として紙面に登場するモデルのこと。

「めっちゃキター！」
と叫びながら、大西君たちとハイタッチした。注5棚橋由紀《たなはしゆき》などは彩希に抱きついてきたぐらいだ。マジなハグというものを初めてした。ちょっと照れてしまったけれども、ものすごくいい気分になった。なんと由紀は泣いていたのである。
「平田さん、ありがとう……本当にすごくよかった」
別に由紀にお礼を言われることもないなァとちらっと思ったけれども、それでもとても嬉しくなった。
「平田さんがこんなにうまくなければ、この劇成功しなかったと思う。平田さんってすごい……。まるで本物の女優《じょゆう》さんみたい」
それは言い過ぎじゃないかと思うのであるが、奥《おく》に引《ひ》っ込んでからも大西君たちは口々に言ったものだ。
「平田ってうまいよなァ。最後のシーンなんかⅡ真《しん》に迫《せま》ってた。本当に殺されるかもしれないって、オレ、マジにゾクゾクしちゃった」
「その言い方、ひどいじゃん」
気分が高揚《こうよう》していてつい軽い口調で返したら、彼《かれ》は急に真面目《まじめ》な顔をして言った。
「いや、ホント。最後のシーン、平田は本当にミツコみたいになってたよ」
そして彩希たちのお芝居《しばい》は、「校長賞」こそ逃《のが》したものの、その次の「パフォーマンス賞」をもらったのである。教室に戻《もど》ってから、担任の先生の祝福《しゅくふく》を受けた。
「先生個人の意見としては、うちの方がずっとよかった。だけどやっぱり三年生はもうじき卒業だからな。仕方ない、校長賞はあっちにやろうじゃないか、ⓒ諸君！」
先生にしては珍《めずら》しい軽口ⓓだったので、全然面白《おもしろ》くもないのに、みんなどっとわいた。あまりの成功に、注6石川莉子《いしかわりこ》でも笑ったくらいだ。そうした小さな記憶のひとつひとつが固まって大きくなり、いきいきとした生命を持って毎夜のように彩希の心を揺《ゆ》るがす。
「ああ、なんて楽しかったんだろう……」
彩希はため息をつかずにはいられない。そしてこう思う。
「あれはもう、一回きりで終わっちゃうの？」
彩希が主役になったあの輝《かがや》かしい時間、あれはもう二度と訪《おとず》れないのだろうか。そして自分は再び、ふつうのどうということもない女の子となって、前と同じような学校生活をおくるんだろうか。
「そんなの、絶対にイヤだ」
彩希はがばっとベッドの上に起き上がった。未《いま》だかつて、これほど激《はげ》しい感情に揺り動《うご》かされたことはなかった。そしてその後、ゆっくりとひとつの言葉が浮《う》かび上がってきた。
「私、女優になりたい！」
そんなの絶対に無理だ、と次の瞬間《しゅんかん》大きく首を横に振《ふ》った。女優とかタレントというのは、美しい女の子がなるものと決まっている。自分はそんなレベルではないというのも彩希にはちゃんとわかっていた。
中学一年生にもなると、キレイな女の子というのははっきりとわかってくる。クラスやグループで集合写真を撮《と》っても、そのコの顔だけは目立つ。光がさしているようであった。
三年生には注7読者モデルをしていると評判《ひょうばん》のコがいるけれども、そのコが歩いていると遠くからでもわかる。脚が長いし、そのずっと上に

「それって本当？」

この時、会場からわずかな笑いがもれて、彩希は［　　　　］。

しかしそうではないらしい。そうだ、もともと谷君が大げさな身ぶりをしたのだ。

「そうだ。さあ、勇気を出してコンテストに出てみよう。僕《ぼく》たちクラスのみんなが応援《おうえん》するよ」

そして谷君が去った後、かなり長いミツコのⓐ独白がある。

「私かコンテスト？　今の言葉、信じていいの？　私が魅力的な女の子だなんて本当かしら。ねぇ、私、信じていいの」

ゆっくりとはっきりと喋る。体育館がシーンとしていくのがわかる。その空気の中、自分の言葉が響《ひび》いている。私の言葉……これってセリフじゃないみたい。そう、彩希も同じことをつぶやいたっけ。

「私が劇の主役ですって？　音読がうまいからって。本当に信じていいの。私が主役になってもいいの……」

そうだ。ミツコって私によく似てるかも。突然《とつぜん》人に認《みと》められて、疑《うたが》いながらも信じてしまう。すごく嬉《うれ》しい。人に気づかれないようにしながらも嬉しくてたまらない。だからミツコは最後のシーンであんなに怒《いか》り泣くんだ。

ミス泡中に選ばれたミツコは、みんなの拍手の中、壇上《だんじょう》に上がりトロフィをもらう。しかしそれはとても手の込んだⓑ意地悪だった。そのとたん上から豚《ぶた》の血が入ったバケツが落ちてくるのだ。彩希は血のかわりに、キラキラ光る赤のテープを頭からかぶらされそして叫《さけ》ぶ。

「みんなひどいめにあえばいいんだわ。みんな苦しめばいい」

最初は全員死ぬはずだったのだが、担任《たんにん》の先生から注意され、みんな一瞬《いっしゅん》だけ床《ゆか》に倒《たお》れて苦しむという設定《せってい》に変えた。

「みんなを私は許《ゆる》さない！」

彩希は思いきり叫び、両手をあげた。するとまわりの男の子たちがうーん、うーんと声をあげ、ばたばたと倒れる。この時不気味な大音《だいおん》響《きょう》がとどろく。大西《おおにし》君たちが凝《こ》りに凝った[注3]BGM《ビージーエム》だ。そして青い[注4]スモークが左右から出た時、会場からはどよめきと拍手が起こった。そして仲よし役の陽菜《ひな》とのかけ合い。

「ミツコ、みんなを許してあげて」

「私は許さないわ。絶対に」

「だけど友だちじゃないの。私たちは友だちよ」

友だちと言われてうずくまるミツコ。そして最後のセリフがある。

「もう一度信じてみる。友だちを」

ここでスイッチが切られ舞台は真っ暗になり、幕が下りる。だから大きな拍手をみんな闇《やみ》の中で聞いた。

「やったね！」

「キタ～！」

そして幕が上がる。みんなが拍手している。彩希の脚《あし》が再《ふたた》び震《ふる》える。今度のは緊張《きんちょう》じゃない。今まで感じたことのない歓喜が全身をつつんでいるのだ。

あの時の興奮《こうふん》を彩希は忘《わす》れることができない。

夜、ベッドに入って眠《ねむ》ろうとすると、くっきりとすべての記憶《きおく》が蘇《よみがえ》る。すごい拍手だった。決してⅠおざなりのものではないとわかる。だってそれはいつまでも鳴りやまなかったのだから。幕が下りると、

「やった！」

④　この森には、いろんな種類の鳥がいるそうだ。（五字以内）

⑤　全力をつくしたけど、失敗をしてしまった。（三字以内）

問3　次の①～⑤の各文で、――線の言葉はまちがったかなづかいになっています。〈例〉を参考にして、それぞれ正しいかなづかいに書き直しなさい。ただし、すべてひらがなで答えなさい。

〈例〉今日、母と一緒《いっしょ》にスーパーえ行った。　→　スーパーへ

①　弟が遊んでくれとせがむので、うっとおしい。

②　そおゆうことは、私には対応できません。

③　試合の組み合わせが予想どうりの結果となった。

④　こんにちわ、しばらくぶりですがお元気ですか。

⑤　悪天候のため、今日の試合は中止せざるおえない。

〔三〕　次の文章を読んで、後の問いに答えなさい。

泡川《あわかわ》中学校一年生の平田彩希《ひらたさき》は地味な生徒だったが、クラスの中心グループのケンカに巻《ま》き込《こ》まれた結果、学園祭のクラス企画《きかく》で行う劇《げき》の主役を務《つと》めることになってしまった。その後もクラス内でもめごとがなくなることはなかったが、どうにか学園祭の当日を迎《むか》えることになった。

幕《まく》が開いた。拍手《はくしゅ》が起こる。思っていたよりも観客がいるらしい。拍手の音が大きい。まずは四人の同級生が話しているシーンだ。

「[注1]井上《いのうえ》ミツコって、チョーうざいよな」

「そー、クラスの中にいるだけでムカムカしちゃう」

「あいつって、クラスの害虫だよな」

「そうよ、そうよ」

ややぎこちないセリフが続く。

さあ、彩希の登場だ。右足を踏《ふ》み出《だ》す。次は左足。暗い幕の陰《かげ》からいきなりスポットライトがあたる。とても明るい場所に出る。舞台《ぶたい》に立つということはこういうことなんだ。

「誰《だれ》か、私の上履《うわば》きを知りませんか……」

すらりとセリフが出た。大丈夫《だいじょうぶ》、ちゃんと声は出てる。

「お前の汚《きたな》い上履きなんか知るもんか」

「そうよ、そうよ、知らないわよ」

「ソックスのままいればいいじゃんか」

「あっ、ミツコのソックスって穴《あな》が開いてる」

「キタない」

みんなから囃《はや》したてられ、泣きながら退場するミツコ。そしてしばらく同級生たちの悪巧《わるだく》みを相談するシーンが続く。そしてミツコは、谷《たに》君という背《せ》の高い男の子と長く喋《しゃべ》るシーンがある。谷君もみんなに選ばれてかなりセリフの多い役になった。

「劇なんかやだ。幼稚園《ようちえん》の時は泣いて逃《に》げたくらいだ」

と言っていたわりには、稽古《けいこ》に熱心で工夫のあまり、おかしなジェスチャーをつけるほどだ。

「ねぇ、井上さん。君[注2]〝ミス泡中《あわちゅう》〟コンテストに出てみないか」

「私がコンテストにですって」

「そうだよ。君は自分が考えているよりもずっと魅力的《みりょくてき》で、クラスの中には君のこと密《ひそ》かに好きだっていう男の子、結構《けっこう》いるんだぜ」

問3　――線①「『身体』のチャンネル」とありますが、筆者は「身体のチャンネル」として、どのようなものをあげていますか。本文中から五字で二つ、二字で一つ、抜《ぬ》き出して答えなさい。

問4　――線②「このように」とありますが、これはどのようなことを指していますか。五十字以内で説明しなさい。（、や。をふくみます）

問5　――線③「非言語のコミュニケーションの重要性」とありますが、「非言語コミュニケーション」が重要なのはなぜですか。コミュニケーションの三つのチャンネルそれぞれにふれながら、六十字以内で説明しなさい。（、や。をふくみます）

問6　本文の内容を説明したものとして適当なものを、次のア～エの中から二つ選んで、それぞれ記号で答えなさい。

ア　相手に自分の気持ちを正確に伝えるには、言葉だけに頼《たよ》らずに、複数のチャンネルを組み合わせて、コミュニケーションをするべきである。

イ　SNSでは、言葉による情報伝達が中心であるため、相手と適切にやりとりをするためには、言葉づかいに最大の注意をはらうことが重要である。

ウ　相手に自分の伝えたいことを適切に伝えるためには、スタンプや写真など、様々な情報をとにかく多く伝えて、相手に情報の理解を任せる方がよい。

エ　言葉ではどれほどよい内容を話していても、声の大きさや表情に気を配らないと、聞いている相手に好ましくない印象を与《あた》えてしまうおそれがある。

〔二〕　次の各問いに答えなさい。

問1　次の①～⑤の各文の状況《じょうきょう》に合うことわざを、後のア～オの中からそれぞれ一つずつ選んで、記号で答えなさい。ただし、同じ記号は一度しか使えません。

①　料理中、砂糖と塩をまちがえて使ってしまったが、今までになくおいしいものになった。

②　成人式のために、母が高価な着物を仕立ててくれたが、私は和服には全く興味がない。

③　私の応援《おうえん》しているアイドルグループが今日解散したということが、テレビのニュースで報じられた。

④　大工さんに家を建てかえるようすすめられたが、大工さん自身は壊《こわ》れそうな古い家に住んでいる。

⑤　テスト終了《しゅうりょう》後、自分の解答のまちがいに気づいてしまったが、もうどうしようもない。

ア　医者の不養生《ふようじょう》　　イ　けがの功名《こうみょう》

ウ　青天の霹靂《へきれき》　　エ　後の祭り

オ　猫《ねこ》に小判

問2　次の①～⑤の各文で、――線の言葉は「話し言葉」で書かれています。文の内容は変えずに、――線の言葉をそれぞれ「書き言葉」として正しく書き直しなさい。ただし、（　）内に指定された字数以内で答えなさい。

①　これは、小学生じゃなく高校生対象の本だ。（四字以内）

②　帰宅後にはしっかりと手を洗わなきゃいけない。（六字以内）

③　私の弟は、発言するばっかりで、実行しない。（三字以内）

ことも多いのです。

そのようにコミュニケーションにおいては、意識しても無意識でも、言葉だけでは伝えられない思いを3つのチャンネルで補完し合っています。このチャンネルが少なくなればなるほど、当然のことながら、的確に思いをやり取りすることは難しくなってきます。

「身体」のチャンネルが減ったコミュニケーションといえば、何を思い浮かべますか。そう、「電話」です。表情や身振《みぶ》り手振りが伝わりませんから、「言葉」と「声」のチャンネルを駆使《くし》する必要が出てきます。最近では、スカイプ[注5]など、「身体」のチャンネルを補うツールも出てきました。

そして「身体」と「声」のチャンネルが減り、言葉だけのコミュニケーション、といえば、皆《みな》さんの年代ですぐに思いつくのは、日常的に使っているメールやLINE[注6]などのSNS[注7]だと思います。ですから、この便利なツールはコミュニケーションを取る上で最も難易度が高いことを理解してください。

目の前にいる友達に「ごめんね」とひと言でⓓスむことも、SNSだと付け加えなければ伝わらないことも多そうです。絵文字やスタンプ[注8]のないSNSを想像してみてください。これは、かなり使いづらそうです。絵文字やスタンプはただ可愛《かわい》いだけではなく、言葉だけでは伝わらない微妙《びみょう》なニュアンス[注9]を伝えるために実は非常に重要な役割をⓔハたしているのです。

③非言語のコミュニケーションの重要性を知ってもらえたでしょうか。

自分の思いと表情は一致していますか。相手の話をきく時につまらなそうな態度をしていませんか。あらためて振り返ってみましょう。

コミュニケーションはキャッチボールによくたとえられます。上手《うま》くキャッチボールを続けるために気を付けることは何でしょうか。それは、ひと言でいうなら相手が取りやすい球を投げることです。剛速《ごうそっ》球《きゅう》を投げつけたり、相手に届かないような弱々しい球を投げたり、手を伸《の》ばしても届かないような方向に投げたりしても相手にはキャッチしてもらえません。相手に合わせて、きちんと相手が受け取れるように球を投げることが大切なのです。

（安部博枝『自分のことがわかる本――ポジティブ・アプローチで描く未来』）

注1　チャンネル＝情報が送られる経路。
注2　ツール＝道具や手段。
注3　ギャップ＝物事どうしのくい違《ちが》いやずれ。
注4　懐疑的＝疑いを持っている様子。
注5　スカイプ＝パソコンやスマートフォンなどでビデオ通話ができるツール。
注6　LINE＝パソコンやスマートフォンなどで通話や文字でのやり取りができるツール。
注7　SNS＝インターネット上でコミュニケーションをとることができるサービス全体のこと。
注8　スタンプ＝SNS上のやりとりで使用できるイラスト。
注9　ニュアンス＝表面上には表れない細かな意味。

問1　～～線ⓐ～ⓔのカタカナを漢字に直しなさい。

問2　［A］、［B］に入れるのに最も適当な言葉を、次のア～オの中からそれぞれ一つずつ選んで、記号で答えなさい。

ア　つまり　　イ　しかし　　ウ　そして
エ　なぜなら　　オ　例えば

【国　語】〈五〇分〉〈満点：一〇〇点〉

〔一〕　次の文章を読んで、後の問いに答えなさい。

私たちは、対人コミュニケーションにおいて、自分の思いを伝えるためのチャンネル[注1]を大きくは3つ持っているといわれています。

1つ目は「言葉」のチャンネルです。私たちは、動物の中で唯一《ゆいいつ》言語をもっていますから、言葉を通じて思いを伝えたり、受け取ったりすることが可能です。

［A］2つ目が①「身体」のチャンネルです。これは目から入ってくる情報です。その人の身だしなみによって「きちんとした人」「だらしない人」などと判断したり、机に座った姿勢や態度をみてやる気がある、ないと感じる、といったこともこれにあたります。また表情も大きなコミュニケーションツール[注2]です。相手の表情をみて、嬉《うれ》しいのか、悲しいのか、悔《くや》しいのか察することができます。私は表情に関するⓐケンキュウをしていますので、表情が与《あた》えるコミュニケーションへの影響《えいきょう》についてはことさら気になるところです。

最後が「声」のチャンネルです。これは、耳から入ってくる情報です。声の大きさや力強さ、トーンのⓑコウテイなどです。どんなに良いスピーチでも小さな声でぼそぼそと話しては、自信がないように映ります。また、ちょっと元気がない時は、声のトーンも低くなりがちです。電話に出た瞬間《しゅんかん》の「もしもし」で「何かあったの」と心配されたりすることもありますよね。

このうち「言葉」を使ったコミュニケーションを言語コミュニケーション（Verbal Communication）といい、「身体」「声」を使ったコミュニケーションは、言語以外で行うコミュニケーションという意味で非言語コミュニケーション（Non-Verbal Communication）といわれています。

このように相手が目の前にいて行う対人コミュニケーションでは、意識してもしなくてもこの3つのチャンネルを使って、相手の思いを受け取ったり、自分の思いを伝えたりしています。コミュニケーションというと、「言葉」を介《かい》して行うもの、という印象があるかと思いますが、実はそれだけではないのです。この3つのチャンネルが相互《そうご》に補完し合いながら、的確に相手にⓒイトを伝えています。

［B］、ファミレスでうっかりテーブルにお水をこぼした店員さんが、「大変申し訳ございません」と言葉では謝っているにもかかわらず、語尾《ごび》も強く、お辞儀《じぎ》もせずにふてくされた表情を浮《う》かべていたらどうでしょう。謝罪の気持ちが伝わるとは到底《とうてい》思えません。

②このように言っていること（言語）と伝え方（非言語）にギャップ[注3]があると、この人本当のことを言っているのかな？　と相手に対して懐疑的《かいぎてき》[注4]になります。

そして、言葉は意識的に操《あやつ》れますが、非言語は思いのほか本音が出やすいので、意識しないと「私は悪くないのに。あなたが手を出してきたからこぼれたのよ。面倒《めんどう》くさい」というような思いが、非言語によって相手に伝わってしまうのです。

逆に、言葉は「すいません……」でも、深々とお辞儀し、本当に申し訳なさそうな表情を浮かべていたら、それでも充分《じゅうぶん》に謝罪の気持ちは伝わるものです。わかりやすく少し大げさに書きましたが、私たちはつい言葉に頼《たよ》るあまり、それをどう伝えるかに注意を払《はら》えていない

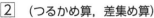

2021年度

解　答　と　解　説

《2021年度の配点は解答欄に掲載してあります。》

＜算数解答＞

1　(1)　3　(2)　2021　(3)　$1\frac{13}{20}$　(4)　$\frac{1}{2}$　(5)　60問

(6)　150円　(7)　41.12cm^2　(8)　186cm^3

2　(1)　10円玉：162枚　50円玉：81枚

(2)　①　10円玉と50円玉　3枚

②　10円玉：108枚　50円玉：111枚　100円玉：24枚

3　(1)　195m　(2)　右図　(3)　21.6秒　(4)　840m　解説参照

4　(1)　$\frac{1}{2}$　(2)　$\frac{5}{9}$　解説参照　(3)　$\frac{13}{18}$

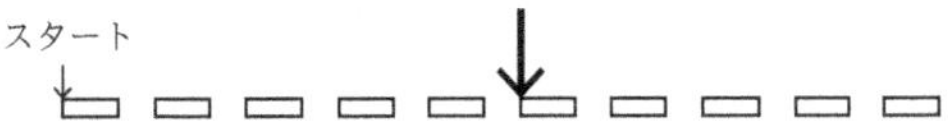

○配点○

1　各5点×8　2　各6点×3(各完答)

3　(1)　6点　(4)　8点　他　各5点×2

4　(2)　8点　他　各5点×2　計100点

＜算数解説＞

基本 1　**(四則計算，逆算，割合，比，面積，体積)**

(1)　$27-24=3$

(2)　$\square=673\times3+2=2021$

(3)　$\frac{9}{2}\times\frac{2}{5}+\frac{3}{5}-\frac{3}{4}=\frac{12}{5}-\frac{3}{4}=\frac{48}{20}-\frac{15}{20}=\frac{33}{20}=1\frac{13}{20}$

(4)　$\frac{3}{4}\times\frac{1}{4}\times\frac{2}{3}+\frac{1}{2}\times\frac{3}{4}=\frac{1}{8}+\frac{3}{8}=\frac{4}{8}=\frac{1}{2}$

(5)　残っている39問は全体の$1-\frac{7}{20}=\frac{13}{20}$にあたるから，全体の問題数は$39\div\frac{13}{20}=39\times\frac{20}{13}=60$(問)である。

(6)　2人が持っているお金の合計は$1200+2400=3600$(円)　兄が今持っているお金は$3600\times\frac{5}{3+5}=2250$(円)だから，弟にあげた金額は$2400-2250=150$(円)である。

(7)　右の図のように補助線を引くと，正方形と中心角90度のおうぎ形2つに分けられるから，面積は$4\times4+4\times4\times3.14\times\frac{1}{4}\times2=41.12$($\text{cm}^2$)

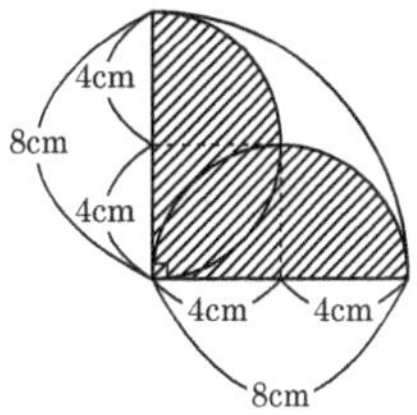

(8)　上下2つの直方体に分けることができるから，体積は$(5-3)\times6\times(8-5)+5\times6\times5=36+150=186$($\text{cm}^3$)

2　**(つるかめ算，差集め算)**

重要 (1)　全てが10円玉としたときの合計金額$10\times243=2430$(円)は実際より$5670-2430=3240$(円)少ない。10円玉を50円玉におきかえるごとに合計金額は$50-10=40$(円)ずつ増加するから，

3240÷40＝81(枚)おきかえればよい。よって，50円玉の枚数は81枚，10円玉の枚数は243－81＝162(枚)である。

やや難 (2)① 枚数を逆にすると合計金額が9030－8910＝120(円)少なくなっている。120は50－10＝40の倍数だから，枚数を逆にした硬貨は10円玉と50円玉で，正しい枚数は50円玉の方が10円玉より120÷40＝3(枚)多い。

② 50円玉を3枚除いて10円玉と等しい枚数にすると，合計枚数は243－3＝240(枚)　合計金額は9030－50×3＝8880(円)になる。これを面積図に表したのが(図1)である。(図1)の太枠部分を平均化したのが(図2)である。(図2)の太枠部分のたては(10＋50)÷2＝30(円)　斜線部分の面積は8880－30×240＝1680(円)だから，100円玉は1680÷(100－30)＝24(枚)　10円玉は(240－24)÷2＝108(枚)　50円玉は108＋3＝111(枚)とわかる。

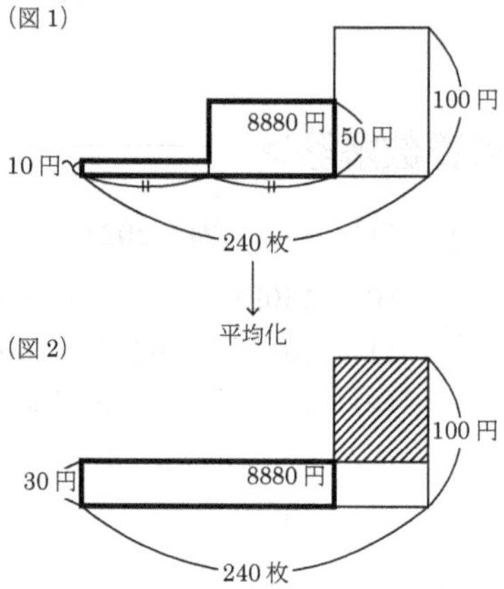

3 (周期算，速さ，旅人算)

(1) 白線5mと白線と白線の間5mを合わせた5＋5＝10(m)を1周期と考えると，求める距離は19周期と5mだから，10×19＋5＝195(m)である。

(2) 時速60kmは秒速$\frac{60000}{60\times60}=\frac{50}{3}$(m)

車は$\frac{50}{3}\times3=50$(m)　進むから，

50÷10＝5(周期)進む。

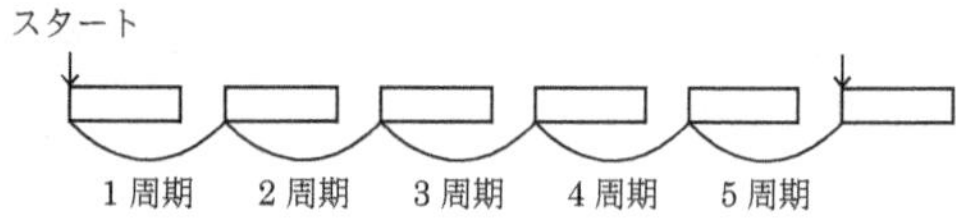

重要 (3) 時速80kmは秒速$\frac{80000}{60\times60}=\frac{200}{9}$(m)　時速90kmは秒速$\frac{90000}{60\times60}=25$(m)である。乗用車Aと乗用車Bは1秒間に$25-\frac{200}{9}=\frac{25}{9}$(m)離れるから，(12＋8)×3＝60(m)離れるには$60\div\frac{25}{9}=$21.6(秒)かかる。

重要 (4) バスと乗用車は200＋10＝210(m)離れている。バスの速さは秒速$\frac{200}{9}$m　乗用車の速さは秒速$\frac{100000}{60\times60}=\frac{250}{9}$(m)だから，乗用車はバスに1秒間に$\frac{250}{9}-\frac{200}{9}=\frac{50}{9}$(m)ずつ近づく。よって，追いつくには$210\div\frac{50}{9}=\frac{189}{5}$(秒)かかる。トンネルの長さはバスが$\frac{189}{5}$秒間に進んだ距離と等しいから$\frac{200}{9}\times\frac{189}{5}=840$(m)である。

4 (平面図形)

(1) 右の(図1)のように外側の正方形を4等分すると，合同な直角二等辺三角形が8個できるから，作られた正方形の面積は外側の正方形の面積の$\frac{4}{8}=\frac{1}{2}$であることがわかる。

(図1)

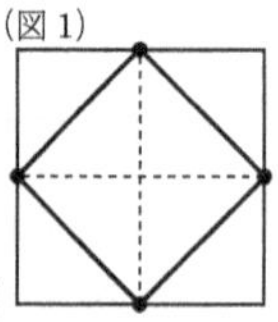

(図2)

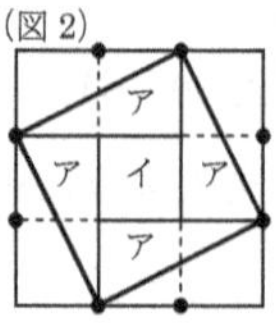

やや難 (2) 右の(図2)のように外側の正方形を3×3＝9(等分)して，イの面積を1とすると，ア1個の面積も2÷2＝1だから，作られた正方形の面積は1×5＝5　よって，外側の正方形の面積の$\frac{5}{9}$である。

(図3)

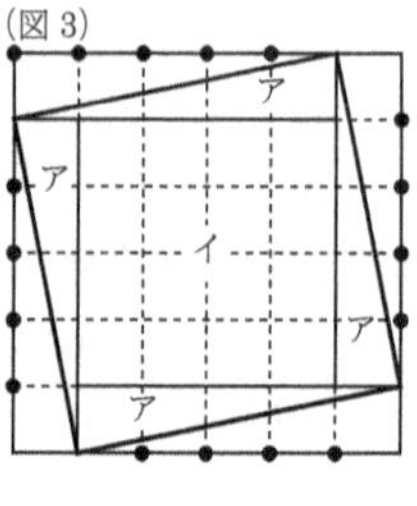

やや難 (3) 右の(図3)のように外側の正方形を6×6＝36(等分)したときの正方形1個の面積を1とすると，イの面積は4×4＝16　ア1個の面積は5÷2＝2.5だから，作られた正方形の面積は16＋2.5×4＝26　よって，外側の正方形の面積の$\frac{26}{36}=\frac{13}{18}$である。

★ワンポイントアドバイス★

3では速さの単位は時速□km，時間の単位は秒，長さの単位はmが用いられているので，単位に注意して計算しよう。

＜理科解答＞

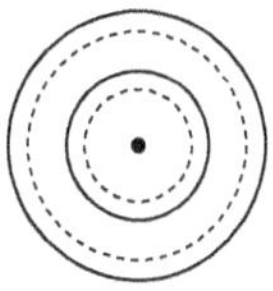

1 (1) ア　(2) 1月 ア　4月 エ　7月 ウ　11月 イ

(3) ① ウ　② ウ　③ ア

2 (1) ふっとう　(2) ウ　(3) イ　(4) ウ　(5) ア

(6) 右図　(7) イ

3 (1) ② エ　③ ウ　④ イ　(2) クジラ C　ダンゴムシ D

ナメクジ E　カマキリ D　サンマ B

(3) 母親の子宮の中で，ある程度成長してから子が生まれる。

(4) こどものときはえらで呼吸し，おとなのときは肺で呼吸するように変化する。

(5) からだが頭，胸，腹に分かれており，足の数が6本ある。

4 (1) ① イ　② キ　(2) 30km　(3) P波 10秒後　S波 20秒後

(4) 30秒　(5) ① 5　② 10　③ 35　④ 270

(6) A エ　B イ　C ウ

5 (1) 1　(2) 増加　(3) 1.1　(4) ④ 92　⑤ 92　⑥ 92　⑦ 8

(5) 16%

○配点○

1 各2点×8　2 (6) 2点　他 各3点×6　3 各2点×11

4 各2点×13　5 各2点×8　計100点

＜理科解説＞

重要 1 (生物―植物)

(1) アサガオのつぼみは，花びらがねじれている。

(2) 1月は冬芽がみられるアである。4月は花が咲いているエである。7月は緑の葉がついているウである。11月は紅葉がみられるイである。

(3) ① 植物で気体が出入りする穴を気孔という。　② 気孔は葉で多く見られる。　③ 気孔は体内の水を水蒸気として放出する。この働きを蒸散という。また，気孔は，呼吸のための気体の出入りを行う。

重要 2 (物質と変化―物質の状態変化)

(1) 水が水蒸気に変化している状態を，ふっとうという。

(2) フラスコの口の近くの透明な部分は水蒸気であり，口から少し離れたところにできる白くみえる部分(湯気)は，水蒸気が空気中で冷やされてできた液体の粒である。よって，水蒸気が冷えて液体になる現象を選べばよい。

(3) 水は100℃までしか温度が高くならない。

基本　(4)　水の一部が水蒸気になって出て行ったので，水面の位置は低くなっている。

(5)　金属球を加熱すると，金属球の体積が大きくなるので，輪を通り抜けることができない。

(6)　金属の輪を加熱すると，穴が大きくなるように輪の体積が大きくなる。

(7)　鉄道の線路のレールは，夏の暑さで体積が増えのびるので，すきまを開けて設置する。

3　**(生物―動物)**

(1)　①は植物と動物とで分類したので，アである。②はセキツイ動物と無セキツイ動物を分類したので，エである。③はセキツイ動物のうち魚類とそれ以外を分類したのでウである。④は無セキツイ動物のうち，節足動物と，軟体動物を分類したのでイである。

(2)　クジラはほ乳類なのでCに分類される。ダンゴムシは節足動物なのでDに分類される。ナメクジは軟体動物なのでEに分類される。カマキリは節足動物なのでDに分類される。サンマは魚類なのでBに分類される。

(3)　ゾウとニホンザルは胎生であり，ヒキガエルとニワトリは卵生である。

(4)　ヒキガエルは子のときはえらで呼吸し，おとなのときは肺で呼吸するが，ニワトリとゾウとニホンザルは一生肺で呼吸する。

(5)　アゲハチョウとトノサマバッタは昆虫だが，サワガニは甲殻類である。

4　**(地震)**

(1)　地震そのものの規模の大きさを表す単位をマグニチュード，各地のゆれの大きさを表す単位を震度という。

(2)　6(km/秒)×5(秒)＝30(km)

(3)　P波　60(km)÷6(km/秒)＝10(秒後)　　S波　60(km)÷3(km/秒)＝20(秒後)

基本　(4)　180(km)÷3(km/秒)－180(km)÷6(km/秒)＝30(秒間)

基本　(5)　震源距離とP波が到着するまでの時間とS波が到着するまでの時間は比例する。よって，①は180(km)：30(秒間)＝30(km)：□(秒間)より，5秒間となる。同様に②は10秒間，③は35秒間，④は270kmである。

基本　(6)　Aの震源距離は，180(km)：30(秒間)＝□(km)：50(秒間)より300km，B，Cの震源距離は同様に計算して，Bは90km，Cは240kmである。よって，Aはエ，Bはイ，Cはウとなる。

5　**(力のはたらき―浮力と密度)**

(1)　1000(g)÷1000＝1(g)

(2)　水が氷になると体積は増加する。

基本　(3)　氷は$1cm^3$で0.92gなので，氷1gの体積は$1(g)\div0.92(g/cm^3)=1.08\cdots$より，$1.1cm^3$となる。よって，水は氷になると体積が1.1倍になる。

(4)　④　氷の密度は$0.92(g/cm^3)$なので，氷$100cm^3$の重さは$0.92(g/cm^3)\times100(cm^3)=92(g)$である。　⑤⑥　氷92gが押しのける水の重さは92gであり，水の密度$1g/cm^3$なので，水92gの体積は$92cm^3$である。　⑦　氷が水面より上に出ている部分の体積は$100(cm^3)-92(cm^3)=8(cm^3)$なので，全体の$\frac{8(cm^3)}{100(cm^3)}\times100=8(\%)$が水面上に出ている。

やや難　(5)　$100cm^3$の氷で考えると，92gの食塩水を押しのけることとなる。食塩水の密度は$1.1(g/cm^3)$なので92(g)の食塩水の体積は，$92(g)\div1.1(g/cm^3)=83.6\cdots$より，$84cm^3$となる。よって，氷が食塩水面より上に出ている部分の体積は$100(cm^3)-84(cm^3)=16(cm^3)$なので，全体の$\frac{16(cm^3)}{100(cm^3)}\times100=16(\%)$が食塩水面上に出ている。

★ワンポイントアドバイス★

問題文をていねいに読み込み，何を問われているのか正確に把握しよう。

＜社会解答＞

1 問1 ウ　問2 エ　問3 (1) ウ，オ　(2) ア，イ　(3) イ
(4) 文部科学(省)　(5) エ　問4 ア　問5 (1) ウ　(2) 基本的人権
問6 イ　問7 エ

2 問1 イ　問2 ア　問3 イ　問4 サウジアラビア　問5 (1) ア　(2) WHO
問6 ウ

3 問1 (1) 平城京　(2) イ　問2 エ　問3 足利義満
問4 (例) 敵からむらを守るため，まわりに堀や柵を作った。　問5 ア　問6 イ
問7 オ　問8 ア　問9 (1) エ　(2) ア　問10 大化　問11 冠位十二階
問12 ウ　問13 (古い 3→)6(→)1(→)4(→)7(→)2(→5 新しい)

4 問1 日米修好通商条約　問2 津田梅子　問3 (1) オ　(2) 徴兵令
(3) ア　(4) ウ　(5) ア　問4 ウ　問5 (1) (先に発生)イ(→)ア(→)ウ(→)エ(後に発生)　(2) 日本　(3) 小村寿太郎
問6 君死にたもうことなかれ[君死にたまふことなかれ]
問7 (1) ウ　(2) 国際連盟　問8 (1) くうしゅう　(2) エ
問9 ウ　問10 サンフランシスコ

5 問1 あ キ　い コ　う サ　え イ　お ス　問2 エ　問3 イ
問4 (例) 台風による強風に備えるため。　問5 京葉(工業地域)　問6 大西洋
問7 (例) 海岸線が入り組んでいるため，波がおだやかだから。　問8 ア　問9 ア
問10 カルデラ　問11 遠洋漁業　問12 四日市ぜんそく　問13 黒潮[日本海流]
問14 佐賀(県)，福岡(県)

6 問1 ウ　問2 ウ　問3 ウ　問4 (例) 市役所の窓口での外国語対応[外国語でのニュース配信／絵文字(ピクトグラム)が入った看板]　問5 選んだ世界遺産の記号：①
(1) 奈良県　(2) ア　(3) (例) 聖徳太子がつくらせた，日本最古の木造建築物
[選んだ世界遺産の記号：②　(1) 岐阜県　(2) イ　(3) (例) 合掌造の集落／選んだ世界遺産の記号：③　(1) 広島県　(2) ウ　(3) (例) 海上に社殿がたてられている。／選んだ世界遺産の記号：④　(1) 栃木県　(2) エ　(3) (例) 江戸幕府を開いた徳川家康をまつっている。]

○配点○

1 各1点×13(問3(1)完答)　2 各1点×7
3 問1(1) 2点　問4・問13 各3点×2　他 各1点×12
4 問5(1)・問8(2) 各2点×2　他 各1点×16
5 問1～問3 各2点×7　他 各1点×12
6 各2点×7　計100点

＜社会解説＞

1 （政治－日本国憲法，政治のしくみ）

問1　東日本大震災の被災地では，自衛隊による被災者への支援活動などが行われているので，ウが適切でない。自衛隊は，自然災害などが発生した場合に災害派遣が行われることがある。自衛隊の災害派遣では，被災者の救助や医療の提供，給水の提供などが行われる。

やや難　問2　まず住民から防災センター建設の要望が寄せられると，役所が計画案や予算案を作成し議会に提出する。議会では専門家や審議会と意見交換を進めながら計画を検討したうえで議決する。議会で議決されて防災センターの建設が決定すると，防災センターの建設が始まる。よって，イ→ウ→エ→アの順になり，エが3番目にくる。

問3　(1)　ウの内閣総理大臣は国会が国会議員の中から指名するので，国民の選挙で直接選ばれていない。また，オの国務大臣は内閣総理大臣が任命するので，国民の選挙で直接選ばれていない。アの地方議員，イの市町村長，エの国会議員は，いずれも地方住民や国民の選挙で直接選ばれている。　(2)　選挙の間隔が一定ではないので，解散がある衆議院の選挙とわかり，アは読み取れる。60歳代の投票率は，いずれの選挙においても最も高いので，イは読み取れる。全体の投票率は，平成26年の第47回より平成29年の第48回のほうが高いので，ウは誤り。10歳代は平成29年の選挙から投票しており，平成26年の選挙までは選挙権なしとなっているので，有権者の年齢が18歳に引き下げられたのは平成26年の選挙よりも後とわかるので，エは誤り。
(3)　他国と条約を結ぶのは内閣の仕事なので，イが国会の仕事ではない。　(4)　学校の勉強内容を決めたり，研究活動やスポーツ活動を進める環境を整える役所は，文部科学省である。
(5)　裁判員制度は，重大な刑事裁判の第一審において開かれ，裁判員は満20歳以上の有権者の中からくじで選ばれるため，ア，イ，ウが誤っているとわかる。裁判員裁判では，裁判員は裁判官とともに被告人の有罪無罪や有罪の場合の量刑を決めることに関わることができるので，エが正しい。

問4　税金を納める義務は年齢に関係なくあるので，アが適切でない。例えば，消費税は買い物をする時に支払う税であるが，買い物をする人の年齢が何歳でも消費税を支払わなければならない。税金の使いみちとしてはごみの収集・処理や学校の運営などもある。よって，イ，ウ，エは適切といえる。

問5　(1)　日本国憲法は1946年11月3日に公布され，1947年5月3日に施行されている。日本国憲法が公布された11月3日はウの文化の日となっている。なお，5月3日は憲法記念日として国民の祝日となっている。　(2)　日本国憲法第11条では，「…。この憲法が国民に保障する基本的人権は，侵すことのできない永久の権利として，現在及び将来の国民に与へ(え)られる。」と規定されている。

問6　天皇は日本国憲法第4条第1項で「天皇は，この憲法の定める国事に関する行為のみを行ひ，国政に関する権能を有しない。」と規定されており，憲法が定める国事行為に自衛隊の指揮をとるというものは存在しないので，イが適切でない。

問7　ずん丸くんは税金廃止を主張していないので，アは誤り。ずん丸くんは，災害対策は全て政府の責任であるとは言っていないので，イは誤り。ずん丸くんは，自分の意見に同意するように猫太を説得してはいないので，ウは誤り。ずん丸くんは，猫太の主張もふまえたうえで，「自分でできることは自分でやって，うまくいかない部分は助け合いながら住みやすい社会を作っていけるといい」などと災害に対する社会のあり方の理想を述べているので，エが正しい。

2 （日本の地理，政治－人口，貿易，国際社会と平和）

問1　日本人が一番多く住む国はアメリカで，日本に住む外国人の国籍で一番多いのは中国なので，アは誤り。日本に住む外国人の国籍で韓国の割合は15%の第2位となっているが，日本人が多く住む国の上位には韓国は含まれていないので，イは正しい。日本の輸出相手国は第1位がアメリカなので，ウは誤り。日本の輸入相手国上位5位までにタイは入っていないので，エは誤り。

問2　オーストラリアからの主な輸入品には，液化天然ガスや石炭などの化石燃料が上位を占めているので，アが正しい。

問3　中国では沿岸部で特に工業が発達しており，内陸の地域との格差が問題となっているので，イが適切でない。

問4　日本の主な輸入相手国のうち，「たくさんの原油を輸入」「イスラム教の聖地が国内に」ある国はサウジアラビアである。サウジアラビアにあるメッカはイスラム教の聖地である。

問5　(1)　国際連合は1945年に創設されたが，日本は1956年に国際連合に加盟している。また，日本は国連分担金を支払っている。よって，アが適切でない。　(2)　世界の伝染病予防などに関わる仕事をしている国際連合の専門機関は，WHO(世界保健機関)である。

やや難　問6　信仰する宗教が違う人たちの居住する地域を区切ることは，差別や偏見につながる可能性もあるので，アは適切でない。違う人種や民族の人にあまり話しかけないようにすることは，相互の理解が進まなくなることにもつながり，差別や偏見などを無くす取り組みとしてイは適切でない。自分の国の文化を大切にする一方で，他国の文化を理解できるように学ぶことは，相互の理解が進むことにつながり，ウは差別や偏見などの問題を無くす取り組みとして適切といえる。女性の意見だけを聞いて政治を行うことは男女差別ととらえることもできるので，エは差別や偏見などの問題を無くす取り組みとして適切でない。

3　(日本の歴史－古代～近世)

問1　(1)　710年に平城京に都がうつされた。　(2)　正倉院には，シルクロードを通って西アジアやインドなどから伝わったものも納められている。イの螺鈿紫檀五絃琵琶は正倉院に納められている。アは縄文土器，ウは銅鐸，エは勾玉である。

問2　国分寺の中心として奈良に建てられたのは，エの東大寺である。

問3　観阿弥・世阿弥父子を保護したのは，室町幕府3代将軍足利義満である。

問4　弥生時代にはむら同士の争いが起こるようになっていたため，むらを敵から守るために，むらのまわりに堀や柵が作られるようになったと考えられている。

問5　「ワカタケル大王」と刻まれた鉄剣は，埼玉県にある稲荷山古墳から出土しているので，アが正しい。なお，ウの江田船山古墳(熊本県)から出土した鉄刀にも「ワカタケル大王」と刻まれている。

問6　竜安寺の石庭のような枯山水は，室町時代の禅宗寺院の作庭様式であり，イが極楽浄土について説明した文として適切でない。

基本　問7　紫式部は『源氏物語』を，清少納言は『枕草子』を著しているので，オの組み合わせが正しい。なお，『土佐日記』を著したのは紀貫之。

問8　「天下布武」の印を使って武力で天下を支配しようとの意思を示したのは織田信長なので，アが豊臣秀吉の行ったこととして適切でない。

問9　(1)　江戸時代には，町人や百姓の子どもは小学校ではなく寺子屋で読み・書き・そろばんを習っていたので，エが適切でない。　(2)　『解体新書』は前野良沢やアの杉田玄白らが書いた。イの伊能忠敬は全国を測量し正確な日本地図を作成した人物。ウの大塩平八郎は1837年に大阪で大塩平八郎の乱を起こしている。エの近松門左衛門は元禄文化のころに人形浄瑠璃の脚本を書いた人物。

問10　蘇我氏を倒したあとに中大兄皇子や中臣鎌足らが始めた新しい国づくりは，「大化の改新」

という。

重要 問11　推古天皇の時代に聖徳太子が制定した，役人を能力や功績で取り立てた制度は，冠位十二階である。

問12　源頼朝は，平治の乱で父の源義朝が敗れたため，伊豆に流されたので，ウが適当。

問13　1の光明皇后は奈良時代の人物。2の日野富子は室町時代の人物。3の卑弥呼は弥生時代の人物。4の紫式部は平安時代の人物。5のお市の方は安土桃山時代の人物。6の推古天皇は飛鳥時代の人物。7の北条政子は鎌倉時代の人物である。年代の古い順に並べると，弥生時代(3)→飛鳥時代(6)→奈良時代(1)→平安時代(4)→鎌倉時代(7)→室町時代(2)→安土桃山時代(5)となる。

4　(日本の歴史－近代～現代)

問1　1858年に日本とアメリカの間で結ばれた不平等な内容が含まれた条約は，日米修好通商条約である。

問2　日本女性初の留学生としてアメリカに渡り，帰国後に女子英学塾を開いたのは，津田梅子である。女子英学塾は，のちに津田塾大学となっている。

重要 問3　(1)　大久保利通は薩摩藩の出身であり，木戸孝允は長州藩の出身なので，オの組み合わせが適切。　(2)　20歳になった男子は3年間軍隊に入ることが義務付けられた命令は，徴兵令である。　(3)　地租改正では，土地の価格(地価)の3%(のちに2.5%に引き下げられる)を現金で納めたので，アが適切でない。　(4)　大隈重信は，1882年にウの立憲改進党を結成している。アの自由党は1881年に板垣退助らが結成している。イの立憲政友会は1900年に伊藤博文によって結成された。エの立憲民政党は1927年に結成された。　(5)　大日本帝国憲法は，君主権の強いドイツ(ア)の憲法を参考にした。

問4　赤痢菌を発見したのは，ウの志賀潔である。アの野口英世は黄熱病の研究で知られる。イの湯川秀樹は日本人として初めてノーベル賞(ノーベル物理学賞)を受賞した人物。エの北里柴三郎は破傷風の血清療法やペスト菌の発見などで知られる細菌学者。

問5　(1)　アの日清戦争は1894年に始まった。イの西南戦争は1877年の出来事。ウの日露戦争は1904年に始まった。エの日中戦争は1937年に始まった。発生した順に並べ替えると，イ→ア→ウ→エとなる。　(2)　1910年の韓国併合後，植民地となった朝鮮の学校では日本語による教育が行われた。　(3)　1911年にアメリカとの間で関税自主権の回復に成功したときの外務大臣は，小村寿太郎である。

問6　与謝野晶子は，日露戦争に出征した弟をおもって，「君死にたまふことなかれ」という詩を発表している。

問7　(1)　第一次世界大戦中，日本の輸出が増え，大戦景気と呼ばれる好景気となったので，アは適切でない。大戦景気のため日本国内の物価は上昇したので，イは適切でない。日本は日英同盟を理由に連合国側で第一次世界大戦に参戦し，戦勝国の一つとなったので，ウが適切である。日本がドイツ，イタリアと軍事同盟を結んだのは第二次世界大戦が始まった後の1940年であり，エは第一次世界大戦の説明としては適切でない。　(2)　第一次世界大戦後に世界平和を目的として成立した国際機関は，国際連盟である。

問8　(1)　「空襲」は「くうしゅう」と読む。　(2)　沖縄が日本に返還されたのは1972年なので，エが適切。

問9　戦後改革では農地改革が行われ，地主の土地を国が強制的に買い上げ，小作人に安く売り渡し，多くの自作農が生まれており，農民の農地が取り上げられたわけではないので，ウが適切でない。

問10　1951年に日本が48か国と結んだ平和条約はサンフランシスコ平和条約で，アメリカのサンフランシスコで開かれた講和会議で結ばれた。

5 (地理－日本の国土と自然，農業，水産業，工業，環境問題と公害，世界地理)

問1　あ　沖縄県は，江戸時代までは琉球王国であったので，キが当てはまる。　い　生産を効率化するために石油精製工場や石油化学工場などが集められた場所を，石油化学コンビナートというので，コが当てはまる。　う　たたみの材料となるのはいぐさなので，サが当てはまる。
え　宮崎県では，ビニールハウスなどを利用してキュウリやピーマンなどを，時期を早めて栽培する促成栽培が盛んなので，イが当てはまる。　お　鹿児島県の火山灰を含んだ台地は，シラス台地というので，スが当てはまる。

問2　1997年にイギリスから中国に返還されたのは香港(ホンコン)なので，エが適切でない。

基本　問3　山形県に位置する米づくりのさかんな平野は，イの庄内平野である。アの十勝平野は北海道にある。ウの越後平野は新潟県にある。エの濃尾平野は岐阜県や愛知県などに広がる。

問4　沖縄県において，伝統的な家は屋根が低くて石垣が多く，屋根はかわらを漆喰で固めてある家が多い理由としては，沖縄県には台風が多く襲来するため，台風による強風に備えることが挙げられる。

問5　千葉県沿岸部を中心とした工業地域は，京葉工業地域という。

問6　三大洋は，太平洋，大西洋，インド洋である。

問7　リアス式海岸は海岸線が入り組んでいるため，湾内は波がおだやかである。そのため，養しょくに適している。

問8　アのスイスがヨーロッパ州に位置している。イのフィリピンはアジア州に，ウのニュージーランドはオセアニア州に，エのカナダは北アメリカ州に位置している。

問9　アメリカは農産物の生産が盛んであり，農産物の輸出量も多いことから，アが正しい。面積が世界第一位の国はアメリカではなくロシアなので，イは誤り。アメリカの通貨はポンドではなくドルなので，ウは誤り。アメリカの首都はニューヨークではなくワシントンなので，エは誤り。

問10　阿蘇山などにみられる，火山の頂上がくぼんだ地形は，カルデラという。

問11　日本から遠くはなれた海で数カ月から一年ほどかけて漁をする漁業は，遠洋漁業という。

問12　四大公害病には，有機水銀を原因物質とする水俣病・新潟水俣病とカドミウムを原因物質とするイタイイタイ病，亜硫酸ガスを原因物質とする四日市ぜんそくがある。このうち，水俣病・新潟水俣病・イタイイタイ病は水質汚濁によって引き起こされており，大気汚染によって引き起こされたのは四日市ぜんそくである。

問13　日本列島の太平洋側の沖合を流れる暖流は，日本海流(黒潮)である。

問14　沖縄県，大分県，長崎県，熊本県，宮崎県，鹿児島県についてそれぞれ文章で説明されているので，含まれていない九州地方の県は福岡県と佐賀県となる。

6 (総合問題－世界地理，人口，世界遺産)

問1　図1からは鹿行地区の国籍別の在留外国人の数はわかるが，技能実習生の割合はわからないので，ウが適切でない。

問2　ブラジルはポルトガル語が公用語であり，日系人も多いことから，ウとわかる。アはベトナム，イは中国，エは韓国について述べている。

問3　米の生産量は中国，インドを中心にアジアの国々が上位を占めていると考えられるので，ウとわかる。アは米の輸出量，イはバナナの生産量，エはバナナの輸出量について示している。

やや難　問4　外国人が日本で生活する上で必要な物やサービスとしては，外国人が必要な情報を得られるようにすることが考えられる。特に，外国人に母国語などで情報を提供することが代表的な例といえる。具体的には，市役所の窓口で外国語の対応ができるようにすることや，外国語でのニュースなどの必要な情報の配信をすること，絵文字(ピクトグラム)が入った看板を作成して日本語が読めなくても看板の内容が理解できるようにすること，などが考えられる。

問5　(1)　①は奈良県に，②は岐阜県に，③は広島県に，④は栃木県にある。　(2)　アは法隆寺，イは白川郷の合掌造集落，ウは厳島神社，エは日光東照宮の写真である。　(3)　法隆寺は聖徳太子が建立した寺院で，日本最古の木造建築物がある。白川郷の建築物は合掌造の集落である。厳島神社は平氏があつく信仰したことで知られ，海上に大規模な社殿がたっている。日光東照宮は江戸幕府を開いた徳川家康をまつっている。

★ワンポイントアドバイス★

日本だけでなく，世界の地理や歴史，国際社会などについてもしっかりと整理しておこう。

＜国語解答＞

〔一〕　問1　ⓐ　研究　　ⓑ　高低　　ⓒ　意図　　ⓓ　済　　ⓔ　果
問2　A　ウ　　B　オ　　問3　身だしなみ・姿勢や態度・表情　　問4　(例)　言葉は謝罪をしているが，話し方や態度，表情などが，謝罪の気持ちが伝わらないようなものであること。　　問5　(例)　「言葉」のチャンネルだけでは伝わらない微妙なニュアンスを，「声」や「身体」のチャンネルを用いて，補うことができるから。　　問6　ア・エ

〔二〕　問1　①　イ　　②　オ　　③　ウ　　④　ア　　⑤　エ
問2　①　ではなく　　②　洗わなくては[洗わなければ]　　③　ばかり
④　いろいろな　　⑤　けれど
問3　①　うっとうしい　　②　そういう　　③　どおり　　④　こんにちは
⑤　せざるをえない

〔三〕　問1　ⓐ　どくはく　　ⓑ　いじわる　　ⓒ　しょくん　　ⓓ　かるくち
ⓔ　こうかく　　問2　Ⅰ　ア　　Ⅱ　イ　　問3　ウ
問4　(例)　学園祭の劇で経験した喜びが忘れられず，女優になりたいと強く願うものの，きれいではない自分がその夢をかなえることはできないように思えて，つらかったから。　　問5　ア・オ

○配点○
〔一〕　問2・問6　各3点×4　　問4・問5　各6点×2　　他　各2点×8
〔二〕　問2　各2点×5　　他　各1点×10
〔三〕　問1　各2点×5　　問4　10点　　他　各4点×5
計100点

＜国語解説＞

〔一〕（論説文―漢字の書取り，空欄補充，接続語，内容理解，指示語，要旨）

問1　ⓐ「研究」の「究」の「九」の部分を「丸」としないように注意。　ⓑ「高低」の「低」を「底」としないように注意。　ⓒ「意図」は，考えていること，という意味。　ⓓ「済」の右下の部分を「月」としないように注意。　ⓔ「果たす」は，なしとげる，という意味。

基本　問2　A　空欄の前の事柄にあとの事柄を付け加えているので，累加の接続語が入る。

B　空欄の前の内容の具体例を空欄のあとで挙げているので，「例えば」が入る。

問3　――線①の二つあとの文「その人の身だしなみによって……」とそのあとの文「また表情も……」に三つの具体例が書かれている。

問4　直前の段落の「ファミレス」の「店員さん」の具体例が表している内容をまとめる。

やや難　問5　コミュニケーションの三つのチャンネル「言葉」「身体」「声」のうち，「身体」「声」は，「言葉」だけでは伝わらない微妙なニュアンスを補う役目をはたしていることをとらえる。

重要　問6「コミュニケーションにおいては，意識しても無意識でも，言葉だけでは伝えられない思いを3つのチャンネルで補完し合っています」という内容や，問5でとらえた内容に，アが合致している。また，第三,四段落の内容や，「ファミレス」の「店員さん」の具体例が表す内容に，エが合致している。

〔二〕（ことわざ，話し言葉と書き言葉，仮名遣い）

基本　問1　①「けがの功名」は，過失が思いがけなくもよい結果を生むこと。　②「猫に小判」は，貴重なものを与えても何の反応もないことのたとえ。　③「青天の霹靂」は，急に生じた大事件のこと。　④「医者の不養生」は，ひとには養生をすすめる医者も，自分はいい加減なことをしていること。理屈がよくわかっている立場の人が，自分では実行をしないことのたとえ。

⑤「後の祭り」は，時機におくれてどうにもしようのないこと。

問2　①「じゃ」は「では」のくだけた言い方。　②「なきゃ」は「なければ」「なくては」のくだけた言い方。　③「ばっかり」は「ばかり」のくだけた言い方。　④「いろんな」は連体詞，「いろいろな」は形容動詞なので注意する。　⑤「けど」は「けれど」のくだけた言い方。

問3　①　漢字では「鬱陶しい」と書く。　②「そういう」は，そのような，という意味。

③　漢字では「通り」と書く。　④「今日は」が元になっている。　⑤「せざるをえない」は，しないわけにはいかない，という意味。

〔三〕（小説―漢字の読み，語句の意味，空欄補充，心情理解，主題，内容理解）

問1　ⓐ「独白」は，劇で，ある役が心中に思っていることなどを観客に知らせるため，相手なしで語ること。　ⓑ「意地悪」は，人がいやがる仕打ちをわざとすること。　ⓒ「諸君」はここでは，皆さん，という意味。　ⓓ「軽口」は，口が軽く，何でもしゃべってしまう様子。

ⓔ「口角」は，口の左右の辺り，という意味。

問2　Ⅰ「おざなり」は，その場逃れにいいかげんに物事をする様子。　Ⅱ「真に迫る」は，本物と同一のように見える，という意味。

問3　直後に「しかしそうではないらしい」とあり，会場からの笑いの原因が「谷君が大げさな身ぶりをした」ことであると書かれていることに注目。「私」は初め，自分が笑いの原因かと思ったのである。

やや難　問4　直後に，「これほど欲するものがあるのに，それがかなわないというのはなんてつらいことなんだろうか」とあることに注目。「私」の「欲するもの」とは，学園祭の劇を経験したことから自分が求めるようになった，「女優」になることである。

重要 問5 「私」は劇の最中に「そうだ。ミツコって私によく似てるかも。……だからミツコは最後のシーンであんなに怒り泣くんだ」と考えている。この内容がアに合致する。また，「いわゆる脇役と言われる人たちだ。ああいう人たちも女優なんだ。それを目指せばいいのではないだろうか」という内容に，オが合致する。

★ワンポイントアドバイス★

読解では記述問題が複数出題されており，内容をしっかりおさえたうえで，自分の言葉で説明する力が求められる。知識を正確に身につけ，文章を要約する力を蓄えよう。ことわざなどの語句や仮名遣いの知識を問う問題も出題されている。

解答用紙集

○月×日 △曜日 天気（合格日和）

◆ご利用のみなさまへ

＊解答用紙の公表を行っていない学校につきましては、弊社の責任において、解答用紙を制作いたしました。

＊編集上の理由により一部縮小掲載した解答用紙がございます。

＊編集上の理由により一部実物と異なる形式の解答用紙がございます。

人間の最も偉大な力とは、その一番の弱点を克服したところから生まれてくるものである。 ――カール・ヒルティ――

東京学参株式会社

清真学園中学校　2024年度

◇算数◇

※ 149%に拡大していただくと，解答欄は実物大になります。

1	(1)		(2)		(3)	個	(4)	①	km	②	分
	(5)	①	日	②	時	③	分	(6)		(7)	cm^3

2	(1)	清さん　匹	真さん　匹	学さん　匹	(2)	匹		
	(3)	③		④	匹	⑤	(4)	匹

3	(1)	①		②	(2)	cm^2
	(3)	説明			ABの長さ	cm
	(4)	cm				

4	(1)	―　―	(2)	秒後	(3)	秒後
	(4)	説明			表示されている数字	―　―

清真学園中学校　2024年度

◇理科◇

※ 132％に拡大していただくと，解答欄は実物大になります。

1

(1)	X	Y	Z
(2)	X	Y	Z
(3)	A	B	(4)
(5)	①	②	③
(6)			
(7)			

2

(1)		
(2)		
(3)	ア	イ
	ウ	エ
	オ	

(4)

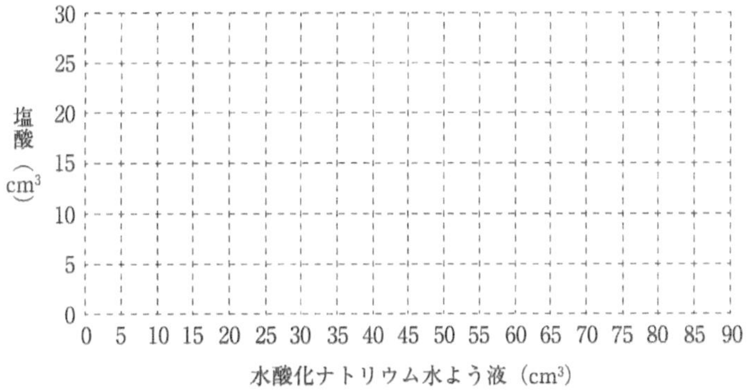

(5)	cm3	(6)		(7)	①　②

3

(1)		(2)		(3)			
(4)		(5)		(6)			
(7)		(8)		(9)		(10)	

4

(1)		(2)	①	②	
(3)	1号　cm	2号　cm			
(4)		(5)		(6)	
(7)		(8)		(9)	

清真学園中学校　2024年度

◇社会◇

※ 152%に拡大していただくと，解答欄は実物大になります。

1	問1		問2		問3		問4						
	問5	(1)		(2)	ことがわかる。								
	問6	(1)		(2)		問7		問8		問9			
	問10		問11		問12		問13		問14		問15		
	問16	(古い)	→	→	→	→	→	→	(新しい)				

2	問1		問2		問3		問4			
	問5		問6		問7		問8		問9	
	問10		問11		問12		問13	教室		
	問14		問15	年						

3	問1		問2		問3							
	問4			問5								
	問6	(1)		(2)		(3)						
	問7											
	問8		問9		問10		問11		問12			
	問13	①		②		③		④		問14		

4	問1		問2		問3		問4							
	問5	(1)	①		②		③		④		⑤		⑥	
		(2)												
	問6	(1)	市											
		(2)	路線バスと比べて，											
			地下鉄と比べて，											
		(3)												

5	問1		問2		問3					
	問4			問5		問6	(1)		(2)	
	問7	(1)	①		②		(2)			
		(3)								

◇国語◇

清真学園中学校　２０２４年度

※１４９％に拡大していただくと、解答欄は実物大になります。

〔一〕

問1　ⓐ　ⓑ　ⓒ　ⓓ　ⓔ　つ

問2　A　B　C　D　E　F

問3　問4

問5

問6

〔二〕

問1　①　②　③　④　⑤

問2　①　②　③　④　⑤

問3　①　②　③　④　⑤

問4

〔三〕

問1　ⓐ　ⓑ　ⓒ　ⓓ　お　り　ⓔ　らせて

問2　A　B

問3

問4　問5

問6　最初　最後　問7

清真学園中学校　2023年度

◇算数◇

※ 172%に拡大していただくと，解答欄は実物大になります。

1	(1)	(2)	(3)	(4)
				人
	(5)	(6)	(7)	(8)
	ページ	面	度	cm^2

2	(1)	(2)	(3)
	分速　m	時　分	m
	(4)		
	ウ　時　分	(求め方)	
	エ　m		

3	(1)	(2)
	cm	cm
	(3)	
	(求め方)	
	(答え)　cm	
	(4)	
	①　cm	
	②　(求め方)	
	(答え)	

4	(1)	(2)	(3)
	個	個	個

清真学園中学校　2023年度　◇理科◇

※ 132%に拡大していただくと，解答欄は実物大になります。

1	(1)	A	B	C	D	E	
	(2)	① 当たる ・ 当たらない		② 低い ・ 高い		③ 左側 ・ 右側	
	(2)	④ から遠ざけて ・ に近づけて		⑤ 遠ざける ・ 近づける		⑥ 10 ・ 15	
	(2)	⑦ 4 ・ 10 ・ 40		(3)	⑧		
	(4)	キ	ク	ケ	コ		
	(5)		(6)			(7)	
	(8)	燃料					

2	(1)		(2)			
	(3)	ア 	イ 	ウ 	エ 	
	(4)		(5)		(6)	
	(7)					
	(8)	①				
		②				

3	(1)	①	②		③	
	(2)	a	b		c	
	(3)	①	②	(4)	③	
	(5)	→ → →		(6)		
	(7)	新月	満月	(8)	時刻	月の形

4	(1)		(2)			
	(3)	①	②	(4)		
	(5)		(6)		(7)	

清真学園中学校　2023年度

◇社会◇

※ 141％に拡大していただくと，解答欄は実物大になります。

1	問1		問2								
	問3	(1)									
		(2)		問4		問5		問6			
	問7		問8		問9	(1)					
	問9	(2)		問10		問11	(1)		(2)		問12
2	問1		問2		問3		問4		問5		
	問6		問7		問8		問9		問10		
	問11	(1)		(2)	月　日	問12	月　日				
	問13	年間	問14		問15						
	問16		問17		問18						
3	問1		問2			問3		問4	(1)		(2)
	問5		問6			問7		問8			
4	問1		問2		問3						
	問4		問5		問6		問7				
5	問1		問2								
	問3										
	問4	排他的	問5		問6						
	問7	燃料	問8		問9		問10				
	問11		問12		問13		問14				
	問15		問16		問17		問18	海岸			
	問19		問20								
6	問1	(1)		(2)							
	問2	(1)									
		(2)									
		(3)		問3	(1)		(2)		(3)		

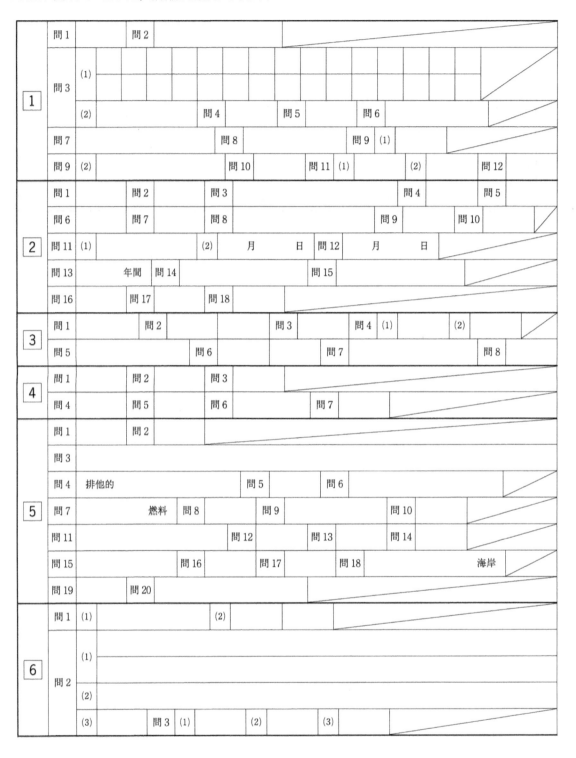

◇国語◇

清真学園中学校　２０２３年度

※１４９％に拡大していただくと、解答欄は実物大になります。

〔一〕

問1 ⓐ　ⓑ　ⓒ
ⓓ　けて　ⓔ　い

問2 最初　〜　最後　という順序。

問3

問4

問5 探究的な学びをすることで、

問6

〔二〕

問1 ①　②　③　④　⑤

問2 ①　②　③　④　⑤

問3 ①　②　③
④　⑤

問4 ①　②　③　④　⑤

〔三〕

問1 ⓐ　んだ　ⓑ　ⓒ
ⓓ　ⓔ

問2

問3

問4

問5 (Ⅰ)　(Ⅱ)

問6

清真学園中学校　　2022年度

◇算数◇

※ 152％に拡大していただくと，解答欄は実物大になります。

1

(1)	(2)	(3)	(4)	(5)
				個

(6)	(7)	(8)			
通り	度	表面積	cm²	体積	cm³

2

(1)				(2)
長針	度	短針	度	度

(3)
答え

3

(1)	(4)
m²	
(2)	
m²	
(3)	
m²	

4

(1)	(2)		
	①		②
%	式	答え　本	

(3)

清真学園中学校　2022年度　◇理科◇

※ 132％に拡大していただくと，解答欄は実物大になります。

1	(1)	①	②	③	④
	(2)		(3)	
	(4)	答え		
		理由		
	(5)		(6)	
	(7)	①	③	④
	(8)	②	⑥	(9) ⑤

2	(1)	a	b	
	(2)	キ	ク	ケ
	(3)			
	(4)			
	(5)	食塩	ミョウバン	

	(6)	A	B	C	D	E	F
	(7)	1つ目					
		2つ目					

3	(1)		(2)	①			
	(3)	②	(4)		(5)		
	(6)	③	④	⑤			
	(7)						

4	(1)	①	②	(2)	③
	(3)	④	(4)	⑤	
	(5)	⑥	(6)	⑦	

清真学園中学校　2022年度

◇社会◇

※ 141％に拡大していただくと，解答欄は実物大になります。

1

問1		問2		問3		問4		問5	(1)		(2)	
問6		問7		問8		問9						

2

問1	(1)		(2)		(3)		問2	(1)		
問2	(2)			問3	2011年　月　日					

3

問1		問2	天皇							
問3		問4		問5		問6				
問7	(1)		(2)		問8					
問9	(1)		(2)							
問10	(1)		(2)		(3)		(4)		(5)	

4

問1		問2		問3	(1)		(2)			
問3	(3)		問4		問5					
問6		問7		問8	(1)		(2)			
問9	(1)		(2)	月　日	問10		問11			

5

問1	市	問2	(1)		(2)		(3)			
問3	(1)		(2)		(3)		問4		問5	
問6		問7	新幹線	問8	工業地帯					
問9			問10		問11					
問12										
問13		問14		問15						

6

問1		問2			
問3					
問4		問5		問6	

◇国語◇

清真学園中学校　２０２２年度

※１４９％に拡大していただくと，解答欄は実物大になります。

〔一〕

問1 ⓐ ⓑ ⓒ ⓓ ⓔ き

問2

問3

問4

問5

問6

〔二〕

問1 ① ② ③ ④ ⑤

問2 ① ② ③ ④ ⑤ ⑥ ⑦

問3 (1) 漢字 意味 ① ② ③

(2) 漢字 意味 ① ② ③

〔三〕

問1 ⓐ ⓑ ⓒ った ⓓ ⓔ

問2 A B

問3

問4

問5

問6

問7

清真学園中学校　2021年度

◇算数◇

※ 172%に拡大していただくと，解答欄は実物大になります。

1				
	(1)	(2)	(3)	(4)
	(5)	(6)	(7)	(8)
	問	円	cm^2	cm^3

2			
	(1)		
	10円玉：　　枚	50円玉：　　枚	
	(2)		
①	円玉　と　　円玉	枚	
②	10円玉：　　枚	50円玉：　　枚	100円玉：　　枚

3			
	(1)	(2)	(3)
	m		秒
	(4)		
	m		

4		
	(1)	(2)
	(3)	

清真学園中学校　2021年度　◇理科◇

※ 132％に拡大していただくと，解答欄は実物大になります。

1

(1)		(2)	1月	4月	7月	11月
(3)	①	②	③			

2

(1)		(2)	
(3)		(4)	
(5)		(7)	

(6)

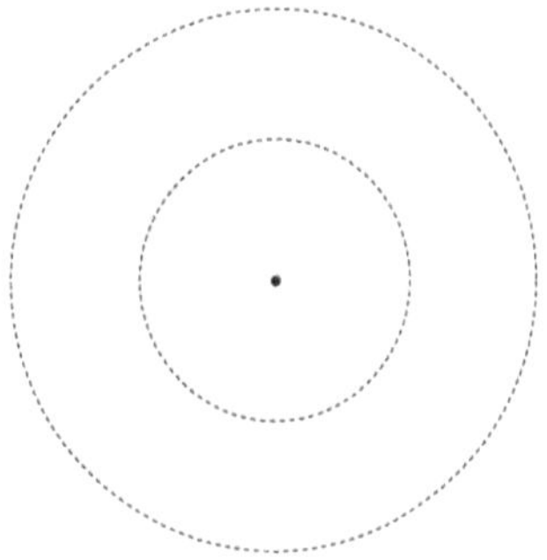

3

(1)	②	③	④		
(2)	クジラ	ダンゴムシ	ナメクジ	カマキリ	サンマ
(3)					
(4)					
(5)					

4

(1)	①	②	(2)	km	
(3)	P波　秒後	S波　秒後	(4)	秒	
(5)	①	②	③	④	
(6)	A	B	C		

5

(1)		(2)		(3)	
(4)	④	⑤	⑥	⑦	
(5)	%				

清真学園中学校　2021年度

◇社会◇

※ 158%に拡大していただくと，解答欄は実物大になります。

1

問1		問2		問3	(1)		(2)		(3)	
(4)	省	(5)		問4		問5	(1)		(2)	
問6		問7								

2

問1		問2		問3		問4		
問5	(1)		(2)		問6			

3

問1	(1)		(2)		問2		問3				
問4											
問5		問6		問7		問8		問9	(1)	(2)	
問10		問11		問12							
問13	（古い）　3 →　　→　　→　　→　　→　　→ 5　（新しい）										

4

問1		問2									
問3	(1)		(2)		(3)		(4)		(5)	問4	
問5	(1)	（先に発生）　→　　→　　→　（後に発生）	(2)								
(3)		問6									
問7	(1)		(2)		問8	(1)		(2)			
問9		問10									

5

問1	あ		い		う		え		お		問2		問3	
問4														
問5	工業地域	問6												
問7														
問8		問9		問10		問11								
問12		問13												
問14	県	県												

6

問1		問2		問3				
問4								
問5	選んだ世界遺産の記号		(1)		(2)			
(3)								

◇国語◇

清真学園中学校　２０２１年度

※１４９％に拡大していただくと，解答欄は実物大になります。

〔一〕

問1　ⓐ　ⓑ　ⓒ　ⓓ　む　ⓔ　たし

問2　A　B

問3

問4

問5

問6

〔二〕

問1　①　②　③　④　⑤

問2　①　②　③　④　⑤

問3　①　②　③　④　⑤

〔三〕

問1　ⓐ　ⓑ　ⓒ　ⓓ　ⓔ

問2　Ⅰ　Ⅱ

問3

問4

問5

MEMO

大切なことはメモしておこうネ！

MEMO

大切なことはメモしておこうネ！

東京学参の

中学校別入試過去問題シリーズ

＊出版校は一部変更することがあります。一覧にない学校はお問い合わせください。

東京ラインナップ

あ　青山学院中等部(L04)
麻布中学(K01)
桜蔭中学(K02)
お茶の水女子大附属中学(K07)
か　海城中学(K09)
開成中学(M01)
学習院中等科(M03)
慶應義塾中等部(K04)
啓明学園中学(N29)
晃華学園中学(N13)
攻玉社中学(L11)
国学院大久我山中学
（一般・CC）(N22)
（ＳＴ）(N23)
駒場東邦中学(L01)
さ　芝中学(K16)
芝浦工業大附属中学(M06)
城北中学(M05)
女子学院中学(K03)
巣鴨中学(M02)
成蹊中学(N06)
成城中学(K28)
成城学園中学(L05)
青稜中学(K23)
創価中学(N14)★
た　玉川学園中学部(N17)
中央大附属中学(N08)
筑波大附属中学(K06)
筑波大附属駒場中学(L02)
帝京大中学(N16)
東海大菅生高中等部(N27)
東京学芸大附属竹早中学(K08)
東京都市大付属中学(L13)
桐朋中学(N03)
東洋英和女学院中学部(K15)
豊島岡女子学園中学(M12)
な　日本大第一中学(M14)
日本大第三中学(N19)
日本大第二中学(N10)
は　雙葉中学(K05)
法政大学中学(N11)
本郷中学(M08)
ま　武蔵中学(N01)
明治大付属中野中学(N05)
明治大付属八王子中学(N07)
明治大付属明治中学(K13)
ら　立教池袋中学(M04)
わ　和光中学(N21)
早稲田中学(K10)
早稲田実業学校中等部(K11)
早稲田大高等学院中学部(N12)

神奈川ラインナップ

あ　浅野中学(O04)
栄光学園中学(O06)
か　神奈川大附属中学(O08)
鎌倉女学院中学(O27)
関東学院六浦中学(O31)
慶應義塾湘南藤沢中等部(O07)
慶應義塾普通部(O01)
さ　相模女子大中学部(O32)
サレジオ学院中学(O17)
逗子開成中学(O22)
聖光学院中学(O11)
清泉女学院中学(O20)
洗足学園中学(O18)
捜真女学校中学部(O29)
た　桐蔭学園中等教育学校(O02)
東海大付属相模高中等部(O24)
桐光学園中学(O16)
な　日本大中学(O09)
は　フェリス女学院中学(O03)
法政大第二中学(O19)
や　山手学院中学(O15)
横浜隼人中学(O26)

千・埼・茨・他ラインナップ

あ　市川中学(P01)
浦和明の星女子中学(Q06)
か　海陽中等教育学校
（入試Ⅰ・Ⅱ）(T01)
（特別給費生選抜）(T02)
久留米大附設中学(Y04)
さ　栄東中学（東大・難関大）(Q09)
栄東中学（東大特待）(Q10)
狭山ヶ丘高校付属中学(Q01)
芝浦工業大柏中学(P14)
渋谷教育学園幕張中学(P09)
城北埼玉中学(Q07)
昭和学院秀英中学(P05)
清真学園中学(S01)
西南学院中学(Y02)
西武学園文理中学(Q03)
西武台新座中学(Q02)
専修大松戸中学(P13)
た　筑紫女学園中学(Y03)
千葉日本大第一中学(P07)
千葉明徳中学(P12)
東海大付属浦安高中等部(P06)
東邦大付属東邦中学(P08)
東洋大附属牛久中学(S02)
獨協埼玉中学(Q08)
な　長崎日本大中学(Y01)
成田高校付属中学(P15)
は　函館ラ・サール中学(X01)
日出学園中学(P03)
福岡大附属大濠中学(Y05)
北嶺中学(X03)
細田学園中学(Q04)
や　八千代松陰中学(P10)
ら　ラ・サール中学(Y07)
立命館慶祥中学(X02)
立教新座中学(Q05)
わ　早稲田佐賀中学(Y06)

公立中高一貫校ラインナップ

北海道　市立札幌開成中等教育学校(J22)
宮　城　宮城県仙台二華・古川黎明中学校(J17)
市立仙台青陵中等教育学校(J33)
山　形　県立東桜学館・致道館中学校(J27)
茨　城　茨城県立中学・中等教育学校(J09)
栃　木　県立宇都宮東・佐野・矢板東高校附属中学校(J11)
群　馬　県立中央・市立四ツ葉学園中等教育学校・
市立太田中学校(J10)
埼　玉　市立浦和中学校(J06)
県立伊奈学園中学校(J31)
さいたま市立大宮国際中等教育学校(J32)
川口市立高等学校附属中学校(J35)
千　葉　県立千葉・東葛飾中学校(J07)
市立稲毛国際中等教育学校(J25)
東　京　区立九段中等教育学校(J21)
都立大泉高等学校附属中学校(J28)
都立両国高等学校附属中学校(J01)
都立白鷗高等学校附属中学校(J02)
都立富士高等学校附属中学校(J03)
都立三鷹中等教育学校(J29)
都立南多摩中等教育学校(J30)
都立武蔵高等学校附属中学校(J04)
都立立川国際中等教育学校(J05)
都立小石川中等教育学校(J23)
都立桜修館中等教育学校(J24)
神奈川　川崎市立川崎高等学校附属中学校(J26)
県立平塚・相模原中等教育学校(J08)
横浜市立南高等学校附属中学校(J20)
横浜サイエンスフロンティア高校附属中学校(J34)
広　島　県立広島中学校(J16)
県立三次中学校(J37)
徳　島　県立城ノ内中等教育学校・富岡東・川島中学校(J18)
愛　媛　県立今治東・松山西中等教育学校(J19)
福　岡　福岡県立中学校・中等教育学校(J12)
佐　賀　県立香楠・致遠館・唐津東・武雄青陵中学校(J13)
宮　崎　県立五ヶ瀬中等教育学校・宮崎西・都城泉ヶ丘高校附属中学校(J15)
長　崎　県立長崎東・佐世保北・諫早高校附属中学校(J14)

公立中高一貫校「適性検査対策」問題集シリーズ

総合編　作文問題編　資料問題編　数と図形編　生活と科学編　実力確認テスト編

私立中・高スクールガイド

THE《ザ》私立

私立中学&高校の学校生活がわかる！

〈ダウンロードコンテンツについて〉

本問題集のダウンロードコンテンツ、弊社ホームページで配信しております。現在ご利用いただけるのは「2025年度受験用」に対応したもので、**2025年3月末日**までダウンロード可能です。弊社ホームページにアクセスの上、ご利用ください。
※配信期間が終了いたしますと、ご利用いただけませんのでご了承ください。

中学別入試過去問題シリーズ
清真学園中学校　2025年度
ISBN978-4-8141-3237-9

[発行所] 東京学参株式会社
〒153-0043　東京都目黒区東山2-6-4

書籍の内容についてのお問い合わせは右のQRコードから ⇒

※書籍の内容についてのお電話でのお問い合わせ、本書の内容を超えたご質問には対応できませんのでご了承ください。

2024年7月18日　初版